탁석산의
한국의
정체성
2

탁석산의 한국의 정체성

2

타자의 눈으로 본 우리의 정체성

책세상

일러두기
이 책을 쓰면서 많은 책들의 도움을 받았다. 이 책 전체에서, 또 각 화에서 참고한 문헌들의 면면과 그 맥락에 대해서는 제5화에서 자세히 밝혔고, 각 문헌의 온전한 서지사항은 '참고문헌'에 정리했다. 인용하거나 참고하거나 표현을 일부 변형한 부분에 대해 일일이 주석을 달아 출처를 밝히지 못한 점에 대해 양해를 구한다.

차례

발췌록 7

발췌록

고려 :: 조선 역사상의 왕조. 우리나라에서는 관습적으로 조선이라 칭
하거나 조선과 관련된 왕조로 본다. 예 : 고려삼 고려지.

조선 :: 동아시아 국가. 조선반도 북부로, 압록강에서 두만강까지 강을
사이에 둔 중국의 접경 국가이다. 면적은 1,234만 제곱킬로미터, 인구
는 2,096만 명(1991)이다. 수도는 평양이다. 주로 고원, 산지로 이루어
져 있고 온대계절풍 기후를 보인다. 주요 산업은 기계 생산과 방직 등
이다. 논농사를 짓고 옥수수를 재배하며 특산물은 인삼이다.

− 중국사회과학원어언연구소, 《현대한어사전現代漢語詞典》(2012)

유독 고려는 굴복하지 않아서 스스로 백이, 숙제의 후예이며, 삼한三韓
의 구방舊邦이고, 시서와 예의의 풍風이 중국보다 못하지 않다고 일컬었
습니다. 거란이 군대를 일으켜 힘으로 고려를 제압하자 고려는 힘껏 싸
웠지만 후에 부득이하여 신하가 되었습니다. 거란은 그것이 본의가 아
니라는 것을 알기 때문에 자못 그를 제어하는 데 항상 힘을 들였습니
다. 고려 역시 끝내 조정에 귀순하려는 마음을 가지고 있었습니다.

− 부필, 〈하북수어십이책〉(1044)

상(태조)이 중서 및 예부 관에 이르기를 지금 안남 고려는 모두 신하의

나라로 그 국내 산천도 다 부속된 것이니 마땅히 중국에서 하는 것과
같이 제사하도록 하라.

－ 명 태조,《명태조실록》권52

조선은 기자에게 봉하여준 나라이다.

－《명사》〈조선전〉

사번史藩(주지번 자신)이 천자의 사명을 받들어 동방(조선)에 수레 타고
그 강역으로 들어와서, 민간의 풍속이 온화하고 조용하며 겸손하여 사
양함을 보았는데, 오직 삼가며 논밭 갈고 독서하였으며, 어질고 현명한
사대부들과 매양 읍양揖讓하고 주선周旋하였고, 그 글의 수식과 내용이
알맞게 갖춰져 있다.

－ 주지번,《봉사조선고》(1606)

광서 8년(1882) 임오년 봄 3월에 우리 동방 속토인 조선국이 처음으로
아메리카 합중국과 통상 조약을 맺는데, 그 나라 정부가 외교에 대해 잘
알지 못해서 중국의 고위 관원이 조약을 맺는 곳에 와주기를 원했다.

－ 마건충,《행삼록》(1897)

고려 :: 1. 조선의 왕조 중 하나. 936년에 왕건이 한반도 전역을 통일하
여 건국했고 수도는 개성이다. 불교문화가 번성했으나 13세기에는 원
나라에 복속되었다. 1392년에 이성계에 의해 멸망했다. 코마 : 고려에

서 전래된 것에 붙이는 말. 2. 고구려(코우쿠리), 또는 넓은 조선의 다른 이름.

조선 :: 아시아 대륙 동부의 한반도와 부속 섬으로 이루어진 지역. 북쪽은 압록강, 두만강을 따라 중국·러시아연방과 경계를 이루고, 남쪽은 조선 해협을 사이에 두고 일본과 마주한다. 기원전 3세기경에 기자조선, 기원전 3세기 초에 위만조선이 건국했다. 기원전 108년에 한나라의 무제가 이를 멸망시키고 낙랑군 등 4군을 설치했다. 반도 남쪽에서는 마한·진한·변한이 분립했다. 4세기에 고구려·신라·백제·가야가 대립했고, 7세기에 신라가 통일 국가를 건설했으며, 10~14세기에는 고려, 14세기 이후에는 이씨조선으로 왕조가 교체되었다. 1910년 일본에 합병되고 1945년 일본의 패전에 의해 해방되었으나, 1948년에 북위 38도선을 경계로 북쪽에는 조선민주주의인민공화국이, 남쪽에는 대한민국이 수립되었다.

대한민국 :: 한반도의 38도선 이남에 1948년 수립된 국가. 수도 서울. 초대 대통령 이승만. 한국. 대한민국. 인구 4,864만(2010). → 한국 → 삼십팔도선. [보충설명] 행정구역은 1특별시·6광역시·8도·1특별자치도로 나뉘어 있다.

한국 :: 조선시대 말엽 조선의 국호, 대한의 속칭. 1897년부터 1910년 대한민국 합병 때까지 사용되었다. 대한민국의 약칭.

－디지털 다이지센デジタル大辞泉(2015)

경성의 안국동은 골동품 가게가 많은 동네이다. 그래도 조선의 골동품은 볼만한 것이 적다. 또 절반은 우리나라 제조품이다.

— 혼마 규스케, 《조선잡기》

신라가 김춘추 등으로 하여금 박사 타까무꼬노꾸로마 등을 보내오고
공작 한 쌍, 앵무새 한 쌍을 바쳤다. 김춘추를 인질로 하였다. 김춘추는
용모가 아름답고 이야기를 잘하였다.

— 《일본서기》(647)

대개 조선은 본조의 속국 번병임은 옛 진구황후가 삼한을 정복한 이래
이것은 대대로 옛 기록에 명백하다.

— 야마가 소코(1622~1685), 《무가사기》

저 조선은 교활하고 거짓이 많으며, 이익이 있는 곳에 신의를 돌보지
않는다.

— 아라이 하쿠세키(1657~1725), 《국서복호기사》

조선Chosen :: Korea를 보시오.

한국Korea :: 1. 황해와 동해(일본해) 사이에 위치한, 세로 600마일
(966킬로미터) 가로 135마일(217킬로미터)의 동아시아 반도. 2. 또는 동
일 반도의 일제 조선. 왕국이었던 적이 있으며 (1910~1945년에는) 일
본의 속국이었다. 수도는 서울. 1948년 위도 38도선을 기준으로 북
한(수도 평양, 면적 46,609제곱마일 또는 120,717제곱킬로미터, 인구 2,405만

1,200명)과 남한(수도 서울, 면적 38,022제곱마일 또는 98,477제곱킬로미터, 인구 5,200만 명)으로 분리되었다.

-《미리엄 웹스터 사전》(2016)

한국인들을 전적으로 그들 스스로에게 맡겨놓으면 결코 지금보다 나은 수준으로 발전할 수 없을 것이다. 한국인들은 마치 자연 치유가 불가능한 병에 걸린 인체처럼 구제불능이다.

-조지 케넌(1845~1924, 루스벨트 대통령 자문위원)의 글

정치 정세에서 가장 고무적인 유일한 요소는 교육 수준이 높은 나이 든 한국인들 가운데 수백 명의 보수주의자들이 서울에 거주한다는 점이다. 그들 중 다수가 일제에 협력했지만, 그러한 오명은 점차 사라질 것이다. 이들은 '임시정부'의 환국을 지지하고 있는데, 비록 그 수가 아주 많지는 않더라도 아마 단일 그룹으로는 가장 규모가 큰 무리일 것이다.

-H. M. 베닝호프(미 군정 사령관 정치고문)의 글(1945)

한국 민족에게는 그 해로운 결과를 실제로 체험하지 않고는 극복될 수 없는 나쁜 기질이 있다. 분열, 아첨, 과도한 이기주의, 강력한 지역 대립, 반대파에 대한 아량 부족 등이 그것이다. 일본인들은 자신들의 지배하에서 한국인들에게 이러한 결점들을 제거할 기회를 주지 않았다.

-W. R. 랭던(미 군정 사령관 정치고문)의 글(1945)

이곳(러시아 끄라스노예와 노보끼예프 사이의 촌)의 한국 남자들에게
는 고국의 남자들이 갖고 있는 그 특유의 풀죽은 모습이 사라져버렸다.
토착 한국인들의 특징인 의심과 나태한 자부심, 자기보다 나은 사람에
대한 노예근성이, 주체성과 독립심, 아시아인의 것이라기보다는 영국
인의 것에 가까운 터프한 남자다움으로 변했다. 활발한 움직임이 우쭐
대는 양반의 거만함과 농부의 낙담한 빈둥거림을 대체했다.

- 이사벨라 버드 비숍, 《한국과 그 이웃나라들》(1897)

노비는 심한 노역을 해야 하고 부당한 대우에도 주인을 고소할 권리가
없다. 주인은 노비를 판매하며, 노비는 자유의 희망이 없다. 이 제도는
인간을 동물과 동일시하는 것으로서, 동물보다 조금 나은 노비에게 신
경을 쓸 이유는 없다. 가장 지식인이라고 존경받는 이들도 이 논리에서
벗어나지 못한다.

- 플랑시(1853~1922, 프랑스 공사)의 글

한국의 모든 정파들은 예외 없이 영원한 비밀스러운 음모, 뇌물 그리고
인민의 열정을 인위적으로 자극하는 활동을 펼치고 있습니다. 그 결과
한국의 대신들은 일 년에 수차례에 걸쳐 교체되며, 간혹 한 달 안에 여
러 차례 경질되기도 합니다.

- 파블로프(서울 주재 러시아 대리공사)의 한국 상황에 관한 단신(1899)

저는 일본 교토 역 관광안내소의 책임자입니다. 안내소라 하면 보통 책임자를 소장이라 부르는데 저는 소장이 아닙니다. 책임자인 것은 맞지만 근무 시간이 다르기 때문입니다. 소장은 오전 9시에서 오후 6시까지 근무합니다만 저는 밤 12시부터 해가 뜰 때까지, 보통 아침 6시까지 있습니다. 사람들이 많이 오냐고 물으신다면 대답하기 어렵습니다. 이곳은 보통 오후 6시면 문을 닫아 그 후에는 사람들이 들어올 수 없기 때문입니다. 그럼에도 이곳을 찾는 손님이 꽤 많습니다. 저는 이곳에서 그 손님들의 이야기를 들어주고 있습니다. 무슨 이야기든 다 듣게 되어 있습니다. 그렇게 근무 시간만 지키면 됩니다. 다른 안내는 일절 하지 않습니다. 그럴 필요가 없으니까요. 그 손님들은 죽은 존재들이거든요.

그들이 무슨 이유로 아직 이곳저곳을 떠돌아다니는지는 알 수 없으나, 그들은 이곳에서 자기 이야기를 하며 외로움을 달래는 것 같습니다. 죽어서도 벗어날 수 없는 것이 외로움이라는 것을 저는 이곳에서 다시 한 번 깨닫고 있습니다. 낮에는 역사驛舍에서 분주히 오가는 여행객들을 구경하기도 하는데, 그들의 손에 곧잘 들려 있는《론리 플래닛 Lonely Planet》이라는 여행안내서가 있습니다. 저는 이 책을 보고 놀랐습니다. 어떻게 비밀을 알았을까요? 정말 이곳은 '외로운 행성'이거든요.

밤의 눈으로 보면 더 진한 외로움이 보입니다. 어둠이 내리면 역사가 외로움에 둘러싸입니다.

그런데 밤의 세계에서 벌어지는 일이 아주 가끔은 사람들에게 알려지기도 합니다. 어떻게 누설되는지는 모르겠으나 그런 일이 있기는 합니다. 한 10년쯤 전에 일본에서 교토를 무대로 한《밤은 짧아, 걸어 아가씨야》라는 소설이 발표되었는데 밤에 이곳을 오가는 손님들 중 한 분의 이야기여서 놀란 적이 있습니다. 혹시 정기적으로 저의 보고서를 수거하러 오는 배달부가 분실 사고를 내는 것은 아닐까 생각해보지만 그냥 짐작일 뿐입니다. 저의 보고서란 여기서 손님들의 이야기를 듣고 기록한 것을 말합니다. 보고서에는 간간이 저의 언급도 들어가 있는데, 필수 사항은 아니고, 그저 제가 전에 손님들에게 들은 얘기들 중에서 관련 있어 보이는 얘기를 틈틈이 덧붙이다 보니 그리 된 것입니다. 그럼 제 역할이 무엇인지는 아셨을 겁니다. 자, 이제 저의 근무지인 교토 역 관광안내소를 소개하겠습니다.

교토 역 2층으로 올라오면 관광안내소가 있습니다. 그런데 와보면 아시겠지만 지금의 역사는 엄청 멋집니다. 현대적입니다. 작품입니다. 국제적인 설계 공모를 거쳐 만들었다는데, 지금과 같은 현대식 역사가 과연 교토에 어울리는지를 두고 많은 논의가 있었다고 합니다. 이 역사는 1997년에 완공되었습니다. 그런데 저는 옛날 역사가 좋습니다. 그중에서도 1915년에 완공되었던 목조 역사가 제일 마음에 듭니다. 불행히도 그것은 1951년에 불에 타 사라졌지요. 그때는 저도 임시 시설에서 근무했습니다. 별 불편은 없었어요. 보기는 하지만 느껴지는 못하는데 무슨 불편이 있겠습니까. 불편이란 결국 모두 감각의 문제 아니겠습니까. 어쨌든 그 역사가 가장 운치 있었습니다.

　자, 이 정도면 알아두셔야 할 것들은 다 말씀드린 듯합니다. 이제 보고서들을 통해 손님들의 이야기를 들어보시지요.

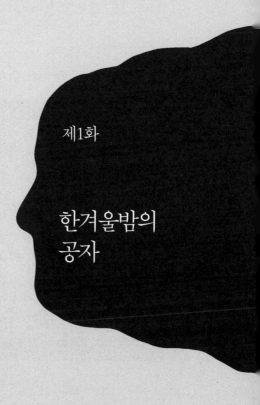

제1화

한겨울밤의
공자

왕손고용종王孫誥甬鐘
기원전 8~5세기경 | 하남성 하남 박물관 소장

소매가 아주 넓은 도포 같은 옷을 입은 손님이 찾아온 것은 건조하고 차가운 바람이 부는 겨울밤이었습니다. 제가 안내소 문을 열자 얼마 지나지 않아 그 손님이 유령처럼 들어와 앉았습니다. 원래 유령 아니냐고요? 저에게는 손님일 뿐입니다. 옷차림이 눈에 익지 않았습니다. 하긴 저에게 익숙한 옷차림을 한 손님이 얼마나 될까요. 너무나 다양한 곳에서, 너무나 먼 시간으로부터 손님들이 찾아오니 말입니다. 손님은 자리에 앉더니 두리번거리지도 않고 고개를 숙인 채 잠시 가만히 있었습니다. 얕은 한숨을 쉬는 것처럼 보였습니다. 그러다가 고개를 들고 이야기를 시작했습니다. 다음은 이 손님에 대한 보고서입니다.

1

저는 재아宰我라고 합니다. 공자의 제자입니다. 제가 죽은 지 벌써 2,500년쯤 되었군요. 그런데도 아직 저승으로 가지 못하고 여기저기 떠돌고 있습니다. 오늘은 교토 역의 관광안내소에 왔군요. 날이 밝을 때까지 제 이야기를 하려고 합니다. 아주 가끔이라도 이야기를 해야 마음이 조금 후련해집니다. 죽은 사람에게 무슨 마음이 있느냐고 물으실 수 있겠습니다만, 죽어보니 마음만은 변하지 않는다는 것을 알게 되었습니다. 저의 선생인 공자께서 죽음에 대해 논하지 말라고 한 뜻을 이제야 이해하고 있습니다. 죽어보지 않고는 모르는 것이 죽음인데 살아 있을 때에 감히 죽음을 논하지요. 많은 시간이 흘렀고, 그동안 제가 많은 곳을 다니며 많은 생각을 했지만 제 생각의 중심에는 언제나 선생이 있었습니다. 이상하게도 선생의 가르침이 새삼스럽게 떠오르는 경우가 많았습니다. 생전에 저는 그리 귀염 받는 제자도 아니었는데 말입니다. 귀염을 받기는커녕 애물단지 제자였지요. 오늘 밤엔 선생에 얽힌 이야기를 하려고 합니다. 하지만 너무 많은 것을 기대하지는 마십시오. 저는 그저 겪은 일에 대해서나 말할 수 있을 뿐입니다.

그 전에 저에 대한 오해를 풀 필요가 있겠습니다. 제가 죽은 지 300년쯤 지나서 사마천이란 사람이 쓴 글 중에 아주 짤막하게 저에 대한 이야기가 나옵니다. 그가 쓴 《사기열전》에 제가 제나라 대부大夫가 되었는데 전상田常과 난을 일으킨 끝에 일족이 모두 죽임을 당하게 되어 공자가 매우 부끄러워했다고 씌어 있다 합니다. 저와는 일면식도 없는 사람이 왜 이런 이야기를 지어냈는지 모르겠습니다. 저는 선생이 죽은 후 고향으로 돌아가 하는 일 없이 이 무덤 저 무덤 찾아다니며 소일하다 생을 마쳤습니다. 나중에 들으니 다른 제자들은 선생의 뜻을 이어받아 제자들을 양성했다는데 저에게는 그런 열정이 없었습니다. 저는 원래 제 취미인 묘지 놀이를 하면서 여생을 보냈습니다. 물론 당시에도 저는 별 이름이 없었던지라, 저를 알아보는 사람이 없어서 다니는 데에 전혀 지장을 받지 않았습니다. 그 정도로 무명이었던 저의 생몰 연도까지 사마천이 기록했다니 놀라울 따름입니다.

선생의 제자가 한둘이었겠습니까. 게다가 선생도 당시에는 그리 성공한 인물이 아니었습니다. 아마도 사마천은 제가 선생에게 매우 미움을 받고 있었다고 지레짐작하고서, 가뜩이나 미움 받던 제자가 잘못까지 저질렀으니 공자가 그를 부끄럽게 여겼으리라 단정한 것이 아닐까 합니다. 《논어》라는 책만 보면 그렇게 짐작할 수도 있겠지만, 저는 선생과 일생을 같이했습니다. 선생도 저를 심하게 꾸짖긴 했지만 내치지는 않았습니다. 애정이 없다면 꾸지람도 없는 법이지요. 저에 대해서는 차차 말씀드리기로 하고 먼저 선생에 대해 말씀드리겠습니다.

선생의 먹성과 관련해 이야기해볼까 합니다. 먹는 것을 보면 성격을 알 수 있다고 흔히들 말합니다. 아무거나 다 잘 먹는 사람은 성격이 무난하고 먹는 것에 까다로운 사람은 성격도 까다롭다고 합니다. 과연 그럴까요? 선생의 경우 음식에 대해 매우 까다로워 모시기 불편했다는 후세의 평이 있다고 하는데 저는 이해가 되지 않습니다. 제가 보기엔 그렇지 않았기 때문입니다.

선생의 식성은 여느 사람들과 별로 다르지 않았습니다. 사람들이 그렇게 평가한 것은 《논어》에 선생이 어떠어떠한 것은 먹지 않는다는 식으로 기술돼 있기 때문입니다. 《논어》에는 선생이 쉰 밥, 상한 생선, 오래된 고기는 먹지 않는다고 기록되어 있습니다. 또한 색이 변한 것은 먹지 않는다, 냄새가 나는 것은 먹지 않는다고 기록되어 있습니다. 하지만 이런 것을 먹지 않는 건 다른 사람들도 마찬가지 아닙니까? 누가 냄새 나는 음식이나 색이 변한 음식을 먹겠습니까? 저도 먹지 않았습니다. 저는 뭐든 다 잘 먹는 사람이었습니다. 아니 먹을 수밖에 없었다는 것이 더 정확하겠군요. 아버지는 전란으로 일찍 돌아가셨고 어머니는 저와는 정말 맞지 않았습니다. 저는 어머니와 함께 살기는 했지만, 우악스러운 어머니를 피해 될 수 있는 한 집 밖에서 시간을 보냈습니다. 그렇게 밖으로 나돌 때, 먹을 수 있는 것이라면 무엇이든 먹어두었습니다. 하지만 상한 것은 먹지 않았지요. 배탈이 나도 돌봐줄 사람이 없는데 그런 것을 먹을 리가 없지 않겠습니까.

그런데 제가 공자를 '선생님'이나 '스승'이라 부르지 않고 '선생'이라 칭한다고 해서 노여워하지 마시길 바랍니다. 후세에 선생은 성인으로 추앙되었습니다만, 제가 선생과 함께 공부를 하던 시절에는 제자들이 선생과 친구처럼 스스럼없이 지냈습니다. 물론 선생에게 충분한 경의를 표하면서요. 선생과 우리 제자들은 후대 사람들이 생각하는 것처럼 딱딱하고 엄격한 관계가 전혀 아니었습니다. 선생은 우리의 이름을 불렀고 우리는 어떤 의견도 거리낌 없이 낼 수 있었지요. 나이 든 사람들이 자신에게 직언하는 사람이 없다고 한탄하는 것을 본 적이 꽤 있습니다. 마치 그것이 주변 사람들의 잘못인 것처럼 말입니다. 하지만 실은 그 반대입니다. 왜 주변 사람들이 직언을 하지 않겠습니까? 직언했다가 손해만 본 경험이 축적되었기 때문입니다. 저를 비롯해 많은 제자가 선생에게 직언을 했습니다.

음식 이야기로 돌아가겠습니다. 선생은 제대로 갖춘 식기들에 음식을 담아서 꿇어앉아 식사를 했습니다. 밥과 요리와 마실 것을 담는 그 그릇들은 모두 도기였습니다. 밥을 담는 궤簋, 고기 요리를 담는 두豆, 그리고 물이나 술을 담는 호壺. 다른 사람들처럼 선생도 손으로 먹었지요. 보통 사람들은 밥을 네 그릇 먹었지만 선생은 많이 먹지는 않았습니다. 밥이 식지 않도록, 궤는 다리를 세 개 달아 세우고 아래쪽에서 밑바닥에 열을 가할 수 있게 만들었습니다.

선생은 밥도 먹고 고기도 먹었습니다. 밥과 고기는 우리 화하華夏 민족과 이민족을 구분하는 매우 중요한 기준이었습니다. 우리는 고기를 먹을 때 불에 익혀 먹었습니다. 그리고 서방의 이민족인 '융戎'과 북방의 이민족인 '적狄'은 곡물로 된 음식을 먹지 않는 경우도 있었지만 화하 민족은 반드시 곡류 음식을 먹었습니다. 화하 민족은 알곡으로 된 음식과 익힌 고기를 먹는 사람들이었습니다. 이런 점에서 선생은 화하 민족다웠지요.

선생에게는 화하 민족과 이민족의 구별이 매우 중요했습니다. 화하 민족만이 주나라의 문화를 보존하고 있다는 믿음과 이민족에게 문화를 전해야 한다는 의식이 있었으니까요. 생각해보니, 중국인들이 선생이 살았던 화북華北 지역을 정통성의 기준으로 삼고 남쪽을 낮추어 보는 풍조가 이때에도 있었던 것 같습니다. 화하 민족과 이민족의 구별이 아주 오랫동안 중국의 정체성의 기준이 되어온 것이지요.

그런데 선생은 고기보다는 밥을 많이 먹었습니다. 고기가 적었기 때문이 아닙니다. 밥이 반찬보다 더 고급이고 기본이라고 여겼기 때문입니다. 그래서 선생에게서는 고기보다 밥이 점차 음식의 중심이 됩니다. 반찬은 부차적인 것이 되었지요. 선생이 살았던 시대의 밥과 반찬에 대해 조금 더 말씀드리겠습니다. 뭐 이렇게까지 자세히 말할 필요는 없다는 표정을 하시는데, 《논어》를 읽는 사람들이 오해를 많이 하고 있어 자세한 설명이 부득이하다고 생각합니다. 특히 회에 대해 잘못 알고 있는 사람들이 많은데, 《논어》에서 말하는 회는 요즘 사람들이 생각하는 그 생선회가 아닙니다.

그럼 먼저 밥에 대해 얘기해보겠습니다. 밥이라고는 하지만 모두 쌀로 짓는 것은 아니었습니다. 조나 보리로 짓기도 했는데 보리는 흔하지 않았습니다. 물고기는 주로 잉어류를 먹었는데, 날것을 오랫동안 겨자 장에 절여놓았다가 먹었습니다. 고기는 말리거나 삶거나 소금에 절여 먹었지요. 말릴 때는 고기를 네모로 자르거나 길쭉하게 자른 다음, 생강이나 육계 같은 조미료를 발라 말리거나 불에 쬐어 말렸습니다. 《논어》에서 선생이 회는 가늘게 떠도 싫지 않다고 했을 때 바로 이 고기를 말한 것입니다. 생강을 골라내고 고기만 먹지 않는다고 했을 때도 바로 이 고기를 말한 것입니다. 이처럼 고기를 익혀서 먹거나 발효시켜서 먹었을 뿐만 아니라 무쇠 솥으로 여러 가지 요리를 해 먹었지만 아직 볶음 요리는 등장하지 않았습니다.

들은 이야기입니다. 공자가 살았던 곳 근방은 아니지만, 얼음을 저장하는 지하실이 다른 지역에 있었다고 합니다. 어떤 빙고는 190제곱미터의 얼음을 저장할 수 있었다는군요. 이런 시설은 음식이나 음료의 부패를 방지하고 그것들을 차갑게 보관할 수 있었겠지요.

2

그럼 이제는 제가 관련된 이야기를 좀 해보겠습니다. 제가 죽은 지 꽤 시간이 흐른 후에 《논어》라는 책이 만들어졌다고 합니다. 그래서 저도 조금 설레는 마음으로 찾아 읽어봤지만 별로 기분이 좋지 않았습니다. 제가 그 책에 등장하기는 하는데 이상하게도 아주 부정적으로 그려져 있습니다. 낮잠이나 자고 선생에게 구박이나 받는 모습으로 그려져 군자의 면모와는 상당히 거리가 있는 것입니다. 뭐 제게 그런 모습이 없지는 않겠지만 사실 조금 억울합니다. 아마도 《논어》를 통틀어 저보다 더 욕을 많이 먹은 제자는 없을 겁니다.

그렇다고 제가 억울함을 덜기 위해서 이야기를 하려는 것은 아닙니다. 책에 기록된 것과 실제 상황은 많이 다를 수 있다는 것을 이야기해보려는 것입니다. 이상하게도 사건이 기록되는 순간 사건의 진짜 모습이 사라지는 경우가 많이 있습니다. 글자에 사로잡힌 사람들이 어떤 것을 놓치고 있는지를 말씀드리고 싶습니다.

《논어》에 나오는 이야기입니다. 노나라 애공 4년의 일이었습니다. 박사亳社에 화재가 있었는데 애공이 저에게 사社에는 무슨 나무를 심느냐고 물었습니다. 박사가 무엇하는 곳인지부터 말씀드려야겠군요. 당시에는 신분에 따라 제사 지내는 장소가 정해져 있었습니다. 왕이 천하 만민의 제사를 위해 세운 곳이 대사大社, 왕이 스스로의 제사를 위해 세운 곳이 왕사王社, 제후가 백성의 제사를 위해 세운 곳이 국사國社, 제후가 스스로의 제사를 위해 세운 곳이 후사侯社, 대부 이하의 사람들이 공동의 제사를 위해 세운 곳이 치사置社였습니다.

그런데 이런 사가 아닌 곳에서 지내는 제사가 있었으니 이를 음사淫祀라 했습니다. 그리고 음사를 지내는 곳 가운데 가장 유명한 곳이 박사, 다른 말로 하면 은사殷社였습니다. 은나라에는 전쟁 포로와 적장을 죽여 제물로 바치는 습속이 있었는데 이것의 잔재가 아직 노나라에 남아 있었습니다. 그래서 보통 박사에서는 은나라의 풍습인 인신공양이 행해졌습니다. 이러한 맥락에서 애공의 질문은 참으로 난처한 것이었습니다. 무슨 나무를 심느냐는 것 자체는 별로 어려운 질문이 아니었으나 박사가 아주 무서운 곳이었기 때문이지요.

노나라 왕인 애공은 박사에서 인신공양을 한 후에 제가 인신공양에 대해 이떻게 생각하는지를 이런 식으로 떠본 겁니다. 인신공양이란 사람을 죽여 제물로 바치는 것이 아닙니까. 적의 수장이나 포로를 제사에 바치는 것이 이때까지도 행해지고 있었습니다. 인仁과 예禮를 소리 높여 외치는 가운데 다른 한편에서는 여전히 인신공양이 행해지고 있었던 거지요.

저는 인신공양에 반대했습니다. 시대가 어떤 시대인데 아직도 사람을 제물로 바치며 제사를 지낸단 말입니까. 하지만 이런 생각을 밝힌다면 제 신변에 큰일이 생기리라는 것을 저는 잘 알고 있었습니다. 상대는 제후인 왕이 아닙니까. 왕이 하는 일, 그것도 다른 일이 아니라 제사에 대해 시비를 건다면 목숨을 보존하기 힘들겠지요. 왕에게는 제사야말로 자신이 왕이라는 것을 입증하는 가장 중요한 행사니까요. 그런 행사에 시비를 걸다니, 제정신으로는 어려운 일이겠지요.

하지만 저는 이런 위험에도 불구하고 인신공양에 동의하지 않는다는 뜻을 간접적으로 드러냈습니다. 하나라 때는 소나무를 심고 은나라 때는 잣나무를 심었는데 주나라 때부터는 밤나무를 심게 되었다고 하면서 이는 백성을 전율케 하려는 데 목적이 있었다고 덧붙이는 것을 잊지 않았던 것입니다. 인신공양이라는 끔찍한 행사도 결국 백성들을 겁먹게 해서 복종시키려는 데 목적이 있었던 게 아니겠습니까. 과연 애공이 알아차렸을까요? 저는 잘 모르겠습니다. 권력자들은 보통 얼굴 표정에 변화가 없으니까요. 희로애락을 드러내지 않고 일을 처리하는 것이 그들의 습성이거든요. 그들은 무표정한 얼굴로 무서운 일들을 아무렇지도 않게 처리하지요.

그러나 선생은 달랐습니다. 이 일에 대해 전해 듣고 매우 당혹스러워했다고 합니다. 저를 걱정해서 그랬겠지요. 사에 대해서는 아무 말도 하지 않는 게 상책이고, 어쩔 수 없어 말을 하게 되더라도 극히 조심해야 하는데 제가 비판적인 언사를 감추지 않았다 하니, 선생이 걱정한 것도 무리는 아닙니다. 그러고서 선생은, 끝난 일은 들추어 말하는 것이 아니고, 돌이킬 수 없는 일은 충고하는 것이 아니며, 지난 일은 탓하는 것이 아니라고 했다 합니다. 마치 손사래를 치면서 '이 일은 나와는 관계가 없어', '나는 들은 바 없어'라고 말하는 것 같습니다. 이렇게 같은 말을 세 번이나 반복했다니 선생이 이 문제를 얼마나 회피하고 싶어 했는지를 알 수 있습니다. 지난 일을 들추지 않고 어떻게 교훈을 얻을 수 있겠으며 지난 일이라고 어떻게 탓하지 않을 수 있겠습니까? 선생답지 않게 상식에 어긋나는 말을 한 거지요. 선생은 그만큼 이 일에 개입하고 싶지 않았던 겁니다.

선생이 살고 있던 곡부曲阜의 인근 지역에서도 인신공양이 행해졌습니다. 장례를 주관하는 것은 선생의 주요한 일 중 하나였으므로 선생이 이런 사실을 몰랐을 리가 없습니다. 그런데도 선생은 이 문제에 관해 찬반 입장을 표한 적이 없습니다. 저는 이런 태도가 몹시 못마땅했지요. 당시는 인신공양과 순장殉葬에 대한 찬반 입장이 격하게 공방을 벌이던 시기였는데 선생은 어느 쪽 편도 들지 않았습니다. 그럼에도 불구하고 후대에 편찬된《예기》에는 선생이 순장에 반대하고, 풀로 사람의 형상을 만들어 같이 묻는 용인俑人조차 반대했다고 기록되어 있습니다. 이것을 보고 역사는 기록하는 자의 것이라는 생각이 들지 않을 수 없었습니다.

들은 이야기입니다.《사기》에 기록된 이야기라는데, 땅속에서 단지에 든 양이 나온 적이 있답니다. 대체 이것이 무엇인가 하고 소동이 일어났는데 그때 상쾌하게 등장해 설명해준 사람이 바로 공자였다는 겁니다. 공자는 목석의 요괴는 기망량이고 물의 요괴는 용망상이며 흙의 요괴는 '분양墳羊'이라고 했답니다. 요컨대 그 양은 흙의 요괴, 흙의 귀신이라는 것이었지요. 공자는 괴력난신에 대해 말하지 않는다고《논어》에 쓰여 있는데 그런 공자가 요괴에 대해 이렇게 자세히 알고 말했다 하니 해괴한 일입니다. 사마천이 무슨 근거로 그렇게 썼을까 하는 말들이 있다고 합니다.

기록의 신빙성에 대한 이야기가 나온 김에 좀 더 말해보겠습니다. 선생이 죽은 지 350여 년 후에 사마천이라는 사람이《사기》라는 책에서 선생을 다루었지요. 〈공자세가孔子世家〉라는 글에서였는데, 거기에는 제가 전혀 들어보지 못한 내용이 꽤 많이 있었습니다. 특히 선생이 주나라에 가서 노자에게 예를 묻고 돌아오자 제자들이 선생을 더욱 많이 찾아왔다는 구절에서는 할 말을 잃고 말았습니다. 저는 노자라는 이름조차 들어본 적이 없습니다. 선생이 노자를 찾아가서 예를 물었다는 것은 아마도 사마천이 노장을 숭배해서 지어 넣은 이야기가 아닐까 합니다.

전체적으로 사마천이 선생을 띄워주는 것처럼 보이지만 사실은 풍자하고 있다는 심증이 강하게 듭니다. 제후들에 대해 기록하는 글인 '세가世家'에 선생을 넣은 것 자체가 선생을 놀리는 듯한 느낌을 주는군요. 선생은 생전에 변변한 자리에 앉은 적이 없는데 어떻게 제후들과 같이 놓일 수가 있겠습니까? 세월이 좋아서 선생이 유명해졌을 뿐이라는 비꼼이 아니겠습니까? 그래 왕이라고 쳐주자, 이런 마음인 것이지요. 선생은 스스로 밝힌 것처럼 독학으로 학문을 닦았습니다. 노자를 만난 적도 없고 노자에게 가르침을 받은 적도 없습니다.

그뿐만이 아닙니다. 사마천은 선생이 56세에 정승의 일을 대행할 때 소정묘라는 사람을 죽였다고 했습니다. 그리하여 3개월 만에 노나라가 크게 다스려졌다 했는데, 저는 선생이 형벌 차원에서나 정치적 이유로나 사람을 죽음에 처하게 했다는 이야기를 들은 적이 없습니다. 그럴 만한 지위에 오른 적이 한 번도 없는데 어떻게 그런 일이 가능하겠습니까? 더구나 선생은 계강자에게 이렇게 말한 적이 있습니다. 정치를 할 작정이라고 해서 사람을 죽일 필요는 없다고요.

선생은 만일 누군가가 자신에게 정치를 맡긴다면 1년이면 효과가 있을 것이고 3년만 되면 큰일이 이루어질 수 있을 것이라고 말했는데, 아마도 사마천은 이를 비꼰 것일 겁니다. 선생은 평소에 인과 예로 다스려야 한다고 했는데, 사마천은 인과 예 대신에 소정묘의 처형을 들고 나왔습니다. 그리고 3년이라는 기간도 3개월로 단축시켰지요. 사마천은 비아냥거리고 있는 것입니다.

사마천은 이에 그치지 않았습니다. 그는 선생이 《서경》, 《예기》, 《주역》, 《춘추》 등을 지었다고 했는데 물론 이는 사실이 아닙니다. 선생이 짓거나 편찬한 책은 없습니다. 다만 《시경》은 선생이 편찬했다고 볼 수도 있겠으나, 엄밀히 말하면 당시에는 《시》라고 불렸던 이 책은 구전되어온 시들을 모아놓은 것이라 딱히 편찬이 필요치 않은 책이었습니다. 그럼에도 왜 사마천은 이런 말을 덧붙였을까요? 물론 확실한 이유는 모릅니다. 다만, 그가 《사기》를 쓸 당시에 매우 이름이 높았던 선생을 좋은 것은 죄다 선생에게 갖다 붙이면서 조롱하고 싶었던 것이 아닐까 합니다.

《사기》에 나타난 선생의 모습은 실제와는 아무런 관련이 없어 보입니다. 《사기》는 사기詐欺에 가깝습니다. 선생에 관한 한은요. 하지만 이런 책이 후대에 전해지면서 많은 해악이 생겨났습니다. 사람들이 거기에 적힌 내용을 그대로 믿게 되었고, 그 기록을 중심으로 선생을 논했으니까요. 수많은 왜곡이 있었습니다. 선생에게 '집 잃은 개'라는 표현까지 쓰일 정도였으니까요. 물론 이러한 왜곡이 없더라도 시대가 변하면서 평가가 달라지는 것은 거스를 수 없는 이치입니다. 모든 것이 변하지요.

3

모든 것이 변한다고 하니 또 저를 돌아보게 되는군요. 앞서 말씀드린 바와 같이 저는 미천한 신분으로 여기저기 떠돌며 살았습니다. 그렇게 떠돌아다닐 때 이상하게도 무덤이나 제사를 지내는 곳에 가면 마음이 편안해졌습니다. 그래서 파헤쳐지거나 천재지변으로 손상된 무덤을 볼 기회가 많았습니다. 길게는 500년, 짧게는 100년쯤 된 무덤들이었으니 꽤 오래된 무덤들도 있었던 셈입니다. 이러한 무덤들은 대부분 귀족의 것이라 조성 시기를 비교적 정확하게 알 수 있었습니다. 후손들이 가까운 곳에 살고 있었으니까요. 그리고 왜 그런 모습으로 만들어졌는지도 들을 수 있었습니다.

저는 이러한 옛 무덤 순례를 통해서 장례에 관한 의례가 어떻게 변해왔는가를 직접 보고 알게 되었습니다. 그렇다 보니 자연스럽게 장례를 업으로 삼게 되었고, 그러다가 결국 선생의 문하로 들어오게 된 것입니다. 들어왔다고는 하지만 무슨 특별한 절차나 과정이 있었던 것은 아닙니다. 선생의 일을 돕다 보니 어느새 선생의 문하생 무리 속에 들어와 있는 자신을 발견하게 되었다는 편이 더 맞는 것 같습니다. 저는 술을 거의 못해서 장례식을 진행하는 데 유리했기에 좀 더 쉽게 적응할 수 있었습니다.

선생의 가르침은 예에서 출발했는데 장례식은 예의 일환이자 아주 중요한 부분이었습니다. 장례가 큰 수입원이 되었기에, 선생은 장례식에 부름을 받으면 가능한 수고를 다하고 과음으로 잘못을 저지르지 않도록 하라고 말했습니다. 당연한 말씀이었지요. 장례 절차를 수행하는 사람이 과음을 하면 되겠습니까?

선생은 예를 배워야 한다고 했습니다. 그리고 제후나 귀족의 요구에 응해 제자들을 예법 선생으로 취직시키는 것이 선생의 일이었습니다. 먹고사는 문제가 예에 달려 있었습니다. 예를 모르면 취직이 되지 않으니 선생도 제자도 모두 예를 익히기에 정성을 쏟았지요. 그런데 선생은 예를 어디서 배웠을까요? 선생은 스스로 배웠다고 말했지만, 아마도 사람들에게 묻고 옛날 서적을 읽으며 배웠을 겁니다. 선생이 노나라 조상을 제사하는 태묘에 들어가 제사를 도울 때 하나하나 선배에게 물어서 했다고 하는데 이것도 사람들에게 물어

배우는 것이었지요.

묻는 것도 중요했지만 선생은 무엇보다도 전통을 소중하게 여겼습니다. 선생은 원형을 중시했는데, 원형이 전통을 통해 가장 잘 보존된다고 믿었기 때문으로 보입니다. 이런 일도 있었지요. 제자인 자공이 새 달을 맞이하는 제례에서 양을 죽이는 것을 그만두자고 말했습니다. 양을 잡아 제물로 바치는 것이 어리석은 일 아니냐는 것이었지요. 그러자 선생은 '너는 양을 중시하고 싶어 하지만 나는 예로부터 전해오는 예의 전통을 중시하고 싶다'고 답했습니다. 전통 방식을 따르라는 것이지요. 선생의 전통 중시를 잘 알 수 있는 대목입니다.

하지만 당시에는 사람뿐만 아니라 동물도 더 이상 희생 공물로 바치지 말자는 의견이 꽤 널리 퍼져 있었습니다. 꼭 살아 있는 생명체를 바칠 필요는 없다는 의식이 힘을 얻고 있었으니 자공이 지나치게 앞서 나간 것은 결코 아니었습니다. 논쟁의 여지가 있는 문제였는데 선생은 단호히 전통 편에 선 것입니다.

저는 선생이 말하는 전통이 과연 무엇인지, 원형이라고 하는 것이 실제로 주나라에 기원을 둔 것인지 생각해봤습니다. 동물 희생만 해도 그렇습니다. 더 오래전에는 동물 희생의 전통이 있었을지 몰라도 주나라에서는 그렇지도 않았습니다. 모든 것이 변하는데 제사의 형식만은 변해서는 안 된다는 것은 제가 보기에는 불합리한 고집이었습니다. 아니면 뭔가 형식에 연연하는 자세로 보였습니다.

저는 전통이라는 것도 사실은 근래에 만들어진 것이라 생각했으나, 선생은 전통은 아주 오래전에 확립된 것이고 옛날로 거슬러 올라갈수록 더 원형에 가까우며, 그 원형을 찾아 본받아야 한다고 여겼습니다. 이것이 저와 선생의 충돌을 일으켰고 저는 선생에게 몹시 미움을 받게 되었습니다. 하지만 저는 지금도 제가 옳았다고 믿고 있습니다. 선생이 말하는 전통은 가공의 것이거나 착각에 의한 것이기 때문입니다. 당시에는 차마 이 말을 입 밖에 내지 못했습니다. 제자로서 사소한 질문은 할 수 있으나 근본적인 것에 도전하기는 어려웠기 때문입니다. 하지만 저의 태도에 저항감이나 못마땅함이 묻어나 있었겠지요.

주공 이야기만 해도 그렇습니다. 어느 날 선생이 "꿈에서 주공을 못 본 지가 오래되었구나" 하고 탄식했습니다. 선생에게 주공은 가장 이상적인 인물이었습니다. 선생은 주공을 모든 예를 정비한 인물로 여겼거든요. 게다가 선생은 재능에 있어서 주공에 견줄 만한 뛰어난 사람이라도 교만하고 인색하다면 더 볼 것이 없다고까지 말했습니다. 이러한 주공이 살았던 주나라는 선생에게는 당연히 본받아야 할 모범이었습니다. 선생은 주나라가 제도에 있어서 하·은 양대의 전통을 이었고 찬란한 문화를 이루었으므로 주나라를 최상으로 생각한다고 말했습니다.

그런데 주공은 선생보다 무려 400년 이상 전에 살았던 것으로 보입니다. 그렇다면 그 긴 시간 동안 있는 그대로의 주공의 면모가 잘 전해진 것일까요? 실제로 주공이 예악을 정비했나요? 저는 아니라고 봅니다. 주공의 훌륭함은 선생이 창작한 것일 가능성이 매우 큽니다. 아무리 공자가 그런 창작을 했을까 의아하게 생각하실 겁니다. 제 얘기를 조금 더 들어주십시오.

4

저는 낙양洛陽 북요촌北窯村이라는 곳에 간 적이 있습니다. 꽤 먼 곳이었는데, 전란을 피하다 보니 그곳까지 가게 되었습니다. 어머니는 매우 생활력이 강한 분이라 전란 중에도 저를 먹이고 교육까지 시키셨습니다. 하지만 저는 공부하는 것을 그리 좋아하지 않았습니다. 선생이 중시한 '효'에서는 낙제라고 해도 할 말이 없을 겁니다. 하여튼 그곳에서 저는 흥미로운 구경을 했습니다.

그곳에는 비교적 규모가 큰, 서주西周 중기쯤의 것으로 보이는 주거지 터가 있었습니다. 그곳의 한 무덤에서 제물로 바쳐진 사람 일곱 명, 말 세 마리, 개 두 마리의 흔적을 볼 수 있었습니다. 낙양에 이 주거지가 형성된 시점은 주나라가 서안西安에서 낙양으로 천도하기(기원전 771) 전이지만 그때 이미 낙양은 상당히 번성한 곳이었습니다. 후대에 서안에서 낙양으로의 천도를 기준으로 하여 그 전을 서주라고 부르고 그 후를 동주 혹은 춘추 시대라고 부르게 되었습니다. 당시에는 물론 천도 전이나 후나 그냥 주나라라고 불렀지요. 수도를 옮긴 것뿐이었습니다.

선생은 기원전 500년경에 활약한 분이니 그 주거지가 존재했던 때와는 상당한 시간 간격이 있습니다. 그런데 여기에서 인신공양의 증거가 발견된 것입니다. 어떻게 된 일일까요? 선생보다 400년 이상 앞선 인물인 주공이 예제를 정비했다는데 어떻게 그 후에 형성된 주거지 터에서 인신공양의 증거가 나온 것일까요? 주공이 인신공양을 허용했다는 것인가요? 만약 그렇다면 선생이 노나라 애공의 인신공양을 애써 외면한 것을 설명하기 어려울 겁니다. 주공이 세운 예법인데 왜 극력 피하려 했단 말입니까. 오히려 환영해야지요. 그렇다면 선생이 알고 있는 주공의 예제란 도대체 어떤 것이었을까요? 인신공양이 주공의 예에 속했는지 아닌지 헷갈리게 되는군요.

제가 듣기로는 주나라에는 원래 붙잡은 포로의 머리를 잘라 제사에 바치는 풍속은 없었다고 합니다. 하지만 은나라와의 전쟁을 거치면서 은나라 사람들의 이런 풍속을 배우게 되었다는군요. 은나라 사람이 주나라 사람을 잡아 제물로 바치는 것을 보고 보복 심리가 발동해 따라 하게 되지 않았나 싶습니다. 주공은 주나라 초기의 인물입니다. 아마 주공 당시에는 인신공양이 없었을 겁니다. 따라서 선생이 주공을 따른다년 인신공양을 금지시켜야 했습니다. 하지만 앞서 말씀드린 대로 선생은 인신공양에 대해 아무런 반대도 표하지 않았습니다. 사정이 이러한데 과연 선생에게 주공을 꿈에서 보지 못했다고 한탄할 자격이 있는지 의아합니다.

그 당시에는 주술의 영향력이 매우 컸습니다. 제가 낙양에서 본 무덤의 유골 중에는 개도 있었습니다. 무덤에 개가 묻혀 있었다는 말이지요. 왜 개를 묻었을까요? 악귀가 땅속에도 스며들어 존재한다고 믿었기 때문에 냄새를 잘 맡는 개를 희생시켜 묻은 것입니다. 악귀로부터 무덤을 잘 지키라고요.

동물이 아닌 사람을 죽은 자와 함께 묻는 것 역시 이러한 주술적 차원의 연장이었습니다. 서주 귀족의 무덤 중에도 인간을 함께 묻은 예가 몇몇 있습니다. 북경北京 유리하琉璃河에 있는 연나라 묘지, 섬서성陝西省 보계寶鷄에 있는 여가장茹家莊의 무덤, 산서성山西省 곡옥曲沃에 있는 북조北趙 진후晉侯의 묘지, 그리고 하남성河南省 신정新鄭에 있는 당호촌唐戶村의 무덤 등입니다. 제가 다 가보지는 못했지만 여러 사람에게 확인한 것이라 크게 틀린 점은 없을 겁니다. 이를 보면 인신공양이 계속 이어졌을 뿐만 아니라 죽은 사람을 위해 산 사람을 함께 묻는 풍속, 즉 순장이 서주 시대에도 광범하게 계속되었다는 것을 알 수 있습니다. 제가 본 사례도 한둘이 아닙니다. 하지만 순장의 경우 서주 초기의 사례는 많이 있으나 중후기의 사례는 많이 발견되지 않았습니다.

제례와 장례는 예제에서 가장 중요한 부분에 속합니다. 아니 예제의 중심이라고 할 수 있을 겁니다. 만약 주공의 시대에는 인신공양이 없었고 선생이 주공을 따르고자 했다면 인신공양에 반대했어야 마땅하나 선생은 분명한 반대 의사를 표명하지 않았습니다. 주공을 따랐다고 보기 어렵지요. 반면에, 주나라 문화에는 인신공양이 있었고 선생이 주나라 문화를 따르고자 했다면 인신공양에 찬성했어야 마땅하나 선생은 이를 저어했는지 내놓고 찬성하지 않았습니다. 선생은 애공이 제게 사의 나무에 대해 물은 일을 애써 외면하려 했습니다. 애써 외면하는 것이 선생이 취한 태도입니다. 그 사안의 심각함을 알고 있었다고 봐야겠지요.

선생이 이상적으로 여기며 꿈에서도 만나고 싶어 한 주공은 실은 선생 자신이 만든 가공의 인물에 가깝다고 해야 할 겁니다. 선생은 그런 가공의 주공을 만들어놓고 그 주공의 권위에 기대려 한 것이 아닐까요? '주나라에서는 이렇게 했다, 따라서 나는 그 전통을 따른다' 하는 식으로요.

들은 이야기입니다. 낙양 북요촌의 서주 유적은 1974년에 발굴되었습니다. 유리하의 연나라 묘지 202호 무덤은 1977년에, 보계의 여가장 1호 무덤은 1974년과 1975년에, 그리고 곡옥의 북조 진후 묘지 114호 무덤은 2000년에, 신정의 당호촌 3호 무덤은 1976년에 발굴되었습니다. 곡옥의 북조 진후 묘지 114호 무덤은 순장 묘이고 나머지는 사람을 제물로 바친 묘라고 합니다.

선생에 대해 비판적으로 말하노라면 예나 지금이나 마음이 무겁습니다. 선생을 비판하는 것 자체가 부담스러운 일이니까요. 하지만 비판 없이 어떻게 발전이 있겠습니까. 또 비판을 받았다고 선생의 견해에 흠집이 생기는 것도 아닐 겁니다. 태산에 비바람이 한바탕 몰아친들 태산이 꿈쩍이나 하겠습니까? 태산은 항상 태산이지요.

그럼 계속 말씀드리겠습니다. 선생은 '술이부작述而不作'이라는 말을 했습니다. 자신은 선인의 말을 전할 뿐, 스스로 말을 만들지는 않는다는 뜻이겠지요. 이런 말에서 커다란 자신감을 엿볼 수 있습니다. '나는 누구보다 전통을 잘 알고 있다, 그리고 전통을 전하는 것이야말로 나의 사명이다'라는 생각도 읽을 수 있습니다. 선생은 노팽이라는 사람이 술이부작의 모범 사례라고 했습니다. 노팽은 은나라 사람으로 알려져 있는데 저는 노팽에 대해 잘 모릅니다. 옛것을 충실히 전했던 사람이겠지요.

전통을 전할 뿐 아무것도 만들지 않는다는 선생의 말은 여러 가지로 납득하기 어렵습니다. 우선 선생이 전하려 했다는 전통이 문제입니다. 선생은 실제로는 전통을 전하지도 않았고 전통이 무엇인지 알지도 못했기 때문입니다. 여기서 전통이란 주나라의 것을 말합니다. 선생은 주나라의 것을 사실상 알지 못했기 때문에 전하려 해도 전할 수가 없었지요. 그리고 설혹 선생이 전통을 전했다 해도 그것은 주나라의 것이 아니라 매우 가까운 과거의 것이었습니다. 다시 말하자면 오래된 것이 전혀 아니었고, 그렇다고 선생이 만들어낸 새로운 것도 아니었다는 겁니다. 음, 이상한 이야기라고 생각하실 수도 있겠지만 제 이야기를 조금 더 들어주시길 바랍니다.

들은 이야기입니다. 중국에 19세기 말에서 20세기 초에 캉유웨이康有爲라는 사람이 있었다고 합니다. 변법자강운동을 주도한 사람이라는데, 《공자개제고孔子改制考》라는 공자에 대한 방대한 책을 제자들과 함께 10여 년에 걸쳐 완성했습니다. 내용은 공자가 태평의 정치와 대동의 복지를 위해 제도를 모두 '만들었다'는 겁니다. 공자가 옛날이라는 이름을 빌려 자신의 이론을 세우고 펼쳤다는 것이지요. 말하자면 공자는 위대한 개혁가라는 것인데, 아마도 캉유웨이는 이런 공자와 자신을 동일시한 것 같습니다. 이 책은 많은 비웃음을 샀다고 합니다. 공자의 말이 너무나 잘 짜여 있다고 주장한 것도 하나의 이유였다는군요. 하긴 공자의 한마디 한마디가 세상의 온갖 진리를 다 꿰뚫고 있으니 이상하기는 할 겁니다.

《논어》에 이런 내용이 있습니다. 안회가 나라를 다스리는 방법에 대해 묻자 공자가 대답하기를, 역법은 하나라의 것을 사용하고 마차는 은나라의 것을 타고 의관은 주나라의 것을 쓰고 음악은 순임금 대에 만든 소라는 무곡을 쓰는 것이 좋다 하였다는 것입니다. 이에 대해 캉유웨이는 이런 주석을 달았습니다. "이 조목은 제도 개혁의 확실한 증거다. 비유하면, 지금 원나라의 역법을 사용하고 명나라의 수레를 타며 청나라의 관을 착용하고 송나라의 희곡戱曲을 듣는다고 말한다면, 어찌 매우 희한한 이야기가 아니겠는가? 성인이 아니면 어찌 그런 것을 다 정할 수 있겠는가!" 공자가 성인이기에 그런 것들을 정할 수 있었다는 것이지요. 뭐 그럴 수도 있겠습니다.

선생이 보기에 이상적 질서는 더 이상 실현되지 않고 있었습니다. 그래서 선생은 이를 부활시켜 자기 시대에 맞추려 했던 것으로 보입니다. 선생은 이상적 질서가 주공에 의해 이루어졌다고 보았고, 그런 주공이 주나라 사람이었으므로 주나라를 따르려고 했습니다. 따라서 우선은 주 왕실의 의례 제도를 알아내고, 그다음엔 어느 시대에

나 보편적으로 적용 가능하도록 변용하려 했던 것으로 보입니다.

주나라의 것이 아무리 옳아도 시대가 달라졌으니 신분 제한이 있는 의례는 아무래도 한계가 있지 않겠습니까? 선생은 왕왕 자신도 시류를 따른다고 말했는데, 아마 이런 뜻이었을 겁니다. 귀족에게만 허용되었던 의례를 평민에게까지 확장하려는 시도 말입니다. 당시는 귀족 제도가 붕괴되고 누구나 능력에 따라 입신할 수 있는 시대였기 때문에 신분적 제한을 넘어서는 것은 당연한 과제였습니다. 그 과제를 해결하지 못하는 사람은 많은 지지를 받을 수 없었을 테니까요.

하지만 선생이 재건하려는 제도는 주공의 것이 아니었고 주나라 초기의 것도 아니었습니다. 선생이 생각하는 주나라 제도는 엄밀히 말하자면 공상적인 것에 가까웠습니다. 그렇다고 해서 선생이 만든 것이냐 하면 그것도 아닙니다. 그렇다면 무엇이냐? 이것이 문제입니다.

5

이런 문제에 답하기 전에, 선생과 제가 종종 논쟁을 벌였다는 것을 상기해보십시오. 아마도 《논어》를 통해 제가 선생과 일견 예의 없어 보이는 논쟁을 하곤 했다는 것을 알고 계실 겁니다. 한마디로 저는 말을 잘 안 듣는 제자였지요. 하지만 사사건건 시비를 건 것은 아닙니다. 제가 그 정도로 지각없는 사람은 아닙니다. 단지 고분고분하지 않았다는 것이지요. 이런 저와 대비되는 제자는 안회였습니다. 그는 선생의 총애를 한 몸에 받았지요. 선생은 안회가 하루 종일 '예, 예' 하고 대답만 해서 바보가 아닌가 하는 생각까지 해봤다고 합니다. 안회는 그 정도로 양순한 사람이었습니다. 한번은 선생이 말하기를, 안회가 선생의 학문에 도움이 안 된다고 했습니다. 선생이 무슨 말을 하든 찬성을 하니까요. 물론 선생은 안회에 대한 애정을 듬뿍 담아 말한 것이었습니다.

하지만 선생은 제게는 그런 애정을 보이지 않았습니다. 이 점은 제가 선생과 종종 논쟁을 벌인 탓에 사람들에게 더 도드라져 보이게 되었는데, 그 논쟁 중 하나가 바로 삼년상에 대한 것이었습니다. 선생이 부모의 삼년상을 줄곧 말해왔기에 어느 날 제가 선생에게 물어보았습니다. 3년은 너무 길지 않느냐고, 1년이면 충분할 것 같은데 왜 3년이나 상을 치러야 하느냐고 말입니다. 저는 어떤 근거로 3년을 말하는 것인지 알고 싶었습니다. 당시는 천하가 전쟁에 휩싸여 있던 때인데 3년 동안이나 아무 일도 안 하고 부모의 묘소를 지킨다는 것이 제가 보기엔 아무래도 비현실적이었거든요.

저의 질문에 선생은 왜 1년이면 충분하다고 여기느냐고 되물었습니다. 그래서 저는, 위정자가 삼년상을 치르느라 3년 동안이나 예식을 행하지 않고 음악을 행하지 않으면 예식도 무너지고 음악도 무너질 것이다, 묵은 곡식이 바닥이 날 무렵은 바로 햇곡이 여무는 때이고, 부싯돌을 뚫어 불을 붙여 헌 불 대신 쓰는 것도 1년마다 하는데 상도 1년으로 끝내는 것이 좋지 않겠느냐고 대답했습니다. 그랬더니 선생이 조금 못마땅한 얼굴로 물었습니다. 너는 부모가 돌아가신 지 1년 만에 맛있는 밥을 먹고 비단옷을 입는 보통의 생활로 돌아가는 것이 마음에 아무렇지 않으냐? 그래서 저는 조금도 망설이지 않고 아무렇지 않다고 대답했습니다. 선생은 무척 불쾌했는지, 네가 아무렇지 않게 생각한다면 좋을 대로 하라고 했습니다. 옛날 사람들은 상중에는 맛있는 것을 먹어도 맛있는 줄 모르고 음악을 들어도 즐겁지 않고 편안히 있으려고 해도 제정신이 아니었기 때문에 아예 그렇게 하려 하지 않았다면서, 그런데 네가 그렇게 해도 아무렇지 않다면 좋을 대로 하라는 것이었습니다. 그리고 저는 거기서 물러났습니다.

그런데 후에 들으니 선생이 저를 참으로 불인不仁한 사람이라고 평했다더군요. 자식이 태어나 3년이 지나서야 비로소 부모의 품에서 벗어나기 때문에 부모를 위해 삼년상을 치르는 것은 천하에 통하는 원칙이라면서, 부모의 3년 은혜조차 갚을 생각이 없는 재아는 불인한 사람이라고 했다는 겁니다. 악평도 이런 악평이 없겠지요.

하지만 저는 이런 말을 들어도 아무런 감정의 동요가 없었습니다. 선생이 저를 어떻게 생각하는지 평소에 잘 알고 있었고 저는 선생과는 근본적으로 생각이 달랐기 때문입니다. 그래도 제가 없는 자리에서 저에 대해 불인하다고 말한 것은 유감스러웠지요. 뒤에서 남의 험담을 하는 것이 과연 인이고 예인지 의심하지 않을 수 없었습니다. 원래 흥은 앞에서 보고 칭찬은 뒤에서 하는 게 상식 아닙니까? 실망스러웠습니다.

그런데 여기에서 유의할 점이 있습니다. 그것은 논쟁의 주제가 다름 아닌 상을 치르는 기간이었다는 겁니다. 부장품으로 무엇을 넣을 것인지, 누가 누구에게 제사를 지내야 하는지가 아니라 몇 년 상으로 해야 하는지에 관해 논한 것입니다. 이는 중요한 변화가 이미 일어났다는 뜻입니다.

옛날에는 아무나 제사를 지낼 수 없었습니다. 제사는 귀족의 특권이었지요. 그리고 귀족의 등급에 따라 제사의 세부가 달랐습니다. 부장품의 종류와 종수에 대한 엄격한 규정이 있었거든요. 하지만 제가 선생과 삼년상에 대해 논쟁하던 시점에는 이미 그런 형식들 대신에 부모상에 대한 마음가짐이 가장 중요한 것이 되어 있었습니다. 선생의 또 다른 제자인 자장도, 제사를 지낼 때는 경건한 마음을 바치고자 하고 상을 당했을 때는 슬픔을 다하고자 한다고 말했습니다. 선생의 제자다운 말이지요. 그런데 얼마 동안 해야 할까요? 선생이 주장한 것처럼 3년일까요? 만약 3년이라면 그 근거는 무엇일까요? 옛 규범에 그런 게 있을까요? 없습니다. 그것은 오로지 선생의 생각일 뿐입니다. 그래서 저는 1년이면 충분하다고 논변한 것이고요. 그런데 선생은 삼년상이 천하에 통하는 원칙이라고 주장했습니다. 천만의 말씀이지요. 그런 규범은 당시에도 그 어디에도 없었고, 그 전에도 물론 없었습니다.

6

주나라에서는 두 차례의 의례 개혁이 있었던 것으로 보입니다. 첫
번째 의례 개혁은 기원전 10세기 중엽에 시작되어 기원전 850년경
에 완성된 것 같습니다. 이 시기는 아마도 려왕의 치세였을 겁니다.
이 개혁으로 당시에도 아주 중요한 사안이었을 의례에 중대한 변화
가 생겼습니다. 여기서 '개혁'이라는 말을 쓴 것은 기록에서 그 일을
가리켜 개혁이라고 부르기 때문이 아니라, 아주 중요한 사안에서 갑
자기 근본적인 변화가 나타났다면 이는 의도적인 것이었으리라고
추정할 수 있기 때문입니다.

당시에 의례용품의 하나인 청동기 그릇의 유형에 변화가 생겼고,
청동기 부장품의 조합에서도 현저한 변화가 갑작스럽게 일어났습
니다. 이런 변화를 누가 일으킬 수 있겠습니까? 강력한 권력을 가진
왕이 아니면 불가능했을 것입니다. 제례에 커다란 변화를 주는 것은
지금도 꺼려지는 일입니다. 평지풍파를 일으키게 될 테니까요.

그런데 첫 번째 개혁은 성공적이었던 것으로 보입니다. 개혁을 통
해 자리 잡은 새로운 의례가 뒤이은 2세기 동안 안정적으로 시행됐
다는 증거가 있기 때문입니다. 그럼 첫 번째 의례 개혁에서 근본적
이고 커다란 변화를 보여주는 두드러진 특징은 무엇이었을까요? 그
것은 바로 의례용품에서 주기酒器가 빠졌다는 것입니다. 술을 마실 때
쓰는 그릇들이 더 이상 발견되지 않았다는 말입니다. 서주 후기 사람
들이 갑자기 술을 끊게 되지는 않았을 겁니다. 예나 지금이나 설령 엄

격한 법으로 금주령을 시행한다 해도 술을 딱 끊게 한다는 건 매우 어려운 일이지요. 하지만 술로 제사 지내던 습속만은 확실히 중단된 듯이 보입니다.

그 전에는 의례의 중심에 술이 있었습니다. 술을 마시면 취하게 되고, 술에 취하면 환각 상태와 비슷한 상태가 되어 조상의 혼령을 만나게 된다고 믿었기 때문입니다. 이러한 주술적 요소는 은나라와 서주 전기까지는 잔존했습니다만 서주 후기에 들어서면서는 확실히 소멸된 것으로 보입니다. 이것은 조상의 혼령을 중심으로 하는 공동체가 차츰 사라져갔음을 뜻합니다. 조상이 아니라 현재 살아 있는 사람들을 중심으로 하는 공동체가 우선하게 되었다는 것이지요.

또 다른 특징은 청동기 부장품의 표준 조합이 정해졌다는 것입니다. 엄격한 예 규범에 따라 귀족의 등급을 반영해서요. 의례 개혁 이후에는 귀족 등급에 따라 다르게 표준화된 청동기 부장품 조합이 사용되었음이 뚜렷이 드러나는 것입니다. 그리고 의례 개혁에 의해 도입된 일부 새로운 기물 유형에서 단순성과 질박함이 나타났습니다. 그 전에는 부상품이 매우 정교하고 복잡하게 생긴 것들이었습니다. 그런데 서주 후기부터는 부장품의 모양이 단순해지고 질박해진 겁니다. 의도된 변화였다고 해야겠지요. 화려함과 복잡함으로 이목을 끌고 만족을 주는 것보다는 단순하고 질박한 것을 더 권장하게 된 것이라 할 수 있습니다.

이러한 변화는 이전과의 뚜렷한 단절을 의미하는 것이 분명합니다. 그런데 이 개혁에 대한 기록은 남아 있지 않습니다. 유적을 면밀히 살피지 않으면 이 변화를 알 수가 없는 것입니다. 그러므로 아마도 선생은 의례에 이런 큰 변화가 있었다는 것을 잘 몰랐을 겁니다. 제가 첫 번째 의례 개혁에 대해 이렇게 장황하게 이야기하는 것은 선생에게 직접적으로 영향을 끼친 두 번째 의례 개혁에 앞선 개혁이 있었음을 알아야 선생과 저의 입장 차이를 이해하기 쉽기 때문입니다.

7

두 번째 개혁에 대해 말하기 전에 제가 하남성 석천淅川 하사下寺의 묘지에서 본 왕손고용종王孫誥甬鐘의 명문銘文에 대해 잠깐 이야기를 하는 게 좋을 것 같습니다. 왜냐하면 이 종의 명문은 대략 선생의 유년기에 새겨진 것으로 추정되는데 선생의 생각을 이해하는 데 많은 도움을 주기 때문입니다. 저는 이 명문을 잘 알고 있었기에 선생의 가르침에서 그다지 새로움을 느끼지 못했습니다. 물론 선생은 인격적으로 훌륭했고 많은 가르침을 주었지만, 그 가르침이 새로운 것이라 말하기 어려울 때도 많았습니다. 그 명문은 초나라의 한 왕손이 쓴 것으로, 아마도 기원전 6세기 중반쯤의 것으로 생각됩니다. 그중 일부를 옮겨보겠습니다. 제가 깊은 인상을 받아 뚜렷이 기억하기에 아마 거의 원문에 가까울 겁니다.

저는 지나칠 정도로 겸허하지는 않지만 (올바른 의례 행위의 준수에) 어떤 잘못도 범하지 않습니다. 저는 통치의 미덕을 발휘하는 데 자애롭습니다. 저는 경외를 자아내는 의식에 완전히 정통합니다. 저는 아주 경건하여 결코 태만하지 않습니다. 저는 (나태해지는 것을) 두려워하여 아주 신중하고, (저 자신의 행동을) 성실히 계획하여 (저의 군주를) 지키는 데 뛰어납니다. 이 때문에 저는 사국四國에 알려져 있습니다. 저는 경건하게 저 자신의 맹약과 제물 바치는 것을 잊지 않고 지켜서, 그 결과 영원한 행복을 얻었습니다. 공격해오는 융족에 대한 전쟁을 수행함에 있어서 저는 숙고하여 (전술을) 계획하여 결코 패하지 않았습니다.

빛나는 조율된 종. 그것들을 가지고 저는 초 왕과 제후, 훌륭한 빈객들 및 여러 부父들(부친과 삼촌들)과 형제, 여러 사士들을 즐겁고 기쁘게 하도록 연회를 베풀어 올립니다. 얼마나 복이 넘치고 밝고 기쁩니까! 영원무궁토록 그것들을 보존하고 칠 것입니다.

저는 이 명문에 나타난 자신감에 주목하고 싶습니다. 한마디로 말하자면 글쓴이 자신이 잘해서 복을 받는다는 겁니다. 예전 사람의 생각과 많이 다릅니다. 잘되면 다 조상 덕분이라고 여기며 앞으로도 조상의 덕이 자신들을 보살펴주기를 기원했던 예전의 태도와는 근본적으로 달라진 겁니다. 조상의 혼령이 보살펴주어서가 아니라 자신이 의례도 잘 지키고 정치도 잘해서 복을 받고 있다고 여기는 겁니다. 요컨대 왕손고용종에 새겨진 글은 이제는 복이 스스로의 수양과 의례 지킴을 통해서 얻어진다는 선언입니다.

그리고 여기서 연회란 곧 제사를 말한다고 할 수 있는데, 이제는 연회-제사의 수혜자도 조상이 아니라 왕과 제후, 그리고 그 자리에 참석한 사람들입니다. 이 역시 예전과 달라진 점입니다. 예전에는 연회-제사의 수혜자는 조상의 혼령이었습니다. 공동체의 후원자인 조상의 혼령이 기력을 잃으면 안 되니까 혼령의 먹이로서 제물을 바쳤던 것이고 인신공양도 그런 차원에서 이루어졌던 것입니다. 하지만 이제는 죽은 자의 혼령이 아니라 그 자리에 참석한 산 사람들의 기쁨과 즐거움을 위해 연회-제사가 열렸습니다.

선생도 이와 같은 취지의 말을 한 적이 있습니다. 옛말에 제사를 지낼 때 마음을 담아 임하면 혼령이 그 자리에 실재하게 된다고, 그러므로 직접 제사에 참여하지 않으면 제사 지내지 않는 것이나 마찬가지라고 말한 것입니다. 선생은 제사에 직접 참여하는 것이 중요하다는 것을 강조했습니다. 제사는 당연히 마음을 담아 지내야 하고 그래야 혼령도 그 자리에 함께하지만, 그래도 그 무엇보다 중요한 것은 참석이라는 것이지요.

위에 소개한 초나라 왕손고용종의 명문에 비추어 보면 이런 말은 전혀 새로운 것이 아닙니다. 명문에서도 연회-제사 참석자가 복의 수혜자라는 것을 분명히 말하고 있기 때문입니다. 명문을 보면 참석자들인 왕과 제후, 빈객, 부친, 삼촌, 형제들 그리고 사들에게 연회-제사를 베푼다고 되어 있고, 또 참석자들에게서 복된 기운을 느끼는 것으로 되어 있으니까요. 선생은 꽤 오래전부터 사람들이 알고 있던 것을 반복한 것에 지나지 않습니다. 게다가 명문에 나온, 자기 수양과 의례 지킴을 통해 복을 받으려는 자세도 선생이 말한 바와 다르지 않습니다.

주목해야 할 점은, 초나라에서 왕손고용종이라는 종이 만들어진 시기가 선생의 유년 시절이었다는 겁니다. 선생이 어린아이였던 시대에 이미 산 사람들 중심의 공동체, 그리고 자기 수양의 가치가 확립되었다는 것이지요. 노나라가 아니라 멀리 떨어진 초나라에서 말입니다.

계로가 선생에게 죽음에 관해 물은 적이 있습니다. 그때 선생은 삶의 의미도 모르면서 어찌 죽음의 의미를 알겠느냐고 답했습니다. 계로가 조상의 영혼을 달래려면 어떻게 해야 하느냐고 물었을 때 산 사람도 잘 섬기지 못하면서 어찌 죽은 사람을 섬길 수 있겠느냐고 답한 것과 같은 맥락입니다. 그런데 이런 생각은 당시에는 전혀 특별한 것이 아니었습니다. 당시는 이를테면 조상과 이별을 하는 시기였습니다. 산 자와 죽은 자가 더 이상 하나가 아님을 의식하게 되었다는 말입니다. 이제 사람들은 제사를 지냄으로써 죽은 자와 공동체를 이루게 된다는 생각에서 벗어나고 있었습니다. 따라서 죽음에 대해 묻는 것이 옛날과 같은 의미를 가질 수 없었습니다. 또한 예전에는 조상이 우리의 후원자였지만 이제는 우리 스스로의 노력으로 살아가야 했습니다. 스스로가 자신의 후원자가 된 것이지요.

이에 따라 조상을 대하는 태도도 달라졌는데 그 변화가 무덤에 반영되기 시작했습니다. 무덤이 죽은 자가 머무는 곳으로 바뀌기 시작한 것입니다. 이제 조상의 혼령은 하늘로 올라가 우리를 돕는 것이 아니라 죽은 자의 영혼을 위한 공간인 무덤에 머물며 안식하게 된다고 여겨졌습니다. 혹은, 산 자의 세계로는 결코 돌아올 수 없는 길로 떠나갈 것인지 아니면 돌아오려는 희망을 품고 머물러 있을 것인지를 무덤에서 선택하게 된다고 여겨졌습니다. 죽은 자에게 생시에 향유했던 즐거움을 제공하는 지하의 집과 같은 것으로서의 무덤은 사자의 영혼이 생자의 세계에서 배회하는 것을 막으려는 바람에서 비롯되었습니다. 다시 말해서, 조상은 이제 산 자를 괴롭히는 귀신으로 여겨지게 된 것입니다. 천상의 초자연적인 원조자였던 조상이 유해한 존재로 변한 것입니다.

죽은 자와 산 자를 갈라놓기 시작한 시대, 조상이 점차 유해한 귀신으로 변해가던 시대에 선생도 저도 살고 있었습니다. 귀신에 대해 말하는 것은 누구나 꺼리는 일이었습니다. 선생도 마찬가지였지요. 한번은 번지가 지자知者의 처사에 대해 물었습니다. 그러자 선생은 백성이 정의라고 생각하는 것을 존중하라, 그리고 귀신 등의 신앙 문제에 대해서는 신중한 태도를 취하고 깊이 들어가지 말라고 답했습니다. 이런 태도는 선생이 중병에 걸렸을 때에도 마찬가지였습니다. 자로가 선생의 쾌차를 위해 기도를 하고 싶다고 했더니 선생은 그런 선례가 있느냐고 물었습니다. 기도가 예에 맞는 일이냐는 것이었지요. 그러자 자로는 그렇다면서, 하늘의 신과 땅의 신에게 기도하지 않느냐 했습니다. 그랬더니 선생은 그런 기도라면 전부터 하고 있으니 할 필요가 없다고 했습니다. 이제는 그런 기도의 시대가 아니라는 뜻이었겠지요. 수양하고 예법을 따르면 복을 받고 성공할 수 있다는 것이 그 시대의 정신이었습니다. 선생도 그 시대 사람이었습니다.

이런 주장을 한 사람들은 많습니다. 선생의 선배 중에도 한 사람 있었습니다. 《논어》에도 등장하는 양호라는 사람입니다. 양화라고도 불렸습니다.

8

광匡이라는 곳에서 선생이 재난을 당한 적이 있습니다. 제자들과 함께 유랑 중이던 선생이 광 사람들에게 붙잡혀 목숨이 위태로운 지경에 처한 것입니다. 광 사람들은 왜 선생을 죽이려고 했을까요? 선생의 무리는 정치적 집단도 아니고 무장한 집단도 아니어서 특별히 위협적일 게 없었을 텐데 말입니다. 사마천은 아마도 광 사람들이 선생을 양화로 잘못 알아본 탓에 벌어진 일이었을 것이라고 기록했습니다. 매우 예리한 추측입니다. 광에서 누군가가 선생을 보고 신고를 했겠지요. 양화가 나타났다고요. 양화는 노나라 제후의 가신이었는데 나중에는 권력을 탈취해 악정을 행했습니다. 그 악정이 광에도 미쳤던 모양입니다. 그래서 양화의 악정에 시달렸던 광 사람들이 양화가 나타났다는 말을 듣고 그를 잡으러 달려왔던 것이겠지요.

문제는 왜 사람들이 선생과 양화를 착각했느냐는 겁니다. 겉모습이 비슷해서였겠지요. 하지만 사진도 없던 시대이고 현상수배 방이 걸린 것도 아니었을 테니 얼굴 생김새 때문은 아니었을 겁니다. 아마도 복장 때문이었겠지요. 양화의 복장과 선생의 복장은 매우 흡사했을 겁니다. 두 사람 다 옷이 조금 치렁치렁한 편이었으니까요. 왜 두 사람의 복장이 흡사했을까요? 두 사람이 선후배 관계였기 때문입니다. 두 사람이 같은 집단에서 공부를 한 것이지요. 장례를 다루는 일로 생계를 유지하기 위해 장례 예법을 주로 배우는 집단이었습니다.

양화가 한 20년 연상의 선배였습니다. 당연히 먼저 세상에 나갔지요. 그는 제후의 가신이 되었고, 나중에는 제후의 권력을 빼앗았습니다.《논어》를 보니 선생이 양화와 만난 일을 기록한 부분이 있더군요. 재미있는 점은 선생이 양화에게 매우 깍듯하다는 겁니다. 선생은 예를 갖추는 데는 모자람이 없었지만 싫으면 싫다고 말하는 성격이었는데 당시 평판이 좋지 않았던 양화에게 선배 대접을 제대로 합니다.

얘기는 이렇습니다. 양화가 선생에게 만나자고 했는데 요리조리 피하던 선생이 길에서 양화와 마주치고 말았습니다. 양화가 선생을 보고 보물을 가지고 썩히면서 나라가 어지러운 것을 그냥 내버려두는 것이 인이냐고 물었습니다. 그러고는 어서 정치에 나서라고 권합니다. 이에 선생은 좋다고 합니다. 관직에 나가겠다고 합니다.

이는 평소의 선생과는 다른 모습입니다. 평소의 선생이라면 양화의 악정에 대해 어떤 식으로든 언급했을 것이고 지금과 같은 때에는 정치에 나가지 않는 것이 군자라고 했을 것입니다. 실제로 평소에 선생은 이렇게 말하곤 했습니다. 망해가는 나라에는 들어가지 않고 어지러운 나라에는 살지 않으며, 천하가 잘 다스려질 때에는 나아가고 어지러운 세상에서는 무시당하는 것이 옳다고. 그리고 정의가 행해지는 나라에 살면서 빈천한 것은 부끄러운 일이나 불의가 통하는 나라에서 부귀한 것은 훨씬 더 부끄러운 일이라고. 또한 원헌이 명예를 소중히 여기는 방법에 대해 물었을 때도 선생은 도의가 행해지는 나라라면 출사해서 녹을 받는 것이 좋지만 무도한 나라에서는 출사하면 큰 치욕을 겪게 될 거라 답했습니다.

그렇다면 양화가 권력을 잡고 있는 나라처럼 정의가 행해지지 않고 어지러운 나라에서는 세상에 나아가지 않는 것이 옳겠지요. 그런데도 선생은 정치에 나서라고 권유하는 양화에게 아무런 반박 없이 공손하게 그렇게 하겠다고 말한 것입니다. 선배에 대한 깍듯한 대접이 아니고 무엇이겠습니까? 선생 앞에 선배들이 있었던 겁니다.

선생은 이 문제에 관한 소회를 드러낸 적이 있습니다. 한번은 이런 말을 했습니다. '함께 공부해도 같은 길을 간다고는 할 수 없다. 같은 길을 가도 함께 일을 할 수 있다고는 할 수 없다. 함께 일을 할 수 있다 해도 운명을 함께할 수 있다고는 할 수 없다.' 저는 처음에는 이 말의 뜻을 몰랐지만, 선생과 양화의 관계를 보고 그 뜻을 알게 되었습니다.

선생과 양화는 동문수학한 사이입니다. 그럼 같은 길을 걸었나요? 그렇다고 할 수 있습니다. 두 사람은 같이 배우고 같은 길을 갔으나 그다음 단계를 함께할 수 없었던 것이지요. 함께 일할 수는 없었던

겁니다. 의롭지 않은 집단과 어찌 함께 일할 수 있겠습니까? 선생은
이 단계에서 거절한 겁니다. 선생은 정치에 나오라는 양화의 요구에
는 같은 길을 가는 입장에서 동의했지만 양화와 같이 일하지는 않았
습니다.

그럼 선생과 같이 일하기까지 했으나 운명을 함께할 수 없었던 사
람들은 누구였을까요? 저와 같은 제자들입니다. 함께 일을 했으나 각
자의 운명은 너무나도 달랐으니까요. 누구는 전장에서 죽고 누구는
요절하고 누구는 평온한 은퇴를 누리고……. 제자들이 선생과 운명
까지 같을 수는 없지 않겠습니까? 어찌 보면 너무나 당연한 말이지
요. 그럼 다시 선생과 관련된 예제 개혁의 이야기로 돌아가겠습니다.

9

선생이 처음은 아니었습니다. 예로써 어지러운 세상을 바로잡고
인과 예로써 정치를 해야 한다고 주장한 사람들은 많이 있었습니다.
그리고 이런 흐름은 선생이 태어나기 거의 한 세기 전에 이미 확고
히 자리 잡고 있었습니다. 그리하여 주나라에서 멀리 떨어진 초나라
에까지 영향을 미치게 되었습니다. 당시 초나라는 문명화되지 않았
다고 여겨지는 지역이었는데 이 지역에까지 인과 예가 자리를 잡았
던 것입니다. 주나라의 두 번째 의례 개혁은 춘추시대 중기에 해당
하는 기원전 6세기경에 일어났습니다. 이때는 주나라의 예법이 확장

되는 시기였습니다.

그럼 두 번째 의례 개혁에 대해 한번 훑어보겠습니다. 그것의 내용과 특징은 선생의 가르침과 놀라울 정도로 비슷합니다. 제가 이곳저곳을 다니면서 많은 묘를 보았는데 기원전 6세기경부터 묘에 뚜렷한 변화가 나타났습니다. 두 번째 의례 개혁을 통해서 장례 방식과 묘를 쓰는 방식이 크게 달라졌던 것입니다. 이 개혁은 너무나 성공적이어서, 원래부터 계속 그런 식으로 장례를 지내고 묘를 조성해온 것처럼 사람들이 착각할 정도였습니다. 사실 무엇이든 한 100년쯤 지속되면 전통처럼 느껴져 아주 오래전부터 이어져온 것인 양 착각되기 마련입니다. 마찬가지로, 선생은 옛것을 재현하려 했지만 그'옛것'은 실은 아주 오래전의 것이 아니라 기껏해야 100년 전의 것이었습니다.

노나라의 임방이라는 사람이 선생에게 예란 도대체 무엇인가 물은 적이 있습니다. 예의 본질을 알고자 한 것이겠지요. 선생은 어려운 질문이라고 먼저 운을 뗐습니다. 선생이 어렵다고 말한 것은 형식적인 말이 아니라 진짜 어렵기 때문에 하는 말이었습니다. 무엇에 대해서든 본질을 말하는 것은 어려운 일이거든요. 사람이란 무엇인가? 이런 질문을 받으면 얼마나 답하기 어렵겠습니까? 이어서 선생은 예식은 사치로 흐르기 십상이니 검소하게 하라, 특히 상례의 경우 남의 이목에 신경 쓰기보다 상주의 마음을 존중하라 했습니다. 예를 행할 때 중요한 것은 검소와 진심이라고 말한 것이지요.

그런데 이처럼 검소와 진심을 중시하는 것은 바로, 선생의 시대보다 한 세기 전인 춘추시대 중엽에 시행된 의례 개혁의 정신이었습니다. 이 의례 개혁은 신성한 조상보다 산 사람들의 공동체에 초점을 맞췄는데, 이는 앞서 본 초나라 왕손고용종의 명문으로도 알 수 있습니다. 한데 여기에서 주목할 점은 귀족과 평민의 구별이 춘추 중엽 이후 희미해졌다는 것입니다. 이는 춘추 중엽의 의례 재편과 관련 있을 겁니다.

선생이나 저와 같이 비교적 신분이 낮은 사람들은 귀족과는 경우가 달랐습니다. 과거에는 귀족만이 조상의 제사를 지낼 수 있었습니다. 제례는 귀족의 특권이었던 겁니다. 하지만 시간이 흐른 뒤 의례는 사회적 조화를 달성하는 수단으로서 강조됐습니다. 예로써 사회를 다스릴 수 있다는 것이 바로 그런 맥락에서 나온 말입니다. 이제 제례는 귀족의 독점물이 아니게 된 것이지요. 요컨대, 이제는 귀족만 제사를 지낼 수 있는 것이 아니라 평민도 똑같이 제사를 지낼 수 있게 되었으며, 그것은 사회를 올바르게 하려는 목적에서 이루어진 일이었다는 겁니다. 이러한 변화가 달성된 것이 바로 이 두 번째 의례 개혁을 통해서였습니다.

그런데 이렇게 귀족과 평민의 구별이 희미해지다 보니 이제 통치자와 피통치자의 구별만이 중요한 사회적 구별로 남게 되었습니다. 그러자 통치자는 어떻게 피통치자를 다스려야 하는가의 문제가 자연스럽게 핵심으로 떠올랐습니다. 피통치자를 다스리는 것, 그것이 바로 정치입니다. 조상이 아니라 산 사람들의 공동체가 더 중요해진 시대에, 왕뿐만 아니라 제후나 심지어 제후의 가신까지도 통치자가 될 수 있었던 전란의 시대에—당시가 이른바 춘추시대였음을 기억하십시오—도대체 어떻게 통치해야 하는가, 이것이 시대의 화두가 된 것입니다. 따라서 조금이라도 이름난 사람이라면 그에게 정치에 대해 묻는 것이 보통이었습니다.

자금이 자공에게, 선생은 어느 나라에 가든 꼭 그 나라의 국정에 참여하게 되는데 이것은 선생이 먼저 청해서인지 아니면 의뢰를 받아서인지 물었다고 합니다. 이에 자공은 선생이 워낙 온후하고 선량하고 공손하고 검소하고 겸손한 분이어서 저절로 그리 된 것이라고 답했답니다. 그리고 설령 선생이 먼저 청했다 해도 비굴하게 요구하지는 않았다고 했습니다. 말하자면 청하는 방식이 남달랐다는 것인데, 이는 자공이 세상 물정을 몰라서 한 말입니다. 선생이 특별히 정치에 일가견이 있었던 게 아닙니다. 정치는 당대의 화두였고, 누구나 정치에 대해 말하는 것을 당연하게 여겼습니다. 선생도 우리에게 정치에 대해 끊임없이 말했습니다. 어떤 정치가 좋은 정치인지를 열정을 다해 가르치려 했습니다.

귀족 계급이 유명무실해진 시대에 사람들은 자연스럽게 혈통보다는 덕과 개인의 능력에 가치를 두게 되었습니다. 그래서 자신의 능력을 키우고 덕을 높이기 위해 애썼습니다. 그리고 의례와 관련해서는 정확하되 검소하게 수행되어야 한다는 생각이 널리 퍼지게 되었습니다. 이제 값비싼 의례용품을 사용하는 것은 중요하지 않았고 그보다는 의례 절차를 정확히 지키는 것이 중요했습니다. 그렇다면 이것은 검소와 진심을 강조한 선생의 예의 정신과 일맥상통하는 것이 아니겠습니까?

그런데 이러한 변화를 낳은 개혁에 대해 선생은 잘 몰랐던 것 같습니다. 선생이 이에 대해 한 번도 언급한 적이 없고 오히려 자신이 주공과 주나라의 예제를 본받고자 했다는 말만 한 것을 보면 알 수 있습니다. 비록 앞에서 밝힌 것처럼 주공은 예제와는 사실상 아무 관련이 없는 사람이었고 선생이 본받으려 한 예제도 실은 주나라 초기의 것이 아니라 불과 한 세기 전의 것이었지만 말입니다.

이렇게 된 것은 아마도 선생이 문헌에만 집중했기 때문이 아닐까 합니다. 저는 여기저기 돌아다니면서 많은 묘지와 유적을 보았기에 두 차례의 의례 개혁이 있었음을 알아차렸지만 선생은 그저 글만 읽었던 것입니다. 선생이 이런 말을 한 적이 있습니다. 하나라의 제도에 대해 자세히 말하고 싶지만 하나라의 후예인 기나라의 현 제도는 근거가 되어주지 못하며, 은나라의 제도에 대해서도 자세히 알고 싶지만 은나라의 후예인 송나라의 현 제도는 근거가 되어주지 못한다면서 이는 문헌이 남아 있지 않기 때문이라고 말한 것입니다. 또 문헌이 남아 있다면 확인하고 싶다고 했지요. 문헌만 있다면 확인해서 하나라, 은나라의 제도에 대해 말할 수 있으련만 문헌이 없어 알 수 없다는 것입니다. 하지만 문헌보다는 묘지나 유적이 그 시대를 더 생생히 알려줍니다.

두 차례의 의례 개혁이 있었지만 그렇다고 호화로운 예기禮器가 없어진 것은 물론 아닙니다. 세상이 아무리 변해도 권력 있는 사람, 돈 있는 사람은 구별 짓는 것을 좋아하기 마련이니까요. 남과 다르다는 것을 과시하고픈 마음이 사라질 날이 과연 올까요? 두 차례의 의례 개혁에도 불구하고 호화로운 예기를 쓰는 사람들이 여전히 존재했습니다. 종묘나 최고위 귀족의 묘를 보면 알 수 있습니다. 이들은 일반 백성과는 달리 옛날의 예를 보존하는 집단으로 자처했습니다. 따라서 옛날의 예법을 가르쳐줄 사람을 필요로 했고 널리 구했습니다. 선생은 그런 수요에 부응하는 사람들 중 하나였습니다.

선생은 늘 주나라의 예법을 칭송했는데 몇 가지 기억나는 게 있습니다. 한번은 선생이 말하기를, 자신의 지식은 태어나면서부터 갖고 있었던 것이 아니라 고대의 이상 사회를 그리워하며 부지런히 습득한 것이라고 했습니다. 선생은 선학의 가르침을 이곳저곳에서 두루 듣고 그중 좋은 것을 골라 모방할 뿐이라면서, 그다음 방법은 자신의 눈으로 많이 보고 다니며 마음으로 깨닫는 것이라 했습니다. 선학을 모방하고 자신의 마음으로 깨닫는 것이 옛것을 배우는 방법이었습니다. 조금 막연한 얘기지만, 문헌이 별로 없었을 테니 일단 이곳저곳에서 두루 들은 다음에 옥석을 가릴 수밖에 없었겠지요.

그렇다고 해서 선생이 옛것을 숭상하는 상고주의에 빠져 있었던 것은 아닙니다. 선생은 시류도 따랐습니다. 예컨대 옛날의 예를 따르자면 흰 베로 짠 관을 써야 하지만 요즘엔 검은 관을 쓴다면서, 이 검소함 때문에 이 유행을 따르겠다고 한 것입니다.

선생은 무조건 옛날의 예가 옳다는 입장은 아니었지만 절차나 예법에는 엄격했습니다. 옛날에는 군주에게는 당하堂下에서 절하는 것이 예였는데 요즘에는 당상堂上에서 절하게 되었다면서 이것은 오만

한 일이므로 아무리 유행이라 해도 받아들일 수 없다고 했습니다. 어디에서 절하느냐는 검소함과는 아무 상관이 없습니다. 그것은 예법의 엄격한 준수의 문제인 것이지요. 한데 선생의 이런 자세는 문제 될 게 없지만 선생이 말하는 옛날이 언제인지는 문제가 됩니다. 선생의 생각과 달리 그러한 예법은 그리 먼 옛날에 시작된 것이 아니었습니다.

10

자, 그럼 다시 선생과 저 사이에 있었던 일을 이야기해보겠습니다. 어느 날 사건이 터지고야 말았습니다. 선생은 평소에도 저를 못마땅하게 여겼습니다. 저도 그걸 알고 있었지요. 삼년상 논쟁도 있었고 또 다른 일들도 있었으니까요. 선생은 제가 언변이 좋다고 말했는데 사실 이것은 매우 부정적인 평가였습니다. 선생은 말 잘하는 사람을 무척 싫어했기 때문입니다. 교언영색을 일삼는 자는 인하지 않다고까지 했으니까요. 듣기 좋은 말만 하고 남의 비위를 잘 맞추는 인간에게서는 인이라는 덕을 찾을 수 없다고 본 것입니다.

선생은 언제나 말보다 행동이 앞서야 한다고 했지요. 지극히 옳은 말입니다. 말 잘하는 사람에 대한 선생의 혐오는 자로의 일로도 알 수 있습니다. 자로가 자고를 불러 비읍費邑의 읍재邑宰로 삼은 일이 있었습니다. 이때 선생은 자고를 망치는 일을 했다며 자로를 책망했습니다. 자고는 아직 학문이 부족한데 벼슬에 나섰으니 그의 배움의 길이 막히게 되었다는 뜻에서 한 말이었습니다. 이에 자로가 백성을 다스리고 영토를 수호하는 큰일을 하는 것도 배움의 길인데 어찌 꼭 책을 읽어야만 학문한다 하겠느냐고 반문하니 선생은 이래서 말 잘하는 사람이 싫은 것이라고 했습니다. 이때 선생은 논리에서 자로에게 밀리니까 말 잘하는 사람 운운한 것 같습니다. 하지만 자로의 말이 옳지 않습니까? 꼭 책을 봐야 학문을 하는 것은 아니지 않습니까?

제가 언변이 좋다는 선생의 평가는 제가 외교적 응대에 능하다는 뜻이었습니다. 선생은 자공과 저는 외교적 응대에 능하고 안회, 민자건, 염백우, 중궁은 덕행에 뛰어나며 자유와 자하는 문학에 소질이 있다고 했지요. 어쨌든 제가 논리적으로 말을 하는 편이었나 봅니다. 저는 원래 기본적인 입장에서 선생과 다른 점이 많아 조금 불편했었는데 그만 사건이 터지고 만 것입니다.

그것은 낮잠 사건이라 칭할 만한 것이었습니다. 하루는 제가 낮잠을 자고 말았습니다. 잠깐 존 것이 아니라 아예 이불을 깔고 편하게 잤습니다. 그것을 선생이 보게 된 것이지요. 이때 선생이 한탄하며 말했습니다. 썩은 나무로는 조각을 할 수 없고 썩은 흙으로 만든 담에는 덧칠을 할 수 없다고요. 제가 제자로서 자격이 없다는 말이었지요. 선생은 이어 폭탄선언을 합니다. "재아에게 가르치는 것은 이제 포기했다." 제자의 입장에서 이보다 심한 말은 없을 겁니다. 그건 아무 희망 없는 제자, 배울 자격조차 없는 제자라는 뜻이니까요.

그런데 선생은 여기서 멈추지 않았습니다. 더 심한 힐난이 이어진
겁니다. 저는 지금도 생생히 기억합니다. 선생은 이렇게 말했습니다.
"처음에 나는 남이 하는 말을 들으면 그가 그 말대로 행하고 있는 줄
알았다. 그런데 이제는 남이 하는 말을 들은 뒤에 과연 그가 그 말대
로 실행하고 있는지 관찰하기로 했다. 나는 재아 때문에 방침을 바
꾸었다." 선생이 제자에게 이런 말을 하다니 참으로 모질기도 합니
다. 물론 제가 낮잠을 잔 것은 잘못이지요. 하지만 피곤하면 잘 수도
있는 것 아닙니까? 이 일에서는 선생에게서 남의 입장에서 생각해
보는 '서恕'의 미덕을 찾아볼 수가 없습니다. 가혹한 꾸짖음과 파문이
있을 뿐이지요.

마을 회합에서 띄엄띄엄 말을 하는 선생을 보면 언어 장애인처럼
보일 정도였으나, 선생은 조정의 제사나 정치의 자리에서는 거침없
는 웅변조로 아주 정중히 말했습니다. 이렇게 말에 능한 선생이 저
를 아주 모진 말로 몰아세운 것입니다. 아, 그러고 보니 염유도 저처
럼 파문을 당한 적이 있군요. 염유가 계씨의 재상이 되어 세금을 가
혹하게 징수한 일이 있었습니다. 이미 옛날의 주공보다도 재산이 많
았던 계씨는 이로 인해 더욱 부자가 되었지요. 그러자 선생은 염유
는 이제 내 제자가 아니라면서, 북을 치며 그를 공격해도 좋다고 했
습니다. 그래도 염유는 저처럼 심한 말을 들은 것은 아니군요.

그런데 선생에게 저보다 더 심한 말을 들은 사람이 있습니다. 그
는 제자가 아니어서 제게 그다지 위안이 되지는 않지만 말입니다.
원양이라는 사람인데, 그는 선생에게 지팡이로 정강이를 맞았습니

다. 선생과 약속이 있었던 모양인데, 똑바로 서서 선생을 맞이하지 않고 한쪽 무릎을 세운 편안한 자세로 맞이했다고 합니다. 이에 선생이 어릴 때부터 윗사람 공경할 줄 모르고 커서도 조심할 줄 모르고 늙어서는 죽지도 않는다고 나무라고 "이 밥벌레 같은 놈!" 하고 호통을 치면서 지팡이로 그의 정강이를 쳤다고 합니다. 상대방이 아무리 무례했다 해도 폭력을 쓰는 것은 평소의 선생의 모습이 아닙니다. 오래전부터 그의 무례함을 겪어오며 쌓였던 화가 마침내 폭발하면서 선생이 평온함을 잃었던 것이겠지요.

제 경우도 이와 다르지 않을 겁니다. 제가 낮잠 한번 잤다고 선생이 그렇게 심한 말을 했겠습니까? 그동안 쌓인 게 많았던 것이겠지요. 저는 안회와 대조되어 더 나태하게 보였을 겁니다. 안회는 정말로 성실하게 정진했습니다. 선생도 배우는 동안 긴장을 조금도 늦추지 않는 사람은 안회라고 칭찬한 바 있습니다. 이런 안회와 낮잠이나 자는 저는 달라도 너무 달랐던 거지요.

선생은 도를 구하는 학도가 안락을 바란다면 그것은 학도라는 이름을 부끄럽게 하는 것이라 했습니다. 안락이란 물론 편안하게 있는 것을 말하지요. 낮잠이 안락의 대표적인 예 중 하나가 아니겠습니까? 저는 선생의 문하에서 쫓겨나지는 않았지만, 이 일로 사람들이 저를 보는 눈이 조금 달라지기 시작했습니다.

11

　제가 선생에게 꾸지람을 듣게 된 것은 쌓이고 쌓인 잘못 때문이라고 했는데, 구체적으로 이야기를 해보겠습니다. 선생의 분노를 이해하는 데 크게 도움이 될 겁니다. 인에 대한 논쟁을 예로 들어보겠습니다. 인이 선생의 가르침의 핵심이라는 것은 널리 알려져 있습니다. 당시에도 그랬습니다. 저는 선생의 가르침에 감복하여 항상 인을 실천하려 애썼으나 문득문득 드는 의문을 누를 길이 없었습니다. 인이란 사람을 사랑하는 것이라는 가르침에는 아무런 의심도 들지 않았지요. 하지만 인의 구체적인 실천 방법에 대해서는 궁금한 점이 많았습니다.

　일찍이 선생은 인자(仁者)는 어려운 일에 솔선해서 뛰어들지만 대가를 바라지 않는다고 했습니다. 그래서 제가 선생에게 물었습니다. "선생님이 말씀하시는 최고의 인격자인 인자는 지금 사람이 우물에 빠졌다고 누가 말만 하면 즉시 달려와 우물에 뛰어들 사람이지요?" 선생은 대답했습니다. "그럴 리가 있겠느냐. 인자는 차치하고, 일단 교양 있는 군자라면 우물까지 달려올지는 모르지만, 그를 우물에 뛰어들게 할 수는 없다. 그를 잠깐 속일 수 있을지는 몰라도 끝까지 속일 수는 없다."

　선생의 대답은 극히 상식적인 것이었습니다. 사람이 우물에 빠졌다는 말을 들었을 때 군자라면 일단 달려오긴 하겠지만, 막상 와서 보니 그게 사실이 아니라면 바보가 아니고서야 우물에 뛰어들 리가 없지 않겠느냐는 것이니까요. 군자는 바보가 아니라서 속아 넘어갈 리가 없다는 뜻으로 보입니다.

그런데 저는 그런 것이 과연 군자의 처신일까 하는 의심이 듭니다. 사람이 진짜 우물에 빠졌는지 아닌지 판단하기 어려운 경우도 있지 않겠습니까? 이런 경우 어떻게 해야 인자의 도리를 다하는 것일까요? 제 생각에는 일단 사람들의 말을 믿고 우물에 뛰어드는 게 옳은 것 같습니다. 그래야 대가를 바라지 않고 하는 행위가 될 테니까요. 군자는 옳은 일 자체에 헌신하는 것이지 옳은 일의 결과가 이로운 것이라는 이유로 옳은 일을 하는 것이 아니기 때문입니다.

선생이 이런 것을 몰랐을 리 없다고 봅니다. 진짜로 누가 우물에 빠진 것이 아닌데 사람을 구하려 우물에 뛰어들 리가 있겠느냐면서 그저 대답을 회피한 것이지요. 그래서 저는 다시 물었습니다. 사람들이 누가 우물에 빠졌다고 말하는데 어떻게 그렇지 않다고 확신할 수 있느냐고요. 사람들이 할 일이 없어서 사람 목숨이 달린 일을 가지고 거짓말을 하겠습니까? 이것이 상식이지요. 그러니 선생은 일단 누군가 우물에 빠졌다고 가정하고 답을 해야 하지 않겠습니까?

이것은 마치, 당신이 군주가 된다면 어떻게 나라를 다스리겠느냐는 질문에 '제가 군주가 될 리가 있겠습니까? 그런 바보 같은 질문은 삼가주세요'라고 답하는 것과 같습니다. 그런데 선생은 군주의 도리에 대해서는 아주 성실히 답했습니다. 자신이 군주가 된다면 이러저러하게 하겠다는 식으로 말입니다. 선생이 우물에 빠진 사람을 구하는 문제를 군주가 천하를 구하는 문제에 비해 사소한 것으로 여겼을

리 없을 텐데 이해하기 힘든 답이었습니다.

구체적으로 어떻게 인을 실천할 것인가? 선생이 이 질문에 답하지 않은 것은 아닙니다. 살신성인이 생각나는군요. 선생은 도를 구하려 하는 지사志士나 도에 도달할 수 있었던 인자는 목숨을 부지하기 위해 도에 어긋나는 일을 하지 않는다, 오히려 목숨을 잃는 한이 있어도 도를 완전하게 하려 한다고 말했습니다. 지극히 온당한 말입니다. 그렇다면 목숨을 잃는 한이 있어도 우물에 빠진 사람을 구하는 것이 도에 맞는 일이고 인자다운 처사겠지요. 그러니 선생은 자기 목숨을 내던지고서라도 우물에 빠진 사람을 구하려 해야 한다고 답했어야 하지 않을까요? 이것이 인자의 길이니까요.

인이란 구체적으로 무엇일까? 이러한 질문을 저만 한 것은 아니었습니다. 당시에는 인과 예가 덕목이라는 것은 상식이었습니다. 문제는 구체적으로 인이란 무엇이고 예란 무엇인가 하는 것이었고 인과 예를 실천하는 것이었습니다. 실천이 궁극적인 목표였지요. 실천을 해야 세상이 바뀌지 않겠습니까? 실천 없이 말로만 어떻게 세상을 바꾸겠습니까? 그래서 선생도 실천이 말보다 앞서야 한다고 누누이 강조했습니다. 자공이 저희는 무엇에 힘쓰면 좋겠느냐고 묻자 먼저 행하라, 말은 그다음에 하라 했고, 군자는 말을 적게 하고 행동에는 빠르고자 한다고도 했습니다. 그리고 말한 것은 반드시 지키고 해야 할 일에는 꾸물대지 말아야 한다고도 했지요.

이런 맥락에서 보면 선생이 제게 그토록 모진 말을 한 것도 이해가 됩니다. 남이 하는 말을 들은 다음 과연 그대로 실천하는지 관찰하게 된 것이 바로 저 때문이라고 했던 것 말입니다. 선생에게 말은 곧 실천인데 제가 그것을 저버렸던 겁니다. 선생의 분노는 어찌 보면 당연한 것이었습니다.

그런데 문제는 '구체적으로 어떻게'입니다. 많은 제자가 인자에 대해 물었습니다. 인자의 구체적인 모습을 물은 것입니다. 맹무백은 예를 제시하며 노골적으로 물었지요. 자로는 인자라고 할 수 있느냐고요. 그러자 선생은 모르겠다고 했습니다. 맹무백이 거듭해서 물으니, 자로는 전차 천 대를 낼 수 있는 나라의 군비를 맡을 수는 있으나 인자인지는 모르겠다고 마지못해 답했습니다. 자로는 인자가 아니라는 말이지요. 맹무백은 굴하지 않고 그럼 염구는 어떠냐고 물었고, 선생은 역시 모르겠다고 했습니다. 다시 공서화는 어떠냐고 묻자 역시 모르겠다고 했습니다.

그런가 하면, 자장이 초나라의 재상인 자문에 대해 평가해달라 했을 때 선생은 충직한 사람이라 답했고, 이에 자장이 다시 인자라고 할 수는 없느냐고 묻자 아직 지자라고 할 수 없는데 어찌 인자라 하겠느냐고 말했습니다. 역시 지장이 굴하지 않고 그럼 진문자는 어떠냐고 묻자 선생은 결백한 사람이나 인자라고 할 수는 없다 했습니다. 충직과 결백만으로는 인자가 되지 못한다는 것이지요. 그럼 도대체 무엇을 갖춰야 인자라 할 수 있을까요?

12

누구나 다 아는 바와 같이 선생의 애제자는 안회입니다. 안회가 죽었을 때 선생이 보인 반응이 모든 것을 말해주고도 남습니다. 선생이 자공에게 짓궂은 질문을 한 적이 있습니다. "너하고 안회 중에서 누가 더 나으냐?" 비교를 하지 말라는 선생의 평소의 가르침과는 걸맞지 않은 질문이었습니다. 아마 다른 뜻이 있었겠지요.

자공은 자신은 안회랑은 도저히 비교가 안 된다면서 안회는 하나를 들으면 열을 안다고 대답했습니다. 그러자 선생은 너뿐만 아니라 나도 당할 수 없는 사람이 바로 안회라 했지요. 이 정도로 안회는 뛰어난 인물이었습니다. 선생의 가르침을 묵묵히 따르면서 언제나 실천을 하는 사람이었지요. 세상에 나아가 정치에 참여한 적도 없고 특별한 공을 세운 적도 없지만 선생은 안회를 높이 평가했습니다.

그런 안회가 인이 무엇인지 물은 적이 있습니다. 선생은 사심을 이겨내고 보편적인 예의 정신으로 돌아가는 것이라고 답했습니다. 특히 군주가 하루만이라도 사심을 이겨내고 예로 돌아간다면 천하의 백성은 그 하루 동안 인의 덕에 감화되는 것이라면서 결국 인은 개인의 마음가짐 문제라 말했습니다.

마음가짐이라는 답은 훌륭합니다. 인이 밖에 있지 않다는 것이니까요. 인은 출세나 권력 따위가 아니라는 것이지요. 그런데 도대체 어떤 마음가짐이어야 인이라 할 수 있을까요? 이게 문제 아니겠습니까? 안회도 마찬가지 의문을 품었고 그래서 좀 자세히 설명해달라고 청했습니다.

이에 선생은 말했습니다. "예에 어긋나는 것은 보려고 하지 마라. 예에 어긋나는 것은 듣지 마라. 예에 어긋나는 것은 말하지 마라. 예에 어긋나는 일에 몸을 움직이지 마라." 그래도 문제는 해결되지 않았습니다. 단지 '그럼 예는 무엇인가'로 문제가 바뀌었을 뿐이지요. 예가 무엇인지 알아야 예에 어긋나는 말이나 행동을 하지 않을 수 있지 않겠습니까?

이런 경우 어떻게 해야 할까요? 그럼 예가 무엇인지 구체적으로 알려달라고 선생에게 말해야 할 것 같은데 안회는 그러지 않았습니다. "제가 할 수 있을지는 모르겠지만 말씀하신 대로 되도록 노력하겠습니다"라고 말했습니다. 저와는 정말 대조적이지요.

안회는 예의를 알 뿐만 아니라 현명했던 겁니다. 예란 무엇인가하는 질문은 이미 임방이 한 적이 있었습니다. 앞에서도 말했듯이, 임방의 이 질문에 선생은 '어려운 질문이다, 예식은 사치로 흐르기 십상이니 검소토록 하라, 특히 상례의 경우 남의 이목에 신경 쓰기보다 상주의 마음을 존중하라'라고 말했습니다. 역시 마음가짐이 중요하다는 말이었지요. 구체적으로 답한 것처럼 보이지만 예가 무엇인지 알려주기에는 부족합니다. 그래서 선생도 어려운 질문이라는 말로 운을 떼며 살짝 회피한 것인데, 안회는 현명하게도 이를 알고더 이상 캐묻지 않았던 것입니다.

안회는 질문을 하기보다는 주로 선생의 말을 듣는 편이었지만 어느 날엔 정치에 대해 묻기도 했습니다. 바람직한 정치란 무엇인가를 물은 것이지요. 이에 선생은 앞서 말한 것처럼 역법은 하나라의 것을 사용하고 마차는 은나라의 것을 타고 의관은 주나라의 것을 쓰고 음악은 순임금 대에 만든 소라는 무곡을 쓰는 것이 좋다고 말했습니다. 다시 말해서 선생은 정치에 중요한 것은 역법, 군사력, 예법, 음악이라고 본 것입니다. 그런데 이 네 가지의 모범으로 제시된 것들이 조금 이상합니다.

우선, 왜 하나라의 역법일까요? 그것이 후대인 은나라나 주나라의 것보다 더 나은 역법이었을까요? 은나라 말기에 역법은 현저한 변화를 겪었습니다. 제사와 계절이 연계되도록 설계한 것이나, 농사 일정표와 행정의 달력을 만들어 사용한 것이나, 윤달을 한 해 끝에 두어 13월이라 하지 않고 한 해의 중간에 둔 것이나 다 이전과 달라진 점이었지요. 선생은 왜 이런 은나라 역법 말고 그 이전의 하나라 역법을 사용해야 한다고 말했을까요? 상고주의의 발로였을까요? 이해가 되지 않습니다.

마차는 은나라의 것을 타는 게 좋다고 했는데 이 또한 이상합니다. 은나라의 마차는 말 두 필이 끄는 것이 보통이었습니다. 제가 '차마갱車馬坑'이라 불리는, 전차戰車와 말이 매장돼 있는 은나라 유적에서 본 적이 있습니다. 그것들은 귀족의 무덤에 같이 묻혀 있었지요. 서주 초기에 마차는 말 네 필이 끄는 것으로 발전했습니다. 이 또한 제가 봤습니다. 이런 마차들은 거의 모두 사냥이나 전쟁에 사용된 것으로, 귀족의 표상이었지요. 은나라의 마차가 주나라의 마차보다 나은 점은 없어 보입니다. 그런데 왜 은나라의 마차라고 했는지 역시 이해가 되지 않습니다.

또한 의관은 주나라의 것을 쓴다고 했는데, 이 점도 이해가 잘 안 됩니다. 은나라는 오래전에 농경 사회에 진입해, 은나라 사람들은 일찍이 무릎을 보호하는 앞치마를 없애고 긴 옷을 입게 되었습니다. 주나라는 은나라를 멸망시킨 뒤 은나라 유민遺民들에게 목축의 전통을 강요하기도 했는데 그 예 중 하나가 '불黻'이라는 의복입니다. 불은 바지 위에 껴입는 것으로 무릎까지 닿는 가죽 옷인데, 주나라에서 예복으로 끌어들였습니다. 하지만 후에 보니 유가를 신봉하는 사람들은 오히려 은나라 사람들이 입었던 것과 같은 긴 옷을 강조하고 보존하기 위해 애쓰더군요. 그런데도 왜 선생은 의복과 관련해 은나라 아닌 주나라를 끌어들인 걸까요?

이런 이해할 수 없는 점들은 아마도 관련 문헌도 없었고 선생이 옛 무덤을 살펴본 적도 없었던 데 기인한 게 아닐까 생각합니다. 선생이 알았던 과거는 기껏해야 한 100년 전쯤의 과거였는데 그 시대의 일에 대해서는 많은 사람이 이미 알고 있었습니다. 선생은 바람직한 정치에 대해 묻는 안회의 질문에 답을 안 했다고 보기는 어렵지만 그렇다고 해서 딱 부러지게 답을 했다고 하기도 어렵습니다.

13

자, 다시 인에 대한 이야기로 돌아오도록 하지요. 선생이 인에 대해 알쏭달쏭하게 말했다고 해서 선생이 인에 대해 말하지 않은 것은 아닙니다. 큰 틀은 제시했습니다. 우선 인자는 성인聖人은 아니라고 했습니다.

자공이 이렇게 물은 적이 있습니다. 만일 백성에게 널리 은혜를 베풀고 중생을 제도할 수 있다면 인자라고 할 수 있느냐고요. 선생은 그것은 인자 정도가 아니라 초인적인 성인이라 해야 할 것이라고 답했습니다. 그러고는 요순과 같은 성군도 그렇게 하기는 어렵다고 했지요. 인자란 세상을 구하고 은혜를 베푸는 사람은 아니라는 겁니다. 마음이 조금 놓이게 해주는 말입니다. 인자가 되기 위해 성인이 될 필요까지는 없으니 그래도 인자를 꿈꿔볼 수는 있는 것 아니겠습니까? 인자라는 것이 오를 수 없는 경지로는 보이지 않으니까요. 선생은 이어서 말합니다. 인자는 자기가 일어서려고 할 때 남을 먼저 세워주고 자기가 도달하려고 할 때 남을 먼저 도달하게 한다고요.

선생이 인에 대해 구체적으로 말한 적도 있습니다. 제자 중궁이 인이 무엇이냐고 묻자, 집 대문을 나서면 언제나 큰 손님을 맞이할 때처럼 마음을 긴장하며, 백성을 부릴 때는 언제나 큰 제사를 지내는 것처럼 태도를 엄숙히 하며, 자신이 하고 싶지 않은 일을 남에게 시키지 않는 것이라고 말한 것이지요.

이것은 구체적이기는 하지만 인의 본질에 대한 것은 아닙니다. 안회에게 했던 답과 사실상 같은 답인 것입니다. 인이란 무엇인가? 마음가짐의 문제다. 그리고 예를 지키는 것이다. 그 정도에서 벗어나지 못하고 있는 것입니다. 안회에게 했던 답보다 조금 구체적이기는 하지만 진전이 있는 것은 아닙니다.

그런데 선생의 인에 대한 생각을 크게 흔드는 일이 있었습니다. 인이란 마음가짐이고 예에 어긋나지 않는 것이라 했는데 과연 그런지 의심케 하는 일이 일어났던 겁니다. 관중에 대한 평가에서 비롯된 일이었습니다. 관중은 천하의 명재상으로 알려져 있었는데, 자공이 선생에게 물어보았습니다. 관중이 불인한 사람이냐고. 그렇게 물은 이유가 있었지요. 제나라 환공이 형인 규를 죽였을 때 규의 가신이었던 관중이 주군을 따라 같이 죽지 않고 오히려 환공의 재상이 되었거든요. 이런 사람을 어찌 불인하다 하지 않을 수 있겠습니까?

그런데 선생의 답은 의외였습니다. 관중이 재상이 되어 공을 많이 세웠다는 겁니다. 관중이 아니었다면 지금 우리는 오랑캐 풍습에 동화되어 머리를 풀고 왼쪽 섶이 안쪽으로 들어가게 해서 옷을 입고 있을지도 모른다면서, 이름 없는 남녀는 의리를 지킨다고 스스로 목숨을 끊어도 아무에게도 칭찬받지 못하지만 관중과 같은 난사람은 의리를 지키지 않아도 칭찬받을 수 있다고 했습니다.

이게 어찌 된 일입니까? 이름 없는 남녀의 의리와 관중의 의리는 다르다는 말입니까? 인은 지위고하를 막론하고 두루 적용되는 것이라 하지 않았던가요? 의리를 저버린 관중인데도 화하 문화를 지키는 데 큰 공이 있으므로 불인한 사람이 아니라니, 그렇다면 세상에서 공적을 세우면 마음가짐이나 예와는 관계없이 인자가 될 수 있다는 말인가요? 받아들이기 어렵습니다.

제가 큰 혼란에 빠진 것은 당연했는데, 혼란을 가중시킨 것은 전에 선생이 관중에 대해 한 말이었습니다. 선생은 관중이 예를 모르는 사람이라고 말한 적이 있었습니다. 관중이 그릇이 너무 작고 검소하지 않다고 했습니다. 그러자 어떤 사람이 물었습니다. 그러면 관중은 예를 아는 사람이냐고요. 선생은 단호하게, 관중이 예를 안다면 이 세상에 예를 모르는 사람은 없을 것이라 했습니다. 관중은 가신이었는데 예를 망각하고 제후처럼 행동했다는 것이 이유였습니다. 한데 선생은 안회에게 인은 마음가짐의 문제라며 예가 아니면 보지도 듣지도 말라고 말한 바 있습니다. 중궁에게도 마찬가지 말을 했고요. 그런데 관중이 예를 모르는 사람이라면 어떻게 인자라고 할 수 있겠습니까?

관중은 예를 모르는 사람이므로 불인한 사람이라 해야 옳을 겁니다. 인자에 대한 선생의 생각은 도대체 무엇일까요? 저는 아직도 모르겠습니다. 이런 식으로 제가 선생에게 따졌다면 아마 선생은 자로에게 그런 것처럼 저에게도 이래서 말 잘하는 사람이 싫은 것이라고 했을 겁니다.

들은 이야기입니다. 공문십철孔門十哲이라는 말이 있다고 합니다. 공자의 제자들 중 학덕이 뛰어난 열 명을 가리키는 말이라고 하는데 그 중에는 바로 이 손님, 즉 재아도 포함되어 있지요. 안회·민자건·염백우·중궁은 덕행으로, 재아·자공은 언어로, 염유·계로는 정사政事로, 자유·자하는 문학으로 이름을 올렸다고 합니다. 이들은 720년 당나라 현종 8년에 문묘에 배향되었고, 후에 안회가 오성五聖의 한 사람으로 승격되어 한 자리가 비게 되면서 자장이 그 자리를 차지하게 되었습니다. 이 손님의 이력을 보니 제나라 출신이고 자는 자아이며 언어에 뛰어났다고 되어 있습니다. 제나라 대부를 지냈다고 되어 있는데 당사자인 이 손님은 부인했습니다. 그리고 묘는 산동성山東省 곡부현曲阜縣 서쪽에 있다고 되어 있는데 곡부현이라면 공자의 묘가 있는 지역이라 들었습니다. 아마도 이 손님은 자신의 묘가 있는 곳도 여기가 아니라고 부인할 것 같습니다.

선생은 저를 탐탁하게 여기지 않았고 저도 선생에 대해 비판적이었지만 저는 일생 선생의 곁을 떠나지 않았습니다. 선생도 저를 혼내곤 했지만 아무 일도 없었다는 듯이 곁에 두었습니다. 제가 선생을 떠나지 않은 것은 선생이 다른 곳에서는 들을 수 없는 새로운 가르침을 주어서가 아니었습니다. 그보다는 세상이 다 알고 있는 것을 선생이 실천하기 때문이었습니다.

당시에는 덕으로 세상을 다스려야 한다는 것을 사람들이 잘 알고 있었고 또 다들 그렇게 말했습니다. 덕치는 전혀 새로운 것이 아니었지요. 선생도 정치는 덕으로 하는 것이라는 말이 있다면서, 뭇 별들이 언제나 북극성을 중심으로 회전하는 것처럼 정치에서는 덕이 변함없는 중심이 된다고 했습니다. 선생도 동시대 사람들과 마찬가지로 덕치가 시대정신이라는 것을 잘 알고 있었던 것이지요.

문제는 과연 누가 덕치를 실행하느냐 하는 것이었습니다. 아무리 말이 좋아도 실천이 따르지 않는다면 무슨 소용이 있겠습니까. 선생이 말보다 실천을 강조한 것은 이런 이유에서였습니다. 선생은 실천하려 애썼고, 또 많은 부분 실천했습니다. 덕이란 무엇인지를 말로 설명하기보다는 삶 속에서 보여주려 했습니다. 저는 그 점을 존경합니다. 그래서 일생 선생을 뒤따랐던 겁니다.

선생이 말보다 실천을 우선했다는 것은 쉽게 확인할 수 있는데 선생이 말 잘하는 사람을 싫어한 것도 그에 대한 방증 가운데 하나입니다. 그래서 저도 미움을 받았고요. 실천을 소홀히 하고 말에만 능한 사람이 낮잠까지 잤으니까요.

선생은 말은 의미가 명확히 통하면 최상이라 했습니다. 매우 단순한 이야기이지만 뜻은 깊습니다. 말은 명확한 의사소통으로 소임을 다하는 것인데 어떤 사람은 말로써 다른 것을 꾀한다는 겁니다. 교언영색이란 이를 두고 한 말이겠지요. 의사소통을 명확히 하는 데 목적을 두지 않고, 남의 마음에 드는 말로 남의 마음을 사로잡아 이익을 취하려는 것이니까요. 교언영색이 판치면 실천은 없어지고 세상은 어지러워지겠지요.

또한 선생은 꼭 정치가가 되어야 정치를 하는 것은 아니라고 말했습니다. 효행과 형제간의 우애를 실천한다면 정치에 크게 기여하는 것이라고 했습니다.

저는 덕치는 앞으로도 계속 추구되리라 생각합니다. 왜냐하면 세상이 변해서 이제는 혈연이 아니라 능력에 따라 통치자가 되고 피치자가 되기 때문입니다. 이런 흐름은 바뀌지 않을 겁니다. 물론 여전히 왕이나 귀족이 존재하겠지만 언제든 역성혁명이 가능한 것입니다. 이런 세상에서는 정치가 반드시 필요할 테고 정치에는 반드시 명분이 필요할 텐데, 인과 예보다 더 좋은 명분이 어디 있겠습니까?

제나라 경공이 정치의 본질을 물었을 때 선생은 군주는 군주다워야 하고 신하는 신하다워야 한다고 했습니다. 이는 군주와 신하 모두에게 서로를 견제할 좋은 명분이 됩니다. 군주가 신하를 제거하면서 신하답지 못하다는 명분을 내걸 수 있고 신하가 군주를 내쫓으면서 군주답지 못하다는 명분을 내세울 수 있을 테니까요. 그렇다면 이러한 명분을 제공하는 가르침은 군주와 신하 모두에게 아주 유용할 것이고, 그런 만큼 이런 가르침은 사라지지 않을 겁니다.

선생이 인과 예를 처음 주장한 것은 물론 아닙니다. 그리고 검소함과 단순함, 형식보다는 마음, 죽음 이후보다는 현세를 강조한 것도 선생이 처음은 아닙니다. 모두 선생보다 적어도 한 세기 전에 시작된 일입니다. 하지만 후세 사람들은 이런 것들을 선생의 고유한 가르침으로 받아들이게 될지도 모르겠습니다. 인과 예를 강조하면서 덕치를 주창한 사람은 공자라고 말입니다.

14

저는 앞서 말씀드린 그 왕손고용종을 보러 중국 하남성에 있는 하남 박물관에 자주 갑니다. 중국의 3대 박물관 중 하나인 이 박물관에서는 이 타악기 세트가 가장 귀중한 소장품이라고 합니다. 왕손고용종은 모두 스물여섯 개의 종으로 이루어져 있습니다. 가장 큰 종은 152.8킬로그램이고 가장 작은 종은 2.8킬로그램입니다. 이 스물여섯 개의 종이 아주 넓은 음역을 만들어냅니다. 지금도 실제 연주가 가능하다고 하니 놀랍습니다. 제가 이 종들에 애착을 느끼는 것은 분명합니다. 이 악기를 볼 때마다 춘추시대로 돌아간 듯한 느낌을 받는답니다. 아주 오래전에 세상에 흔적을 남겼던 제가 다시 그 시대로 돌아가는 데 이 종처럼 좋은 매개체는 없는 듯합니다. 책보다 낫습니다. 벌써 날이 밝아오는군요. 오늘은 이만 마치겠습니다.

제2화

붐비는 청명날
개봉의 다리

장택단, 〈청명상하도〉(부분)
12세기 | 베이징 고궁박물관 소장

서늘한 바람이 불기 시작한 11월 말이었습니다. 교토에서는 이때쯤 단풍이 들지요. 이곳의 단풍은 예로부터 곱기로 유명하지만 오래가지는 않습니다. 봄의 벚꽃보다 더 야속하지요. 금방 낙엽이 지기 시작하면서 풍경이 일순 변합니다. 긴 겨울의 강렬한 예고편이라고나 할까요. 이때쯤이면 밤 기온이 뚝 떨어져 사람들이 몸을 웅크리기 시작합니다. 이런 밤에 손님이 안내소를 찾아와 이야기를 시작했습니다. 다음은 이 손님에 대한 보고서입니다.

1

저는 서긍(徐兢)이라고 합니다. 미미한 존재이기는 하지만, 고려에 대한 책인 《고려도경(高麗圖經)》을 지었기 때문에 한국 사람들에게는 조금 알려져 있습니다. 예전에는 한국의 역사 교과서에서도 제 이름이 언급되었다던데 요즘은 어떤지 잘 모르겠습니다. 뭐, 교과서에 나오는 것이 특별히 의미 있다는 뜻은 아닙니다. 그냥 그렇다는 것입니다. 저는 송나라 원우 6년(1091) 5월 8일에 태어나 소흥 23년(1153) 5월 20일에 세상을 하직했습니다. 보잘것없는 생이었지만, 그래도 선화 5년(1123)에 고려에 다녀온 것은 제 인생에서 매우 흥미로운 일이었습니다. 어제 일인 것만 같은데, 아, 정말 시간이 덧없습니다.

제가 여기에 들른 것은 한국에서 사람들이 저의《고려도경》을 아전인수 격으로 해석하는 것에 대해 한마디 하고팠기 때문입니다. 한국에서는《고려도경》이 제 의도와는 달리 중국에서도 고려의 문화와 문물을 찬양했다는 근거로 사용되고 있는 것입니다. 예를 들면《고려도경》에 고려청자에 대한 찬사가 나온다는 식입니다.

과연 그럴까요? 아닙니다. 저는 "산예출향狻猊出香도 비색이다. 위에는 짐승이 웅크리고 있고 아래에는 봉오리가 벌어진 연꽃무늬가 떠받치고 있다. 여러 그릇 가운데 이 물건만이 가장 정교하고 빼어나다. 그 나머지는 월주요窯의 옛날 비색이나 여주요에서 요즘 생산되는 도자기와 대체로 유사하다"라거나 "도기의 푸른빛을 고려인은 비색이라고 하는데 근래에 들어 제작 기술이 정교해져 빛깔이 더욱 좋아졌다. 술병의 모양은 참외와 같은데 위에는 작은 뚜껑이 있고 술병의 겉면은 연꽃이나 엎드린 오리의 문양으로 되어 있다. 또 주발, 접시, 술잔, 사발, 꽃병, 탕기, 옥잔도 만들 수 있으나 모두 중국의 만드는 법식을 모방한 것들이기 때문에 그리는 것은 생략한다. 술병만은 다른 그릇과 다르기 때문에 특별히 기록한다"라고 썼을 뿐입니다. 좋은 것도 있으나 중국의 것을 모방한 것이라는 취지이지 고려청자에 대한 찬사라고 보기는 어렵지 않습니까?

또한, 서긍이 기록한 것을 보아도 당시 고려가 얼마나 문화적으로 찬란했는지 알 수 있다는 식으로 말하는 한국 사람들이 많습니다.

그런 사람들을 볼 때마다 저는 과연 제 책을 읽고 그런 말을 하는 건지 의심하지 않을 수 없었습니다. 진짜로 읽었다면 그렇게는 말하지 못할 것이기 때문입니다. 저는 기본적으로 고려를 낮추어 보았습니다. 고려와 송나라를 비교하면 그야말로 아이와 어른 같았기 때문입니다. 하지만 저는 국신사國信使라는 외교 사절의 일원으로 고려에 다녀온 것이고 황제에게 올리는 보고서로서 《고려도경》을 쓴 것이기에 최대한 점잖게 쓰려 애썼습니다. 저의 생각을 노골적으로 드러낼 수는 없는 것 아니겠습니까?

그 결과, 후에 한국 사람들이 저의 뜻을 곡해해서 받아들이고 말았습니다. 그래서 저는 고려에 갔을 때 보고 느낀 것을 가감 없이, 진솔하게 말해보고 싶다는 생각을 늘 갖고 있었습니다. 저는 죽은 지 오래되었고 또 제가 이곳에서 하는 말은 산 사람들에게 아무 영향도 끼치지 않으니 이제 좀 솔직히 말해도 되지 않겠습니까? 그리고 왜 한국에서 제 책의 뜻이 왜곡되었는지에 대한 제 나름의 해석도 함께 말씀드리고자 합니다.

명말청초에 장대張岱라는 사람이 있었다고 합니다. 그가 47세 되던 해인 1644년에 명나라가 멸망했습니다. 그리하여 부재지주이자 지식인으로서 명나라의 보호막 속에서 품위 있게 살아왔던 그는 폭력, 야심, 절망, 탐욕으로 얼룩진 냉혹한 현실에 직면하게 되었습니다. 그는 가정과 안락함, 장서, 많은 친척과 친구를 잃었고 이제는 소작농으로 살게 되었습니다. 이런 현실에서 그의 인생 후반기의 임무는 폐허로 변하기 이전의 세상을 기억하고 유지하는 것이었습니다.

그때 그는 글을 쓰는 것이 과거를 기억하는 특별한 기회가 된다는 것을 알게 되었다고 합니다. 자신이 잃어버렸다고 믿고 있던 세계에 대한 모든 감각을 되살려냄으로써 과거를 소멸의 구렁텅이에서 구해내는 것이 글쓰기를 통해서 가능하다는 것을 알게 된 것이지요.

그리하여 그는 글로써 과거를 되살려 현재의 고통을 극복하고자 했습니다. 누군가 기억해주는 사람이 있는 한 그 어떤 것도 사라지지 않는다는 것을 간파했기에 그는 명나라와 관련된 것들을 가급적 많이 망각의 늪에서 구해내려 했습니다. 중년의 나이에 고향인 용산龍山으로 돌아간 그는 남은 평생을 바쳐 명나라 역사를 썼는데, 이 역사서는 1990년대에 와서야 비로소 중국에서 완간되었습니다.

저도 장대와 비슷한 처지였습니다. 저는 송나라가 쇠하여 남쪽으로 수도를 옮겼던 시대에 살았습니다. 후에 북송이라고 불리게 된 이때의 송나라는 결국 금나라의 공격을 견디지 못하고 멸망하고 말았지요. 제가《고려도경》을 바친 황제도 금나라에 끌려가 죽고 말았습니다. 이후 송이 다시 남쪽으로 천도해 세운 왕조가 남송입니다. 저는 모든 것을 잃고 목숨만 부지한 채 남쪽으로 내려가 남은 생을 보냈습니다. 제가 고려에 다녀온 것은 북송 때였습니다.

저는 고려에 관한 기록은 남겼지만, 장대가 사라진 명에 대한 기록을 남긴 것처럼 사라진 북송에 대한 기록을 남기지는 못했습니다. 그는 과거의 기억을 되살려 현재의 고통을 극복하려 했고 기억이 유지되는 한 그 어떤 것도 사라지지 않는다고 믿었다는데 저는 그렇게 하지 못했습니다. 그저 망국을 통탄하고 지난날을 그리워하면서 지냈지요. 후회를 많이 했습니다.

저도 언젠가는 모든 기억을 되살려 스스로를 과거의 구렁텅이에서 구해내고 싶었습니다. 오늘로 충분하지는 않겠지만, 지금부터 저는 북송에서의 눈부시게 찬란했던 시간들을 조금이나마 되살려보려합니다. 조금 지루하더라도 들어주시기 바랍니다. 이것이 저를 과거에서 건져 올리는 유일한 길임을 깊이 양해해주시기 바랍니다.

2

고려의 개경을 향해 개봉開封을 출발한 것은 선화 5년(1123) 3월 14일이었습니다. 명주明州를 거쳐 5월 26일 정해현定海縣 심가문沈家門을 출발한 뒤 고려의 예성항에 입항한 것이 6월 12일이었으니 꽤 오래 걸린 셈입니다. 당시에는 명주에서 출발한 배들이 10~20일이면 고려에 닿았기 때문입니다. 제가 탄 배는 한 달하고도 10여 일이 더 걸렸으니 고생을 한 셈이지요. 하지만 이것은 누구의 탓도 아니었습니다. 굳이 누구를 탓한다면 바람을 탓해야겠지요. 보통 여름에는 남동풍과 남서풍이 많이 부는 반면에 봄가을에는 풍향의 변화가 몹시 심했거든요. 하지만 계절이 봄이었음을 감안하더라도 시간이 많이 걸린 편이었다 하겠습니다.

항로는 명주를 떠나서 연해를 따라 북상하다 정동으로 방향을 잡은 뒤 백수양白水洋-황수양黃水洋-흑수양黑水洋 순으로 바다를 건너 고려의 흑산도에 다다르고, 거기서 다시 고려의 연해를 따라 북상해 예성강으로 들어가는 것이었습니다. 도중에 지나게 되는 장산곶 부근은 위험한 곳이어서 용왕에게 제사를 지냈습니다. 명주를 거친 것은 물론 우연이 아니었습니다. 명주는 당시에 국제적인 항구였으니까요. 그곳에서는 외국 상인들이 찾아와 번방蕃坊이라 불리는 집단 거주지에 장기 거주하거나 고려, 일본, 천주泉州 등으로 나아갔습니다. 천주를 통해서는 어디로나 연결되었습니다.

저는 제할인선예물관提轄人船禮物官이란 직책으로 배에 오르게 되었습니다. 배의 실무를 담당하는 직책이었습니다. 국신사의 인원, 선박, 예물 등을 관리했지요. 국신사 일행의 일정과 규모를 말해볼까요? 배는 모두 8척이었는데, 2척은 관선官船으로 신주神舟라 불렸고 6척은 민간 소유로 객주客舟라 불렸습니다. 대부분의 배가 나침반을 이용해 방향을 잡았고, 여러 개의 돛대를 세운 종범선縱帆船이어서 역풍에도 운항할 수 있었습니다. 총 인원은 정사, 부사, 도제할관, 뱃사람까지 200명이 넘었습니다. 작다고 할 수 없는 규모였습니다.

휘종 황제가 고려에 국신사를 파견하기로 결정한 것은 선화 4년 (1122) 3월이었습니다. 그런데 고려 예종의 죽음 등 여러 가지 사정 때문에 그로부터 15개월이 지난 뒤에야 사절단이 길을 떠났습니다. 이렇게 일정이 늦춰진 것은 저에게는 행운이었습니다. 고려에 대해 공부할 시간을 충분히 벌 수 있었기 때문입니다.

사절단이 고려에서 한 달여를 보낸 뒤 7월 15일 예성항을 출발해 다시 정해현에 도착한 것이 8월 27일이었습니다. 3월에 출발해 8월에 돌아왔으니 다섯 달 남짓 걸린 셈이군요. 짧은 시간은 아니었습니다. 실제로 고려에 머문 기간은 기껏해야 한 달 남짓이었고, 머무는 동안에도 객관客館에서는 위병이 지키고 있어 활동이 자유롭지 않은데다가 저 자신은 객관 밖으로 대여섯 번밖에 나가보지 못했지만, 그래도 돌아온 후 저는 《선화봉사고려도경》을 지어 선화 6년(1124) 8월 6일에 휘종 황제에게 바쳤습니다. 그것이 저의 임무였기 때문입니다.

이것이 간략한 경과입니다. 당시로 봐서는 특별하거나 기괴한 여정은 전혀 아니었습니다. 배에서 고생을 좀 했지만, 죽지 않았으니 운이 좋았다고 할 수도 있고요. 당시 바다는 매우 험한 곳이었습니다. 북쪽을 오랑캐가 차지하고 있어 바닷길을 택할 수밖에 없었지만 별 탈은 없었습니다. 그럼 역사 이야기부터 시작해서 고려에 대한 저의 생각을 풀어놓아 보겠습니다. 어떤 나라를 알려면 역사를 피해갈 수 없기 때문입니다.

그 전에 한 가지 덧붙일 것이 있습니다. 역사 기술의 관점 문제입니다. 누가 어떤 의도에서 쓰느냐에 따라 같은 사건도 전혀 다른 사건이 된다는 것은 송나라 때도 널리 알려진 사실이었습니다. 결국 역사 기술에는 객관성을 상실할 위험이 늘 따라다니게 마련인 거지요. 이런 위험을 무릅쓰고 제가 고려의 역사를 이야기하려는 것입니다. 말씀드린 대로 왜곡당한 제 생각을 구하기 위해서입니다. 저는 제가 보고 느끼고 생각한 것과 중국의 역사서를 토대로 고려에 대해 말씀드리겠습니다.

중국은 전통적으로 왕조가 교체되면 전 왕조의 역사를 편찬했습니다. 그것이 이른바 중국의 정사正史이지요. 저는 한때 관리를 지내서인지 정사를 읽는 습관이 있었습니다. 읽어보니, 중국의 정사에서 한반도가 차지하는 비중은 초라했습니다. 중국의 왕조가 바뀌어도 고구려나 한사군에 대한 기술이 거의 변하지 않고 반복되었으니까요. 그리고 당연한 말이지만 한반도 쪽 이야기는 항상 중국의 관점에서 서술되었습니다. 게다가 신라나 백제에 관한 기술은 아주 간략해 보였습니다. 중국이 신라나 백제에 대해서 정치, 군사, 외교적으로 기록을 많이 남길 필요를 못 느낀 것 같았습니다. 한마디로 중국은 한반도에 별 신경을 쓰지 않았던 겁니다.

　들은 이야기입니다. 20세기 초에 아쿠타가와 류노스케라는 일본 소설가도 서술자의 관점에 따라 사건이 다르게 보이는 이런 문제를 소설로 보여준 적이 있습니다. 마침 교토를 배경으로 하고 있지요. 〈덤불 속〉이라는 단편인데, 어떤 살인 사건을 놓고 여러 사람이 자기가 범인이라고 주장합니다. 각자의 말이 다 그럴듯해서 과연 누가 진범인지 알 수가 없습니다. 보통은 자기가 범인이 아니라고 주장하기 마련인데 이 소설의 등장인물들은 자기가 범인이라고 주장한다니 더 흥미진진한 것 같습니다. 모두 자기가 범인이라고 하는데도 누가 진범인지 쉽게 가려지지 않으니까요. 진실은 우리의 추론보다 훨씬 깊은 곳에 숨어 있다는 생각이 드는군요. 덤불 속에 숨어 있다고나 할까요. 역사도 그런 것이 아닐까요? 깊은 어딘가에 진실이 숨어 있겠지요.

저는 고려에 대해 이름 정도만 알고 있었습니다. 이는 당시에 전혀 이상한 일이 아니었습니다. 북방의 오랑캐를 상대하느라 벅찬 상황에서 그 조그만 나라에 신경 쓸 틈이 없었고, 그 나라가 중국에 끼치는 영향도 거의 없었으니까요. 하지만 명색이 사절단의 일원이니 공부를 좀 해야 하지 않겠습니까? 그래서 역사서를 뒤적이게 된 겁니다.

역사서에 의하면 고려는 본래 이름이 고구려인데, 주나라 때는 기자의 나라였고 한나라 때는 한사군漢四郡 중 하나인 현도군玄菟郡이었습니다. 고구려는 한나라와 위나라 이래로 항상 중국에 조공을 하면서도 자주 중국의 변방을 침략했는데 수나라의 양제는 이러한 고구려군을 몰아내기 위해 두 번이나 출병했고, 당나라의 태종은 친히 고구려 정벌에 나섰으나 성공하지 못했습니다. 당 고종 때 마침내 고구려를 함락시켜 군현으로 삼았다고 합니다. 당나라 말엽에 중국이 어지러워지자 고려가 마침내 스스로 군장을 세우고 장흥 연간(930~933)에 후당에 사신을 보내 조공했고, 이에 후당은 왕건을 현도주도독으로 삼고 대의군사에 임명하는 동시에 고려 국왕으로 책봉했다고 합니다. 제가 고려에 대해 읽을 수 있는 것은 이 정도의 소략한 기술뿐이었습니다. 한마디로 고려는 중국의 번국藩國이었던 것이지요.

후에 들은 이야기입니다만 고구려에는 광개토대왕이라는 왕이 있었다고 합니다. 그가 세웠다는 비석이 길림성吉林省에서 20세기 초에 발견되어 그가 더 유명해졌다는데 저는 역사서에서 그의 이름을 본

적이 없습니다. 그가 활약했다는 4세기 말, 5세기 초의 기록에서도 그가 영토를 넓혔다는 기록을 본 적이 없습니다. 중국의 사서에는 전혀 등장하지 않는 인물이 한국에서는 그토록 유명한 인물이 되었다니 놀랍지 않습니까? 한국과 일본에서는 이 비석을 둘러싼 논쟁이 지금까지도 계속되고 있다고 합니다. 한국이나 일본이나 모두 그 비석이 필요한 모양입니다. 고대 역사를 자기들 입맛에 맞게 만들기 위해서 그런 것이 아닐까 합니다.

이순신의 경우도 그렇습니다. 한국에서는 이순신이라는 조선의 무관이 매우 유명한데, 중국 정사에서는 이 인물이 단 한 차례도 언급되지 않습니다. 한국에서는 임진란의 영웅으로 추앙받는 그를 중국 정사에서는 찾아볼 수 없는 것입니다. 원균이나 이원익은 있으나 이순신은 없습니다. 중국에서는 이순신의 전공戰功을 별로 높게 평가하지 않았나 봅니다. 원균이 한산도에서 패한 것은 기록하고 있으나 이순신이 한산도에서 승리한 것은 기록하고 있지 않습니다. 노량해전은 중국 진린의 승리로 기록되어 있습니다.

이순신은 7년간의 전쟁 중 마지막 1년간만 전투에 임했고 나머지 기간에는 한산도에 있었습니다. 그런데 전세는 전쟁의 첫해에 판가름 났습니다. 그 후는 강화를 위한 협상 기간이나 마찬가지였지요. 따라서 중국은 이순신의 수전 승리가 전쟁의 대세에 영향을 미치는 것은 아니었다고 판단한 것이 아닐까요? 아니, 이 전쟁을 기본적으로 중국과 일본의 전쟁으로 여겨, 조선의 장수에 대해 높게 평가할 필요를 애당초 못 느꼈다고 보는 게 더 적절할지도 모르겠습니다.

일본에서도 이순신은 17세기 말에 《징비록》이라는 조선의 책이 번역 소개되면서 비로소 알려지게 되었다고 합니다. 임진란 후에도 그가 일본에서 그다지 이름을 떨치지 않았다는 말입니다. 같은 인물이 같은 전쟁에서 싸웠으나 그에 대한 평가는 극과 극입니다. 어느 쪽이 진실일까요? 아니, 진실이라는 것이 있기는 한 걸까요? 요즘은 부쩍 이런 생각을 많이 하게 됩니다.

이상하게 생각되는 부분은 또 있습니다. 바로 신라, 백제 문제입니다. 후에 한국에서 통일신라라고 지칭되는 시대를 중국 역사서에서는 발견할 수 없습니다. 한반도와 관련해서는 당이 고구려를 멸하고 그 땅에 도독부를 설치했다, 그다음에 고려가 생겨났다, 그것으로 끝입니다. 그 외의 지역에는 별 관심이 없었다는 것이지요. 고려의 영토에 대해 기술하면서는, 신라와 백제가 영토를 제대로 지키지 못해 고려 사람들에게 병합되었으니 현재의 나주와 광주가 그렇게 병합된 지역이라고 썼습니다.

뭔가 이상하지요. 고구려의 멸망과 고려의 건국 사이에는 사실 250년 정도의 간격이 있으니 말입니다. 그사이 무슨 일이 있었던 걸까요? 그사이 고려가 신라와 백제를 병합했다는 건가요? 저는 역사서를 좀 더 뒤져보았습니다. 그랬더니 백제, 신라에 대한 기록을 찾을 수 있었습니다. 고구려와 백제의 경우에는 멸망 연도가 분명했으나 신라의 경우에는 어찌 된 일인지 장보고 때의 일을 마지막으로 더 이상 기록이 없었습니다. 840년경이니 고려 창건(918)보다 겨우 80년 정도 앞선 때였지요.

이러한 사실로 미루어 짐작해보자면, 장보고 이후 신라가 쇠망의 길로 접어들어 새로운 왕조가 세워진 게 아니겠습니까? 고려가 건국되기 전에는 당과 신라가 한반도를 분할 지배했던 것으로 보입니다. 중국 사서에는 그저 한반도가 당의 지배하에 있었다, 그리고 고려가 혼란을 수습하고 등장했다 정도로 기술돼 있습니다만, 당이 한반도를 지배하던 당시에 한반도 남부에 엄연히 신라라는 나라가 존재했던 겁니다. 장보고가 그 증거인 것이지요. 그럼에도 중국이 이러한 사실들을 역사에 반영하지 않은 것으로 보아 중국은 한반도에 대해 별로 신경을 쓰지 않았던 것 같습니다. 한반도에 대해서 세세하게 기록할 필요를 못 느낀 것이겠지요.

3

제가 고려로 가기 8년 전쯤에 고려에서 사신이 온 적이 있습니다. 사신 곽원이 조공을 하러 온 깃이었는데 그가 고려에 대해 이것저것을 아뢰었습니다. 그는 고려의 도성에는 성벽이 없다고 말했는데 저는 당시에는 이해가 되지 않았습니다. 그런데 제가 개성에 가서 보니 왕성王城은 총둘레가 약 23킬로미터이며, 산에 둘러싸여 있고 모래자갈이 섞여 있었습니다. 성벽이 있기는 하나 완벽하게 견고하거나 높지 않았고, 낮은 곳에서는 적을 감당할 수 없어 보였습니다. 해자나 참호도 없고 성가퀴도 설치돼 있지 않았습니다. 외부로부터의 침입이나 경계할 일이 있어도 그로부터 성곽을 지킬 수 없음이 분명했습니다. 곽원의 이야기는 사실이었습니다. 저는 놀랐습니다. 성벽도 없이 어떻게 적으로부터 성곽을 지킬 수 있을까요?

　송나라의 개봉은 이와는 전혀 달랐습니다. 개봉은 외성과 내성으로 이루어졌는데, 내성은 궁성이고 외성은 신성新城이며 두 성 모두 사각형이었습니다. 외성은 총둘레가 27킬로미터로, 하천과 운하로 나가는 9개 수문을 포함해 전부 21개의 성문이 있었습니다. 그리고 높이가 12미터를 넘고 위풍당당하게 흰 칠을 한 외성 성벽에는 방어 누대를 설치해 방호 능력을 갖추었습니다. 도성을 둘러싼 해자는 이름이 '호룡하護龍河'였는데 폭이 30미터를 넘었습니다.

　개봉은 당나라의 장안과는 달라서, 담장으로 둘러싸인 이방里坊이 아니라 도로를 향해 개방된 주택과 점포로 가득한 크고 작은 거리가 있었고, 심지어 외성의 성문 밖까지 상업 지역이 번성하기 시작했습니다. 1065년경에는 통금이 폐지되어 수많은 점포들이 하루에 거의 24시간 장사를 할 정도로 개봉은 번창한 도시였습니다. 개봉에는 그곳으로 몰려든 사람들을 위한 각종 작업장, 여인숙, 각종 음식 가게, 시장 등이 있었습니다. 그리고 크고 작은 구란勾欄, 즉 공연장들이 있었습니다. 저도 이 공연장에서 '화양연화花樣年華' 시절을 보냈습니다. 다시 오지 않을 꿈같은 시간들이었지요. 그때는 그런 시간이 계속될 줄 알았습니다. 운명이 어떻게 될지는 아무도 모르는 것인데, 저는 어린아이처럼 미래도 현재와 같을 것이라 막연히 생각하고 있었습니다.

이야기를 계속하겠습니다. 당시에는 상업용 건물이 개인 주택보다 더 비쌌습니다. 그런 상황은 아마 중국 역사상 처음이었을 겁니다. 번창한 도시답게 1103년에는 개봉의 인구가 130만 명에 이르렀습니다. 개봉에 대량으로 물품을 공급하는 대형 달구지는 바퀴 지름이 180센티미터에 달했고, 좀 더 먼 거리를 갈 때는 노새 20마리가 필요할 정도로 거대한 달구지가 사용되었습니다. 제가 다른 도시들을 잘 모르기는 하지만, 아마도 당시에 개봉은 전 세계에서 가장 큰 도시가 아니었을까 싶습니다.

그리고 궁성 내에는 만세산 혹은 간악이라 불리는 산이 있었습니다. 이 산은 휘종 황제가 만든 인공 산입니다. 거대한 암석정원인데, 1118년 1월 10일에 착공해 1123년 1월에 완공했습니다. 이것을 만드느라 엄청난 재산이 탕진되었을 정도로 규모가 엄청났습니다. 가장 높은 봉우리가 무려 높이 138미터에 둘레는 5,590미터였으니까요. 휘종 황제는 열렬한 도교 신봉자였는데 아마도 이 산으로 도교 세계를 구현한 것이 아닌가 싶습니다.

후에 개성에 관해 들어보니, 개성에는 성읍을 둘러썬 니성이 있었는데 둘레가 약 23킬로미터였다고 합니다. 조선시대 한양성의 둘레가 약 18킬로미터였음을 감안하면 상당히 넓었다고 할 수 있겠지요. 1019년(현종 10) 정월에 거란의 침략을 받자 도성 밖의 민호를 전부 성안으로 불러들였다거나 축조하는 데 약 21년이 걸렸다거나 하는 얘기가 있는 것으로 보아서는 매우 규모가 컸다 할 수 있겠으나 제가 본 개성의 모습과는 상당히 거리가 있습니다. 어느 쪽이 맞는지 모르겠습니다.

그리고 중국의 개봉이 평야 지대에 새로 건설된 계획도시 같은 것이었다면 개성은 그와는 달랐다는군요. 그렇습니다. 중국은 전통적으로 평야에 도시를 건설했지요. 적의 침공을 잘 알아볼 수 있으려면 시야가 탁 트여야 하기 때문입니다. 그리고 멀리까지 볼 수 있으면 그만큼 준비에 용이하기 때문에 평야에 높은 성벽으로 둘러싸인 성곽 도시를 건설한 것입니다. 해자도 파고 그랬지요. 물이 없으면 인공 수로를 만들어 물을 끌어다 썼고요. 서양의 로마도 이와 흡사했습니다. 로마도 평야에 성을 쌓았거든요. 물은 프랑스 지방에서 끌어다 썼지요.

하지만 고려는 산이 많은 지형이라서 보통은 3면이 산으로 둘러싸인 곳에 도시를 건설했다고 합니다. 산을 성곽으로 삼은 것이지요. 자연환경이 다르면 당연히 축성의 방법도 달라야 할 테니 이러한 이론도 일리가 있습니다. 하지만 제가 직접 가서 본 개성은 분명 허술한 곳이었습니다. 개성 성곽은 전투용으로 설계됐다는 생각이 들지 않았어요. 그 생각엔 지금도 변함이 없습니다. 훗날의 임진란을 보아도 조선의 성은 전투용으로는 기능을 거의 하지 못했습니다. 물론 송나라 성곽도 오랑캐를 막아내지는 못했지만, 그럼에도 개성 성곽은 송나라 성곽에 비하면 성답지 않았습니다. 적어도 제 눈에는 그렇게 보였습니다.

곽원은 고려의 풍속에 대해서도 알려주었습니다. 시장은 한낮에 열리는데 화폐는 사용되지 않고 베나 쌀로만 거래가 이루어진다 했고, 토질은 메벼에 적합하며 양·토끼·낙타·물소·당나귀 등은 없다 했습니다. 민가의 그릇은 모두 구리로 만든다고도 했습니다. 그런데 고려에 가서 보니 사정이 달랐습니다. 왕성에는 시장이 없었습니다. 광화문에서 관부와 객관까지 이어지는 긴 행랑이 민가를 가려 시가지처럼 보이긴 했으나 겉으로만 번지르르할 뿐이었습니다. 그렇다고 그의 말이 모두 틀린 것은 아니었습니다. 가서 보니 고려에 가게는 없었지만, 해가 떠 있는 동안 시장이 열려 남녀노소, 관리, 장인匠人 할 것 없이 모두 자신들이 가진 것을 거기 가지고 나와 사고팔았습니다. 다만 상설 시장이 없었다는 것이지요. 상점이라 부를 수 있는 게 없었다는 겁니다.

또한 고려에서는 화폐 제도가 없어 저포나 은병만으로 값을 치렀으며, 저포 1필이나 은병 1냥에 미치지 못하는 소소한 일용품은 쌀을 이용해 값을 치렀습니다. 백성들은 그러한 방식에 오랫동안 길들어 편리하게 여기는 것 같았습니다. 중국은 이미 고려에 화폐를 하사했지만 고려의 조정은 그 화폐를 모두 창고에 넣어두고 가끔 꺼내어 관속들에게 보여주며 가지고 놀게 할 뿐이었습니다.

저는 이런 인상들을 《고려도경》에 적어놓았습니다만 한국에서는 이러한 내용에 별로 주목하지 않는 것 같습니다. 구체적으로 드러나버린 자신의 후진적인 면을 정면에서 들여다보고 싶지 않은 그런 심정 때문이 아닐까 짐작해봅니다. 한데 제가 쓴 것에 대한 반론도 있다는 이야기를 후에 들었습니다. 제가 뭔가 착각했거나 잘못 봤다는 것이지요. 개성에도 시장이 있었다는 겁니다.

개성 도성에는 같은 직업을 가진 사람들끼리 모여 사는 곳들이 있었는데, 남대가南大街라는 거리를 중심으로 한 시전 거리에는 시전 상인들과 그들이 부리는 사람들이 모여 살았다고 합니다. 시전은 주로 번화가인 광화문廣化門에서 십자가十字街에 이르는 길 양쪽에 몰려 있었는데 남대가도 광화문에서 십자가로 이어지는 길에 연결돼 있었습니다. 시전들은 파는 물건의 종류에 따라 이름을 달리해 저시(돼지 시장), 유시(기름 시장), 다점(찻집), 마시(말 시장), 쌍화점(만두집) 등으로 불렸고 고유한 상호는 없었다고 하네요. 고유한 상호뿐만 아니라 만두집인지 찻집인지 알려주는 간판도 없었답니다. 국가 직영 점포 중에는 고유한 이름과 간판을 가진 것도 있었지만 말입니다. 983년 (성종 2)에 국가가 6개의 주점을 설치했는데 이름이 성례, 낙빈, 연령, 영액, 옥장, 희빈이었고 간판이 있었습니다.

이것이 사실이라면 제가 개성에 시장이 없다고 한 것은 틀렸다고 봐야겠지요. 하지만 저는 이러한 반론에도 불구하고 제가 쓴 바를 철회할 생각이 없습니다. 상설 가게인데 상호가 없다는 것은 예나 지금이나 상식적으로 말이 안 되기 때문입니다. 나라에서 하는 가게에는 당연히 이름이 있었을 겁니다. 그래야 관리가 되니까요. 기름을 짜는 집도 있고 마를 짜는 집도 있었을 테지만 그것이 상설 가게는 아니었을 겁니다. 생산과 유통은 엄연히 다른 것이니까요. 제가 잘못 봤다고 생각하지 않습니다. 고려에는 송나라 기준의 가게는 분명 없었습니다.

곽원이 말해준 고려의 화폐 체계는 제게 큰 충격을 주었습니다.

송나라와 달라도 너무 달랐기 때문입니다. 당시 송나라에서는 동전은 물론이고 지폐인 교자나 전인, 그리고 환어음인 회자까지 아주 활발하게 유통되었습니다. 고려에서는 물건을 사고파는 것이 물물 교환 수준이었던 데 반해 송나라에서는 유통의 의미를 잘 알고 있었지요. 남송 때의 학자인 섭적葉適은 사람이 창조한 요물 중 하나인 화폐는 지속적으로 유통될 때에만 그것을 만든 사람들에게 유용하며, 그것이 시장을 벗어나 철궤에 갇혀 있으면 존재 의미를 상실한다고 말했습니다. 유통의 용이함이 바로 화폐의 기능이고 지폐가 동전보다 이 기능을 더 잘 수행하는 것이지요.

송나라에서 유통된 동전만 해도 수량이 엄청났습니다. 1080년에 1인당 212개꼴이었고 남쪽으로 천도하기 전까지 유통된 동전의 무게가 2억 관에 달할 정도였으니까요. 이것은 대략 1,450억 개 동전의 무게였습니다. 동전 제조에 많은 구리가 소요되어 일상용품에 구리를 사용하는 것이 금지되었고 일본에서 많은 구리가 수입되었습니다. 그리고 일본, 요나라, 서하, 금나라 모두 송나라의 동전과 화폐를 사용했습니다. 그런데 어찌 된 일인지 고려에서는 송나라 화폐가 놀잇감에 불과했습니다.

제 이야기를 잠깐 하겠습니다. 저는 돈에는 초연했던 것 같습니다. 공치사 같아서 제 입으로 말하기 뭣하지만, 한번은 하남 소윤 허방과 함께 팽려호彭蠡湖를 건너다가 배가 전복되어 그를 건져내고 그의 가족 20명을 배부르게 먹여 보낸 적이 있습니다. 그랬더니 그가 나중에 사례금을 보내왔는데 저는 그것을 하나도 취하지 않았습니다. 그냥 도리로서 한 일이었기 때문입니다. 사대부인 제게는 그것이 마땅히 해야 할 도리였습니다. 저는 공자의 가르침대로 살려고 했을 뿐입니다. 공자의 제자 안회처럼 사는 것이 가장 바람직하지 않겠습니까? 그저 화폐 이야기가 나와 해본 말입니다. 옛날이야기를 하니 마음에 온기가 조금 퍼지는 것 같기도 합니다. 그냥 잊어주시길 바랍니다.

후에 들은 이야기인데, 고려에서는 996년(성종 15)에 처음으로 금속 화폐의 유통이 시도됐다고 합니다. 그리고 한 세기 후에 숙종은 송나라에 유학하고 돌아온 의천의 권유로 더욱 적극적으로 동전 사용 정책을 추진했습니다. 의천은 송나라 유학 때 화폐 경제의 편리성을 경험했고 그것이 송나라를 부유하게 한다고 믿었습니다. 고려는 동전의 원활한 사용을 위해 동전만을 사용하는 술집과 음식점을 만들기도 했고, 관료들의 봉급을 동전으로 지급하기도 했습니다. 하지만 강력한 정책에도 불구하고 이 시도는 성공을 거두지 못했습니다. 은의 유통이 확고하게 자리를 잡고 있었기 때문입니다. 물품의 가격이 대부분 은으로 환산되고 있어서 백성들이 굳이 화폐의 필요성을 느끼지 못했다고 합니다.

이처럼 송나라는 고려에 비해 선진적인 화폐 제도를 갖추고 있었지만, 그렇다고 해서 이후에도 내내 중국에 그런 선진적인 면모가 유지됐던 것은 아닙니다. 16세기 말 이후 중국에서는 일련의 개혁이 폭넓게 이루어지면서 요역徭役의 대부분을 은으로 대납하게 하는 제도가 시행되었습니다. 북경 남쪽에 자리한 산동성 담성현郯城縣의 현민들은 1670년경 대부분의 세금을 은으로 납부하고 있었습니다. 그래서 농민의 동전을 세금 납부에 필요한 은으로 바꿔주는 일을 전문으로 하는 은장銀匠이라는 직업이 있었고, 또한 은장의 부정이 도사리고 있었습니다. 은의 순도를 속이기도 하고 은을 몰래 빼돌리기도 하고 순은이라는 인장을 찍어주는 대가로 가욋돈을 요구하기도 했던 것이지요. 일을 빨리 처리해준다는 조건으로 급행료도 요구했고요. 이 시기에 이 지방에서는 송나라의 화폐와 어음 제도가 통하지 않았나 봅니다. 고려가 화폐를 사용하지 않는다고 흉봤던 것이 머쓱해지는군요. 화폐나 어음은 나라가 안정되고 풍요로울 때나 통하는 것이 아닌가 하는 생각이 듭니다.

4

제가 겪은 고려 이야기 몇 가지입니다. 우선 귀신 이야기입니다. 고려 사람들은 유난히 음양과 귀신을 믿는 것처럼 보였습니다. 그래서 무슨 일을 하려 해도 날짜를 정하는 데 매우 애를 먹더군요. 그렇다 보니 이런 일도 있었다고 했습니다. 순화 원년(990) 3월에 송나라가 고려로 사신을 보냈는데, 그 전에도 사신을 맞을 때마다 날짜가 좋지 않다며 조서 받는 일을 미루곤 했던 고려가 이번에는 도가 지나쳐 사신이 객관에 머문 지 한 달이 넘도록 지체하고 말았습니다.

사신은 어쩔 수 없이 고려의 왕에게 글을 보내, 점술에 구애받고 일자日者의 허튼 말에 현혹되어 시간을 지체하고 있다고 질책하면서 어서 천자의 조서를 받으라고 재촉했습니다. 고려 왕(성종)은 이 글을 보고 부끄럽게 여겨 사람을 보내 사과했으나 그래도 조서는 받지 않았습니다. 이해하기 힘든 일이지요. 황제의 조서보다 음양과 귀신을 더 숭상한다는 것이니까요. 왕은 장맛비가 계속되고 있으니 비가 개기를 기다렸다가 조서를 받겠다고 했으나, 사신이 재차 글을 보내 책망하자 결국 이튿날 나와 조서를 받았다고 합니다.

기가 찬 이야기지만, 따지고 보면 중국도 사정이 크게 다르지는 않았습니다. 앞서 말씀드렸던 담성현 이야기입니다. 명말청초에 이 지역에서는 여전히 미신적 사고가 위세를 떨쳤다고 합니다. 주민의 반 이상은 귀신과 신비술을 믿었고, 영혼을 불러내는 여성 영매를 숭배했습니다. 그곳 사람들은 몸이 아프면 약을 구해 먹기보다 지역의 무당들을 찾아갔고, 동네 사람들이 밤에 한데 모여 기도를 하고 제물을 바치기 위해 수천 전에 달하는 돈을 썼습니다. 이 정도의 돈을 쓸 정도로 풍족한 형편이 아니었는데도 말입니다. 국가적으로 유교를 숭상하던 시대였으나 담성현 사람들은 그와는 거리가 있었다고 해야겠지요. 명말청초의 사정이 이러했으니, 그보다 훨씬 앞 시대인 송나라 때도 미신적 사고가 그에 못지않았지요. 송나라 역시 유학의 나라였지만 도교가 그에 못지않게 성했고 사람들은 여전히 귀신에 의지하고 있었습니다. 그런데 제가 고려에 가서 보니 사람들이 아플 때도 약을 쓰기보다는 귀신에 의지하는 것이었습니다.

중국과 한국은 겉으로는 많이 달라 보여도 이렇게 조금만 안으로 들어가 살펴보면 의외로 비슷한 데가 많습니다. 이것이 한국이 중국에 너그러운 이유 중 하나가 아닐까 싶습니다. 아무래도 풍속이 비슷하면 이해의 바탕이 넓을 테니까요.

원풍 6년(1083)에 고려 왕(문종)이 졸했습니다. 38년간 재위하면서 어질고 너그럽게 다스렸으므로 동이의 훌륭한 임금이었다 할 수 있습니다. 그러나 그 왕은 우리와 다른 풍속을 따랐는데, 딸을 신하나 서인과 결혼시키지 않고 꼭 오빠나 남동생과 결혼시킨 것입니다. 왕실뿐만 아니라 종친도 그렇게 근친결혼을 했습니다. 문종의 둘째 아들 운이 이미 중국과 교류하는 이상 마땅히 예의로써 옛날 풍습을 개혁해야 한다고 간하자 문종은 노하여 그를 쫓아냈다고 합니다. 참으로 해괴한 일이어서 과연 사실인지 의심이 들 정도였습니다.

물론 송나라에도 이해하기 힘든 결혼 풍속이 있었습니다. 돈 많은 집 딸을 이상적인 배우자로 여긴 것이지요. 신부를 고를 때 미모나 다른 자질보다 돈이 으뜸가는 기준이 된 겁니다. 과거 당나라 때 명망 있는 가문의 딸을 신붓감으로 선호했던 것과는 많이 다른 모습이지요. 세상이 변하여, 송나라에서는 신랑 측의 재산과 빙재, 신부 측의 지참금이 결혼의 결정적인 요소가 되었습니다. 가문보다 돈이 우선인 시대가 된 것입니다. 개탄할 일이지요. 11세기에 활동한 북송 때의 문인 채양蔡襄도 요즘에는 결혼하려는 남자들이 가문의 지위는 고려하지 않고 오직 집안의 부만 따진다고 불평한 적이 있습니다.

송나라를 유학의 나라로 알고 있는 사람이라면 이런 이야기에 갸우뚱할 것입니다. 물론 송나라는 유학의 나라였습니다. 과거 제도의 확립이 그것을 말해주지요. 또한 송나라에서는 사대부가 심한 처벌을 받는 일도 없었습니다. 심해야 유배 정도였습니다. 그 정도로 송나라는 유학의 나라였습니다. 유학은 검약한 생활을 이상으로 여깁니다. 가난한 것이 오히려 낫다고 여깁니다. 선생처럼 훌륭하신 분이 왜 이리 가난하냐는 제자의 질문에 공자는 군자는 원래 가난하다고 답했습니다. 검약한 생활과 돈이 양립할 수 있을까요? 송나라는 유학의 나라였지만 돈의 나라이기도 했습니다.

제가 고려에 간 것은 선화 5년(1123)이었는데 송나라가 이때 처음 사신을 보낸 것은 아니었습니다. 원풍 원년(1078)에 이미 안도安燾 등을 파견한 적이 있었습니다. 그때도 관선의 이름은 '신령한 배'라는 뜻의 '신주'였는데 그 배는 바다로 나가면 태산 같았다고 합니다. 그만큼 컸다는 것이겠지요.

안도가 파견되었을 당시 고려의 정치적 상황은 어려웠습니다. 거란족의 요나라가 날이 갈수록 강해져 요를 받아들이지 않으면 화를 면하기 어려운 상황이었습니다. 송나라는 고려를 회유하기 위해 안도 등을 사신으로 보냈다고 할 수 있는데 안도는 난처했을 겁니다. 송에 대한 의리와 요의 위협 사이에서 이러지도 저러지도 못하는 고려의 상황을 충분히 알고 있었으니까요. 안도는 중화를 존중하고 대국을 섬기는 것은 예의 하나라면서, 송과 요가 잘 지내고 있으니 송을 섬기면서 요를 받드는 것도 괜찮다는 뜻을 내비쳤습니다.

안도는 돌아온 후 예를 잘 알고 행했다는 평가를 받으며 승진했습니다. 가관假官의 신분으로 사신으로 나갔다가 돌아와서 실관實官이 되는 경우가 종종 있었는데 안도도 이에 해당되었습니다. 안도가 방문했을 때 고려의 문종은 옥대를 갖추고서 절한 뒤에 조서를 받았고 사신들을 극진히 대접했습니다. 사신들이 묵을 별관도 따로 마련했는데 그곳의 현판에는 '순천관順天館'이라 씌어 있었습니다. 중국을 하늘처럼 높이고 따른다는 뜻입니다.

하지만 고려가 항상 중국을 하늘처럼 높이고 따른 것은 아니었습니다. 제가 고려에서 돌아온 지 2년 후인 1125년에 금나라가 송나라를 침공하여 이른바 '정강의 변'이 일어났고 그 혼란 속에서 흠종이 즉위했습니다. 그러자 고려는 김부식 등을 사신으로 보냈으나 이들은 명주 객관에만 머물다 돌아갔습니다. 고려가 금과 내통할까 봐 염려한 송이 이렇게 조치했기 때문이었습니다. 고려에서는 송나라와의 사신 왕래가 1030년 이후 43년 동안 끊겼다가 문종 때부터 다시 시작되었습니다.

그런데 고려는 995년에 요나라의 신하로 책봉받았고, 요나라의 정삭正朔을 받아들여 송나라에 올린 글이나 기타 문서에서 대부분 간지干支를 사용했습니다. '선화 4년'과 같이 쓰지 않고 '병인년'과 같이 썼다는 말입니다. 지금도 한국에서는 간지를 사용해 을미년, 갑오년 하는 식으로 연도를 말한다는데, 이는 오랑캐인 거란의 책력에 뿌리를 둔 것입니다. 이와 달리 중국과 일본은 모두 연도를 표시할 때 간지가 아닌 연호를 사용했지요.

그렇다면 고려가 섬긴 나라는 어디였을까요? 고려는 한 해에 여섯 번이나 요에 조공을 했지만 요의 가렴주구는 이루 말할 수가 없었습니다. 요는 항상 고려는 우리의 노예인데 남조南朝는 무엇 때문에 고려를 후하게 대우하느냐고 비웃었습니다. 한번은 고려가 서쪽으로 가서 송나라에 조공한 것을 요가 질책했고, 그러자 고려는 요에 표表를 올려 사과했습니다. 표의 내용은 중국에는 3갑자 만에 한 번씩 조공하고 요에는 매년 여섯 번씩 조공한다는 것이었습니다. 한 갑자가 60년이니 3갑자면 180년입니다. 과장이 조금 심했지요.

정강의 변이 일어났을 때는 금나라가 요를 이미 흡수한 후였습니다. 고려는 중국을 섬겼다기보다 대국을 섬겼다고 하는 편이 더 옳을 것 같습니다. 요가 송보다 강해지면 요를 섬기고 송보다 금이 강해지면 금을 섬겼기 때문입니다.

들은 이야기입니다. 17세기에 조선에 김수홍이라는 사람이 있었다고 합니다. 괴팍하고 망령스러운 사람이었다는데, 세도가인 송시열을 자극하기 위해서 당시의 청의 연호인 '강희'를 중국의 연호로 사용하자고 주장했다 합니다. 당시는 청나라가 명나라를 무너뜨리고 중국을 지배하게 된 명청 교체기였는데, 송시열은 반청을 주장하면서 '숭정'이라는 명의 연호를 기년紀年을 위해 계속 사용하자고 했던 것입니다. 공식적인 것은 아니었지만, 1628~1644년에 쓰인 숭정이라는 명의 마지막 연호가 조선에서는 19세기 말까지 중국의 연호로 사용되었습니다. 조선은 공식적으로는 청의 연호를 사용하면서 비공식적으로는 명의 마지막 연호를 지키고자 했던 것입니다. 이는 조선이 겪었던 정체성의 혼란을 단적으로 보여주는 일일 겁니다.

그런데 김수홍은 지도 제작자로도 유명하다 합니다. 그는 1666년에 〈천하고금대총편람도天下古今大總便覽圖〉라는 목판본 지도를 만들었는데, 흥미로운 것은 청나라 때임에도 불구하고 지도에는 명나라 지방행정 조직을 싣고 있다는 겁니다. 청나라가 북경을 수도로 하여 나라를 세운 지 22년이 흐른 뒤였지만 그 지도에는 청이 존재한다는 어떤 단서도 없었던 것이지요. 이런 점에서 김수홍은 흥미롭습니다. 연호는 청을 따랐지만 지도에는 청의 단서를 남기지 않았다! 한데 김수홍의 지도에서만 이렇게 청의 흔적이 나타나지 않은 것은 아니었습니다. 19세기 중반까지 조선에서 제작된 다른 중국 지도들도 사정은 마찬가지였습니다. 1849년의 〈중국도〉도 그중 한 예인데 이미 1644년에 폐지된 명나라의 지방 행정 조직을 보여주고 있습니다.

당시 고려는 금에 대해 오해를 하고 있었던 것 같습니다. 금을 오랑캐로 본 것이지요. 하지만 이러한 시각은 중국이 가질 수 있는 것이지 고려가 가질 수 있는 것은 아닙니다. 중국의 입장에서는 금이나 고려나 다 오랑캐이기 때문입니다. 정도의 차이가 있다며 고려를 금보다 높이려 하는 말을 들은 적이 있는데 이도 사실과 부합하지 않습니다. 금나라도 고려 못지않게 중국화되어 있었기 때문입니다.

금나라는 1137년부터 중국 역법을 채용했고 1138년에는 과거 제도를 재정비했으며 1139년에는 황제와 관리들의 중국식 복장과 황제를 알현하는 중국의 전범들을 도입했습니다. 그리고 1140년에는 공자를 기렸고 황실의 종묘를 세웠습니다. 금나라는 고려와 마찬가지로 오랑캐였고, 송나라를 침공하기 전에 이미 중국화되어 있었습니다. 똑같이 오랑캐이면서 서로 자신이 더 중국과 가깝다고 주장하니 희극적인 일이라 하지 않을 수 없습니다. 중국을 침략했던 오랑캐는 거의 모두 중국화된 상태에서 했습니다. 금나라는 그중 하나일 뿐입니다.

5

저는 고려가 여러 면에서 황제국 체제로 되어 있다는 얘기를 사신으로 가기 전에 들은 적이 있었습니다. 겉으로는 신하의 나라로서의 예를 갖추었지만 안으로는 황제국의 체제를 갖췄다는 것이지요. 고려에서는 국왕의 명령을 성지聖旨, 조詔, 칙飾, 제制라 했고 백성이 국왕을 폐하라 불렀으며 국왕은 스스로를 짐이라 칭했습니다. 왕위 계승자는 태자, 국왕의 어머니는 태후라 했습니다. 이러한 용어들은 진시황이 황제 칭호를 제정하면서 만들어 황제국만이 사용할 수 있게 한 것이었습니다. 그러면서도 고려는 공식적으로는 국왕을 황제라 부르지 않았고 왕비를 황후라 부르지 않았습니다. 중국과의 외교 관계를 고려한 것이지요.

생각해보면 참 이상한 일입니다. 황제로 자처한다고 해서 황제가 되는 것은 아니지 않습니까? 아무리 스스로가 황제임을 주장해도 남이 인정해주지 않으면 황제가 될 수 없는 것입니다. 이것은 너무도 뻔한 이치입니다. 황제가 되기 위해서는 공인이 필요합니다. 다른 나라들이 황제로 인정하고 그에 상응하는 예를 갖출 때 비로소 황제가 되는 것입니다. 고려는 다른 나라의 인정을 받지 않은 자칭 황제국이었습니다. 그렇다면 외교적 방법을 동원해서, 그것이 여의치 않다면 무력을 사용해서라도 인정을 받아내야만 했습니다. 한데 고려가 과연 다른 나라로부터 황제국으로 공인받은 적이 있는지 극히 의심스럽습니다. 그저 나라 안에서 황제국 놀음을 한 것이 아닐까요?

이런 어이없는 이야기를 들은 저는 고려에 가서 유심히 살펴보았습니다. 고려가 비록 공인은 못 받았지만 황제국이 될 만한 상당한 실력을 갖추고 있을지도 모르는 일이었으니까요. 하지만 예상대로 그런 면은 확인되지 않았습니다. 우선 성읍입니다. 제가 듣기에 오랑캐의 군장들은 수시로 거주지를 옮겨 다니는 것을 편리하고 적절하게 여겼기 때문에 나라의 도읍을 건설할 생각을 하지 못했습니다. 하지만 고려는 그렇지 않았습니다. 종묘사직을 세우고 읍에는 집을, 주州에는 동네 문을 만들고 그 주위에 높은 성곽을 둘러 세우는 등 중화를 본받았습니다.

이는 고려 땅을 옛날에 기자가 다스렸기 때문에 고려에 아직도 중화의 유풍과 여습이 남아 있다는 방증입니다. 한마디로, 다른 오랑캐 민족이 유목민이었다면 고려인들은 정주민이었다고 할 수 있습니다. 고려가 중국을 본받았다고 하나 수준이 떨어지는 것이 보통입니다. 대궐 문만 해도 그렇습니다. 고려의 대궐 문 역시 중국의 예를 따른 것이나, 무턱대고 모방한 탓에 재료가 부실하고 기술이 졸렬하여 결국 투박하고 조악합니다.

하지만 솜씨를 다한 곳도 있었습니다. 그것은 송나라의 사신들이 머무는 관사였습니다. 고려인은 평소에도 공손하고 온순했고 송나라 조정도 고려를 대할 때 체통을 잃지 않았기 때문에, 고려가 세운 관사는 왕의 거처보다 더 화려하고 사치스러운 면이 있었습니다. 중국은 그것을 가상히 여겼습니다. 역시 고려는 다른 오랑캐들과는 달랐던 겁니다.

고려의 남다른 면은 의례에서도 찾아볼 수 있었습니다. 오랑캐 나라들에서는 왕이 행차할 때 깃대를 든 10여 명이 수행하는 데 불과해 왕과 신하가 거의 구분이 되지 않았습니다. 이에 반해 고려에서는 신기군神騎軍이 앞에서 말을 채찍질하고 갑사甲士는 벽제辟除하며 6위군은 나름의 의물을 갖추고 있었습니다. 예법에 완전히 부합하지는 않지만 다른 오랑캐 나라에 비하면 눈에 띄게 볼만했습니다. 이것이 바로 공자가 동방을 누추하다고 여기지 않고 동방에 거처하고자 했던 이유입니다. 하물며 고려는 옛날에 기자가 다스렸던 나라로서 중국의 두터운 돌봄을 받은 나라가 아니겠습니까?

또한 고려는 그 경역이 해도海島에 있고—송나라는 고려를 섬처럼 생각하고 있었던 것 같습니다—큰 파도에 가로막혀 있어서 구복九服의 땅 안에 있는 것은 아니었지만 정삭을 받고 유학을 받들고 있었습니다. 옛 사람이 중국과 고려가 글에서는 문자가 같고 수레에서는 바퀴 사이의 간격이 같다고 말한 것을 제가 고려에서 확인한 겁니다. 중국의 시각에서 보면 고려는 바닷가 한 귀퉁이를 차지하고 있을 뿐이어서 제후국에 불과하지만, 그럼에도 현재 고려의 문물이 이처럼 번성한 것은 고려 사람들 스스로 천자의 교화대로 조금씩 단련한 결과이니 훌륭하다 하지 않을 수 없었습니다. 하지만 그래도 오랑캐는 오랑캐입니다. 중국을 흉내 낼 뿐 중국이 될 수는 없으니까요. 중국을 잘 따라 한다고 칭찬받을 수는 있지만 그래도 중국에 미칠 수는 없는 것입니다.

하지만 대외적으로는 제후국으로 처신하고 대내적으로는 황제국으로 행세하는 고려의 이중 체제는 원나라의 지배를 받게 되면서 마감됩니다. 원나라 때 고려에서는 선지宣旨를 왕지王旨로, 짐朕을 고孤로, 사赦를 유宥로, 태자를 세자로 하는 등 여러 칭호를 제후국에 맞게 바꾸었습니다. 묘호 또한 '~종宗' 대신 '~왕'의 형태로 강등된데다가 원나라에 충성한다는 뜻에서 '충'자를 돌림으로 넣게 되어 충선왕, 충혜왕 하는 식으로 쓰게 되었다고 합니다.

이와 관련해 팔관회 얘기도 하는 게 좋겠습니다. 고려에는 연등회와 팔관회라는 큰 연례행사가 있었다고 합니다. 봄에는 연등회가, 겨울에는 팔관회가 열렸습니다. 국가와 왕실의 안녕을 기원하고 군신 간의 친목을 도모하고 왕의 정치적 권위를 확인하는 의례이자 전 국민이 참여해 함께 즐기는 축제였습니다. 이들 행사 때는 각종 가무와 광대들의 공연이 펼쳐졌으며 최고의 장인들이 만든 각종 기물과 비단들로 행사장 일대와 사찰과 개성 시내 곳곳이 장식되었습니다. 행사는 보통 이틀간 계속되었고, 개성 전체가 축제 분위기에 휩싸였습니다. 이때만은 통행금지도 해제되었습니다. 특히 팔관회는 왕을 위해 만세를 부르고 왕이 행차하는 길에 황토를 까는 등 황제를 위한 격식을 갖추어 진행되었습니다. 하지만 고려가 원의 지배하에 놓이게 되면서 1275년(충렬왕 1)부터는 '만세' 대신 '천세'를 불러야 했고 왕의 행차 길에 황토를 까는 것도 금지되었다고 합니다.

6

제가 명계로 옮겨 온 지도 꽤 오래되었습니다. 그래도 떠나온 세상에 대한 미련이 아직 남아 있는 모양입니다. 저는 중국인이고 송나라 사람입니다. 이것은 변하지 않지요. 또한 저는 사대부이기도 합니다. 제가 중국과 고려의 관계에 대해 지속적으로 흥미를 가진 것은 고려에 다녀온 것이 제 인생에서 가장 인상적인 일이었기 때문일 겁니다. 그 후 고려는 조선으로 바뀌었습니다. 저는 명계에서 그 과정을 지켜볼 수 있었고, 조선에 대해 이런저런 생각을 하게 되었습니다. 그중 두 가지만 말씀드리고 싶습니다. 하나는 임진란이고 다른 하나는 이인임입니다.

먼저 이인임 문제부터 말씀드리겠습니다. 임진란이 일어나기 전까지 조선의 가장 큰 외교 문제는 무엇이었을까요? 중국으로부터 국가로 인정받는 것이었겠지요. 그런데 중국은 이 문제에 큰 관심을 보이지 않았습니다. 홍무 25년(1392)에 고려를 무너뜨리고 개국한 나라가 고려의 인심이 이성계에게 기울어 새로이 나라를 세우게 되었다면서 명나라 황제에게 윤허해달라는 청을 올렸습니다. 이에 황제는, 천도天道에 순응하고 인심에 화합하며 명나라의 변경을 침범하지 않고 사신이 왕래토록 할 수 있다면 이는 진실로 그대 나라의 복이니 내가 무엇을 책망하겠느냐는 유시論示를 내렸습니다. 한마디로 명에 충성을 다한다면 새로이 나라를 세워도 무방하다는 것이었지요.

또한 황제는 새로 세운 나라의 이름을 지어달라는 청을 받고 이 나라를 옛 이름을 좇아 조선이라 부르게 했습니다. 중국의 입장에서야 고려든 조선이든 이름은 별로 중요하지 않았겠지요. 홍무 26년(1393)에는 이성계가 명에 사신을 보내 여러 가지 방물을 바치면서 자신의 이름을 단으로 고칠 것을 청원해 허락받았습니다. 왜 이름을 바꾸었는지는 저는 잘 모르겠습니다. 어쨌든 중국의 인정을 받았으니 조선은 안정을 찾았겠지요.

중국으로부터 인정받은 후에는 이인임의 문제가 오랫동안 조선의 골칫거리였던 모양입니다. 명이 이성계의 아버지가 이인임이라는 잘못된 내용을 기록에 남겼고 이에 조선이 그것이 틀렸음을 줄기차게 말했는데도 명이 이를 시정하지 않았던 겁니다. 저는 이인임과 이성계의 관계를 잘 모릅니다. 문제의 발단은 영락제 때 해악海嶽의 제사에 바친 축문이었습니다. 여기에 이성계가 이인임의 아들이라는 잘못된 내용이 들어가 있었습니다. 게다가 〈조훈祖訓〉에도 이인임의 아들 이성계가 이름을 단으로 고쳤다고 기록되었습니다.

그러자 이성계의 아들 방원이 명의 황제에게 이인임은 이성계의 아버지가 아니라고 밝히는 주문을 올렸고 명 태종이 이를 개정할 것을 허락했습니다. 그렇다면 뭐가 문제겠습니까? 조선이 이성계가 이인임의 아들이 아님을 밝혔고 명 태종이 맞게 고치라 했으면 문제가 다 해결된 것 아니겠습니까? 그런데 개정이 이루어지지 않았던 겁니다.

조선은 정덕 2년(1507)에 다시 이 문제의 해결을 청합니다. 이에 대해 명의 예부禮部는 《대명회전大明會典》에 본조에 대해서는 상세히 기록되어 있지만 외국에 대해서는 정녕 소략하게 기록되어 있을지도 모른다면서, 이성계가 이인임의 후손과 관련이 없음은 이미 태종의 칙서로도 증명된 바이니 청원을 따르는 것이 좋다고 했습니다. 이쯤 되었는데도 어쩐 일인지 개정은 또 이루어지지 않았습니다. 역시 외국에 대해서는 소략하게 기록해서였을까요? 아니면 중국의 입장에서는 이성계가 누구의 아들이든 전혀 중요하지 않아서였을까요?

가정 8년(1529)에 다시 조선은 사신을 보내 억울함을 밝혀주기를 주청합니다. 그러나 여전히 개정은 이루어지지 않았습니다. 가정 42년(1563)에 다시 조선이 글을 올려, 단의 아버지가 이인임이 아니라 이자춘이라고 《대명회전》에 올려달라 합니다. 하지만 만력 원년(1573)에 다시 같은 내용의 청원이 올라온 것으로 보아 개정은 이루어지지 않은 것 같습니다.

이 문제가 해결된 것은 만력 16년(1588)이었습니다. 무려 200년을 끌었던 것이지요. 조선의 주청사奏請使인 유홍兪泓이라는 자가 이해에 수정된 내용이 담긴 《대명회전》을 하사받아 조선으로 돌아갔습니다. 왜 이렇게 오래 걸렸을까요? 조선으로서는 왕의 핏줄에 관한 일인 만큼 반드시 이 문제를 시정해야만 했을 겁니다. 끈질기게 정정을 요구할 만했습니다. 하지만 명나라로서는 급할 것이 하나도 없었겠지요. 외국의 일에 지나지 않으니까요. 외국 왕의 이름이나 족보가 명나라에 무슨 큰 의미가 있었겠습니까? 자연재해만으로도 고민은 차고 넘쳤을 테니 명나라가 그런 사소한 문제에 신경을 쓰지 않은 것도 이해 못할 일은 아닙니다.

들은 이야기입니다. 이인임은 이성계와 사이가 좋지 않았다고 합니다. 이인임이 친원파인 반면 이성계는 친명파에 가까웠고, 권력을 두고도 두 사람은 첨예하게 맞섰습니다. 이인임은 처음에는 권세를 누렸으나 후에 이성계에 의해 제거되었습니다. 이런 두 사람을 부자지간으로 기록한 것을 조선이 용납하기는 어려웠겠지요.

중국의 정사에서 줄기차게 언급되는 이인임이라는 인물이 한국에서는 거의 알려지지 않은 것은 신기할 성도입니다. 그는 고려 말의 정치가로 알려져 있을 뿐입니다. 정치를 어지럽힌 사람 또는 권세가라고나 할까요. 이순신은 중국 정사에서 한 번도 언급되지 않았지만 한국에서는 최고의 영웅 중 한 명입니다. 이인임은 중국 정사에서 200년간 계속 언급되었지만 한국에서는 잘 알려져 있지 않습니다. 어떻게 이런 차이가 생겼을까요?
저는 나라마다 자랑스러운 역사를 지향한다고 생각합니다. 자기

나라에 부끄러운 일은 될 수 있는 한 감추고 조금이라도 내세울 것이 있으면 더욱더 부각한다고나 할까요. 이인임과 관련된 이 일은 한국의 입장에서는 자랑스럽다 할 수 없는 일입니다. 그러므로 앞으로도 한국의 역사에서 무시될 겁니다. 아무리 외교적 문제이고 정통성과 관계있는 왕의 핏줄 문제라 해도 이렇게까지 중국에 사정할 필요는 없지 않았을까요? 어찌 보면 굴욕적인 일입니다.

조선은 끊임없이 명나라에 조공을 바쳤습니다. 이것은 당시에는 외교의 한 방편이었으므로 부자연스럽거나 굴욕적인 일이 아니었습니다. 명과 조선이 서로를 필요로 했던 거지요. 명과 조선의 관계는 영락 19년(1421)에 명이 북경으로 천도하면서 더 가까워졌습니다. 조선에서는 사대의 예가 더욱 공손해졌고 명에서는 각별한 예로 조선을 대했습니다. 선덕 4년(1429)에는 명이 조선에 이르기를, 희귀한 새와 짐승은 귀하게 여기지 않으니 헌상하지 말 것이며 금과 옥으로 만든 기물은 조선에서 나는 것이 아니니 마땅히 중지하고 토산물로써 성의를 보이면 될 것이라고 했습니다.

명과 조선 사이에는 교역도 활발했습니다. 하지만 모든 물품이 자유롭게 교역된 것은 아닙니다. 예나 지금이나 병기에 관해서는 규제가 까다롭기 마련이지요. 명나라도 성화 18년(1482) 무렵 외국과의 병기 무역을 금하고 있었습니다. 그런데 조선의 왕이 다음과 같은 주청을 했습니다. '소방은 북으로 야인과 맞붙어 있고 남으로는 왜도倭島와 이웃하고 있어 오병五兵에 소용되는 것은 하나도 빠뜨릴 수 없다. 그런데 활의 재료로 쓰이는 우각은 상국에 의뢰해야만 한다.

상국은 고황제 때 화약·화포도 내린 적이 있었던 만큼 이제 활에 쓰이는 우각을 수매할 수 있도록 특별히 허가해 다른 이민족에게 하듯이 금지하지 말기를 바란다.' 그러자 명은 조선이 해마다 활에 쓰이는 우각 50부副를 수매할 수 있게 했습니다. 또한 그 뒤에도 조선이 부족을 느껴 분량을 정하지 말아줄 것을 청하자 그 곱절을 수매해 가도록 허락했습니다.

제가 보기에 조선에는 칼이 별로 없었습니다. 조선은 활을 주 무기로 삼은 듯했는데, 그것의 재료를 명나라에 의존하고 재료의 수량도 명나라가 정해주는 만큼만 구할 수 있다면 나라의 안위를 어떻게 보전할지 심히 염려되었습니다. 명나라 건국 초기의 일이 떠오르는 군요. 조선 건국 전인 1369년 가을에 고려에서 사신이 왔습니다. 이때 황제가 사신에게 나라를 어떻게 다스리고 있는지, 성곽은 잘 정비되어 있는지, 무기는 쓸 만한지, 궁실은 크고 볼만한지 등을 물었다고 합니다. 이에 사신은 동해변東海邊에 있는 신臣들은 오직 불교를 숭상하고 믿을 뿐 다른 데에는 신경 쓸 겨를이 없다고 말했습니다. 한심한 이야기지요. 황제는 고려가 나라를 잘 지키고 있는지 알아보려고 성곽과 무기의 상태를 물은 것인데 오직 불교의 힘에 의존할 뿐이라 답하다니 기가 찰 노릇입니다.

이에 황제가 타일렀다고 합니다. '백성은 있는데 성곽이 없으면 백성이 장차 어디에 의지하겠는가. 무비武備가 잘 정비되지 않으면 나라의 체통이 흔들리고 땅을 경작하지 않으면 백성들의 식생활이 곤란해지고 또 궁실은 있는데 관청이 없으면 존엄을 드러내 보일 수 없게 된다. 국가의 가장 중요한 부분은 예제와 군제인데 진실로 이 두 가지를 제쳐놓고 오로지 부처만 섬기며 복을 구한다면 양 무제의 일이 좋은 본보기가 될 것이다. 고려는 북쪽으로는 거란, 여진이 인접해 있고 남쪽으로는 왜가 가까이 있으므로 군비를 갖추는 일을 염두에 두어야 할 것이다.' 하지만 조선은 이러한 황제의 권고를 따르지 않았고, 결국 왜의 침략을 받게 됩니다.

7

임진란은 7년에 걸친 전쟁이었는데 한국에서는 일본의 침략을 강조합니다. 일본의 야욕으로 조선이 참화를 입었다는 것이지요. 한국인들에게는 대체로 일본은 가해자, 조선은 피해자, 중국은 원군으로 인식됩니다. 하지만 중국의 시각은 다릅니다. 중국에게 임진란은 중국과 일본의 전쟁이었습니다. 강화 협상의 주체도 중국과 일본이었고 조선은 협상에서 배제되었습니다.

당시 중국에서 조선은 국명이라기보다는 지명에 가까웠습니다. 중국은 조선이라는 지역에서 일본과 전쟁을 치른다고 생각했을 겁니다. 일본도 조선을 하나의 지명으로 여기고 있었던 것 같습니다. 강화 협상을 중국과 했으니까요. 중국은 이 전쟁에서 승리할 자신이 없었다고 스스로 밝힌 바 있습니다. 그것은 일본도 마찬가지였던 모양입니다. 그러니 서로 강화의 명분을 찾고 있었겠지요. 동일한 전쟁을 겪은 세 나라가 각각 자신의 입장에서 그 전쟁을 기술하면서 각기 다른 역사가 만들어져간 것입니다.

임진란 당시 일본에 머물고 있었던 한 서양인이 이 전쟁에 대한 기록을 남겼는데, 거기 드러난 타자의 시선이 흥미롭습니다. 그는 루이스 프로이스라는 예수회 소속의 포르투갈인 신부로, 1563년에 일본에 도착해 1597년 나가사키에서 사망했으며, 그렇게 일본에 머무는 동안 임진란의 전 과정을 포함해 일본에 대한 기록을 남겼습니다. 그의 기록은 후에 《일본사》라는 책으로 출간되었는데 임진란에 관한 기술은 이 책의 일부입니다. 이 기록을 보면 일본이 왜 임진란을 일으켰으며 조선을 어떻게 여기고 있었는지를 알 수 있습니다. 물론 한 개인의 관찰인 만큼 조심스럽게 읽어야겠지요. 하지만 흥미로운 점이 많이 있었습니다. 몇 가지 말씀드리겠습니다.

고니시 유키나가에 대한 얘기부터 해보겠습니다. 임진란 때 조선에 가서 싸운 일본 장수인 그를 프로이스 신부는 시종일관 아고스티뉴라고 부르고 있습니다. 그가 가톨릭 신자였고 아고스티뉴는 그의 세례명이었기 때문입니다. 글쓴이가 신부라서 역시 종교적인 면을 우선시했나 봅니다. 고니시 유키나가는 조선에서 돌아온 후 세키가하라關原 전투에서 패했고, 그 때문에 할복할 것을 요구받았습니다. 그는 가톨릭 신자였기에 이를 거절했고, 결국 참수당했습니다. 임진란 때의 일본 선봉장이 가톨릭 신자였고 조선에 가 있는 동안에도 계속 예배를 봤다니, 가톨릭에 생소한 저로서는 그림이 잘 그려지지 않습니다. 이에 반해 그와 선봉을 다투었던 가토 기요마사라는 인물은 일본으로 돌아간 후 세키가하라 전투에서 공을 세워 히고 국國 구마모토 번藩의 초대 번주藩主가 되었다는군요.

들은 이야기입니다. 조선 초인 1402년에 이회와 권근 두 사람은 〈혼일강리역대국도지도混一疆理歷代國都之圖〉를 만들었습니다. 보통 〈강리도〉라 불리는 이 지도는 아프리카와 아라비아까지 포함하고 있습니다. 중국이 가운데를 차지하고 있으나 조선도 상당히 크게 그려져 있습니다. 이에 비해 일본은 상대적으로 작게, 멀게 그려져 있습니다. 아마도 이 지도에는 조선의 심리적 상태가 반영돼 있다고 할 수 있을 겁니다. 이 지도 사본 중 류코쿠龍谷 대학 소장본과 혼묘지本妙寺 소장본은 도요토미 히데요시가 조선을 침략했을 때 모은 전리품 중 하나입니다. 류코쿠 대학 소장본은 도요토미가 교토의 혼간지本願寺라는 절에 증정한 것이고, 혼묘지 소장본은 '대명국지도大明國地圖'라는 제목이 붙은 종이 두루마리인데 가토 기요마사가 기증한 것입니다. 그는 이 사찰의 주요 후원자였다고 합니다.

그럼 일본은 왜 조선으로 병력을 보냈을까요? 임진란 전까지 일본은 다른 나라를 침략한 적이 없었습니다. 임진란 때가 처음이었지요. 모든 것이 낯설고 승산이 있다고도 보기 어려운 전쟁을 일본은 왜 시작했을까요? 당시 간파쿠關白였던 도요토미 히데요시의 야심 때문이었다고 하면 간단합니다만, 프로이스 신부는 조금 다른 의견을 갖고 있었습니다. 도요토미 히데요시에게 중국 정복이라는 야심이 있었던 것이 아니라 다른 속셈이 있었다는 겁니다.

도요토미 히데요시는 조선에 군사들을 내려놓고 바로 일본으로 돌아오라고 선박들에 명령했는데, 프로이스 신부는 이 점에 주목합니다. 이는 조선에 상륙한 군사들이 돌아오지 못하게 하려는 조치였다는 것이지요. 조선에 온 것을 후회해 일본으로 돌아가고자 하는 자가 있더라도 타고 갈 배가 없도록 했다고 그는 썼습니다. 도요토미 히데요시는 마치 자신도 곧 조선으로 직접 싸우러 갈 것처럼 공언했으나 중신들이 이러저러한 이유를 들어 연기함이 옳다고 하면 마지못해 수락하는 모습을 보였습니다. 결국 도요토미 히데요시는 조선에 가지 않았습니다. 처음부터 그럴 생각이 없었던 겁니다.

그의 속셈은 자신의 잠재적 경쟁자들을 일본에서 몰아내겠다는 것이었습니다. 수많은 전투를 통해 일본을 거의 통일한 도요토미 히데요시는 무장을 하고 독립된 영지를 갖고 있는 영주들을 제거하는 것이 자신의 권력을 강화하는 데 도움이 된다고 판단한 겁니다. 조선으로 영주들을 보내 전쟁을 벌여서, 승리하면 조선을 분할해 나누어 줌으로써 그들을 그곳에서 살게 하면 될 터였고, 패하면 죽음이 그들을 기다릴 뿐이니 이 또한 손해 볼 것이 없었습니다. 그는 주요 항구에 감시병을 두게 했고, 조선으로 건너간 병사들이 돌아오지 못하게 각별한 주의를 기울여 감시할 것을 지시했습니다.

사정이 이러했으니 조선으로 간 병사들이 느꼈을 분개와 좌절을 짐작할 수 있을 겁니다. 전쟁 중에 조선에 귀화한 일본 장수가 있다는 이야기를 들은 적이 있는데 아마도 사실인 것 같습니다. 이 전쟁으로 조선으로 건너간 일본군은 병사와 짐꾼을 포함해 15만 명이었고 이 중 3분의 1인 5만 명이 죽었는데, 적에게 죽은 자는 적고 대부분 단순 노역이나 기아, 추위, 질병으로 죽었다고 프로이스 신부는 기록하고 있습니다.

일본의 침략이 있기 40~50년 전인 1547년에 조선의 불안을 반영하는 글이 명나라 황제에게 도착했습니다. '종래에는 복건福建 사람이 바다를 건너 본국에 온 적이 없었는데, 그들이 일본 시장으로 진출하게 되면서부터 일본으로 가던 중 풍랑을 만나 표류하다가 우리에게 붙잡힌 복건 사람이 이제까지 모두 1천 명이 넘는다. 이들은 모두 무기와 화물을 휴대한데다가 심지어 중국 화포까지 가지고 있었고 일본인 역시 그러하니 병란을 일으키는 실마리가 될까 두렵다'라는 내용이었습니다. 이에 황제는 잘 단속하겠다고 했습니다. 하지만 만력 20년(1592) 5월에 고니시 유키나가와 가토 기요마사 등이 수군을 거느리고 부산진으로 들이닥칩니다. 긴긴 7년 전쟁이 시작된 것이지요. 이 전쟁만큼 명나라와 조선의 관계를 잘 보여주는 사건은 아마 없을 겁니다.

이 당시 조선에서는 태평성대가 오래 계속되어 군대가 전쟁에 단련돼 있지 않은데다가 왕 또한 유흥에 빠져 방비를 게을리했다 합니다. 섬나라 오랑캐들이 갑자기 쳐들어왔을 때 조선의 군사들은 적을 보기만 해도 모두 흩어져버렸습니다. 선조 왕은 왕성을 버리고 훗날 광해군으로 알려지게 되는 둘째 아들에게 국사를 맡긴 채 평양으로 달아났습니다. 그리고 얼마 안 되어 다시 의주로 달아나 조선이 명에 내속되기를 원했습니다. 이때 명나라 조정의 의견은 조선은 중국의 울타리 구실을 하는 번국이므로 반드시 그곳에서 일어난 병란에 나아가 싸워야 한다는 것이었습니다. 명나라는 조선을 위해 출병한 것이 아니라 자국의 울타리를 지키기 위해 출병한 것임을 숨기지 않았습니다.

대규모 출병에도 불구하고 전쟁은 쉽사리 끝나지 않았습니다. 일본군은 예상 외로 강했고 전투 기술 또한 뛰어났습니다. 명나라는 계속 조선을 지원하면서도, 외국의 도움에만 의지하지 말고 장정을 모아 훈련시키고 군대를 충실히 하라고 조선의 왕에게 유시하는 것 또한 잊지 않았습니다. 전쟁 중에도 명과 일본의 협상은 진행되었습니다. 이에 불안을 느낀 조선의 왕은 나라를 보전할 수 있게 해달라고 명에 청원했습니다. 1594년 9월의 일이었습니다. 전쟁이 끝난 것은 그로부터 5년 후이니 조선의 왕은 매우 절박한 처지에서 긴 시간을 보냈다고 하겠습니다.

중국의 기본 방침은 앞에서는 싸우면서 뒤에서는 화의하고, 앞에서는 토벌하면서 뒤에서는 초무하는 것이었는데, 중국은 이런 기본 전략이 누설되지 않도록 주의했습니다. 중국으로서는 울타리를 지키는 것으로 충분하므로 무리해서 적을 공격하지는 않겠다는 것이었지요. 실제로, 일본군이 철수한다면 무사히 일본으로 돌아가도록 내버려둘 테지만 철수하기를 원치 않는다면 모두 살려두지 않을 것이라고 쓴 중국의 팻말이 노정 곳곳에 꽂혀 있었다고 합니다.

중국과 조선은 일본이 조선을 어지럽힌 7년 동안 수십만 명의 군사를 잃고 엄청난 군량을 소모했는데도 이길 가망이 없는 지경에 이르렀습니다. 도요토미 히데요시가 죽고서야 비로소 전쟁이 종식되었습니다. 그 후 중국은 여러 차례 조선의 왕에게 유시를 내렸습니다. 1601년에는 명의 병부兵部가 올린 〈경독조진칠사經督條陣七事〉를 조선의 왕으로 하여금 시행토록 했습니다. 거기에 이런 조목이 있었습니다. "기이한 재주를 가진 인물을 찾도록 할 것. 조선은 대대로 벼슬을 귀하게 여기고 노역을 천하게 여겨 기술자들에게 일체의 벼슬길을 막아버렸는데, 그 때문에 그들이 가끔 왜나 적국으로 달아나 조선의 우환거리가 되었다. 이에 마땅히 격식을 깨게 되더라도 그런 자들을 찾아 기용해야 할 것이다." 이런 조문을 보면 명나라가 조선의 인재 등용 문제에까지 개입했음을 알 수 있습니다.

들은 이야기입니다. 1730년에 청나라의 진륜형이 《해국견문록海國見聞錄》이라는 책을 편찬했는데 그 안에 〈사해총도四海總圖〉라는 지도가 들어 있다고 합니다. 세계 지도인데 포르투갈과 스페인을 구분해놓았고, 중국을 지도 한가운데 놓지 않았습니다. 그런데 중국을 '대청국大淸國'이라고 표시하고 일본을 '일본'이라고 표시한 반면 조선은 '고려'라고 해놓았습니다. 이때는 고려 시대가 아니라 조선 시대였는데 말입니다. 이렇게 조선과 고려를 구분 못한 것을 보면 당시 중국은 한반도를 한 나라의 영토가 아니라 그저 하나의 지역으로 여기고 있지 않았나 싶습니다. 1418년에 제작된 중국 지도 〈천하제번식공도天下諸番識貢圖〉에는 한반도가 '고려'로 표시되어 있습니다. 우연일까요? 일본은 '왜

노'라고 되어 있습니다. 1136년에 중국에서 제작된 〈화이도華夷圖〉라는 지도는 돌에 새겨졌는데 한반도가 명료하게 나타나 있지는 않습니다. 이보다 이른 시기인 1098~1100년에 간행된 〈고금화이구역총요도古今華夷區域總要圖〉 역시 한반도의 모습을 뚜렷이 보여주지 않습니다. 하지만 고려, 백제, 신라, 옥저라는 이름이 보입니다. 이때는 고려 시대였으니, 아마도 그 전 시대의 한반도를 나타낸 것으로 보입니다. 제대로 국명을 표기한 지도도 있습니다. 1775년 무렵 중국에서 활동한 예수회 선교사들이 제작한 〈여지전도輿地全圖〉라는 지도에는 '조선국'이라는 국명이 표시돼 있습니다.

8

청나라는 중국 역사에서 유례가 없을 정도로 역사 만들기의 극단적인 예를 보여줍니다. 어느 나라나 자랑스러운 역사는 현창하고 부끄러운 과거는 묻으려고 합니다. 그런데 청나라는 아예 무에서 유를 만들어냈습니다. 그야말로 역사를 창조한 것이지요. 청나라의 정체성은 만들어진 것입니다. 믿기지 않을지 모르겠으나, 제 말을 들어보시면 이해가 될 겁니다.

청나라는 만주족이 세웠다고 알려져 있었습니다. 하지만 1980년대에 와서 다른 설이 자리를 잡았습니다. 이 설에 따르면, 17세기에 실제로는 만주족이라는 종족이 존재하지 않았고 명나라의 동북 변경을 따라서 다양한 혈통과 문화 전통을 지닌 다양한 종족들이 있었을 뿐인데 이 중 꽤 많은 종족이 완전히 혹은 부분적으로 한족의 혈통을 갖고 있었습니다. 명나라를 이은 집단은 만주족이 아니라, 정복을 목적으로 의도적으로 만들어진 사람들의 조직이었다는 겁니다.

청의 시조라 할 수 있는 누르하치는 늘어나는 인구를 위해 문자를 만들었습니다. 1599년에 학자들에게 몽골 문자를 차용해 여진어를 표기하도록 명을 내렸고, 그리하여 후에 만주어라 불리게 되는 문자가 탄생했습니다. 이 문자는 표음문자였습니다. 한글이 1446년에 창제되었다고 하니 만주어보다 훨씬 앞선 인공 문자이자 표음 문자입니다.

본격적으로 만주족 만들기가 시작된 것은 청이 명을 정복한(1644) 이후입니다. 그리하여 1644년 이전에는 존재하지 않았던 만주족이 청나라 말기에는 만주족을 타도하자는 구호가 중국을 뒤덮을 정도로 진짜 같은 존재가 돼 있었습니다. 이렇게 보면 만주족 만들기는 성공한 것이라 할 수 있겠습니다. 놀라운 일이지요. 실제로는 만주족이라는 존재가 없었는데 사람들이 자꾸 만주족 운운하다 보니 만주족이란 게 진짜로 있는 것처럼 돼버린 것입니다. 게다가 독자적인 언어까지 만들어냈으니 정말 그럴싸하게 된 거지요. 이렇게 부자연스럽게 만들어진 인공 언어가 만주어이니 지금 소멸 위기에 처한 것도 자연스러운 일이라 하겠습니다.

청은 명과는 전혀 다른 나라였습니다. 영토는 두 배로 늘었고 다민족, 다종교의 나라였으니까요. 청나라의 통치자는 단순히 송나라나 명나라의 통치자와 같은 천자가 아니었습니다. 청나라의 황제는 중국 백성에게 천자인 동시에 몽골인에게는 칸 중의 칸이었고 티베트인에게는 차크라바르틴(전륜성왕轉輪聖王)이었던 것입니다.

아무리 열심히 역사를 만들어내고 나라의 정체성을 확립하기 위해 애써도 가끔은 외부의 힘에 의해 나라가 무너지기도 합니다. 외부의 힘이란 우선은 오랑캐의 침공입니다. 저도 뼈저리게 경험했습니다. 금나라의 침공 끝에 송의 휘종 황제가 금으로 끌려갔고 결국 그곳에서 최후를 맞이했습니다. 당시 송나라에 있었던 수운의상대水運儀象臺라는 시계가 송나라의 운명을 단적으로 보여줍니다.

당시 개봉의 황궁에 설치돼 있었던 수운의상대는 수력으로 작동하는 천문 시계였습니다. 1090년에 설치되었고 구조가 복잡했지요. 목탑의 높이는 12미터였고 꼭대기 단에 혼의가 있었습니다. 단 아래에는 시간을 알려주는 5층의 탑과 같은 구조물이 있었고 수많은 나무 인형들이 각각 다른 글씨가 적힌 판자를 가지고 번갈아 작은 창에 나타나 밤낮으로. 한 시간, 15분 등의 간격으로 시간을 알렸습니다. 그렇게 시각적으로 시간을 알렸을 뿐만 아니라 종을 울리고 징을 치고 북을 두드려 청각적으로도 시간을 알렸습니다. 이 시계를 여진인들이 전쟁에서 승리한 후 자기네 수도 북경으로 옮겨 갔습니다. 그곳에서 이 시계는 15톤짜리 고리 모양의 천의만 겨우 원래의 형태를 유지하다가 1195년에 강력한 폭풍우 속에서 번개를 맞았다고 합니다. 고리 모양의 천의는 보수되어 천문대에 설치되었는데, 금이 쫓겨난 후 몽골인들에 의해 발견되었습니다.

외부의 힘에는 오랑캐의 침공 말고 자연재해도 있습니다. 앞에서 언급한 적이 있는 담성현의 이야기입니다. 1668년 7월 25일에 큰 지진이 있었습니다. 1673년에 《담성현지郯城縣志》를 편찬한 풍가삼馮可參은 그 일에 대해, 마치 운명이 "우물에 빠진 사람에게 돌을 던지는 것" 같았다고 기록했습니다. 그 지진 이전에 이미 다른 재앙이 많았다는 말이겠지요.

실제로 그랬다고 합니다. 1640년에는 어마어마한 메뚜기 떼가 담성현에 날아들어 여름 가뭄을 견디고 살아남은 밀을 망쳐버렸습니다. 문과 창문을 닫아걸면 메뚜기 떼가 굴뚝으로 날아 들어왔는데 그 무게로 불이 꺼질 정도였다고 합니다. 그해 겨울에는 기근이 들어 이듬해 봄까지 계속되었습니다. 상황이 매우 심각해서, 가까운 가족이나 친지의 시체를 남이 먹게 하는 것보다는 차라리 자기가 먹고 며칠이라도 더 연명하는 게 낫다느니, 가족이 전부 죽는 것보다는 아버지나 형이나 남편을 먹고 한 사람이라도 살아남는 게 낫다느니 하는 말까지 나왔었다고 합니다. 그리고 시골에서는 절친한 친구들끼리도 더 이상 함께 들길을 걸을 수 없었다고 합니다. 상대방에게 잡아먹힐까 봐 서로 두려워했던 것이지요.

원과 명에도 극심한 자연재해가 닥쳤고 두 왕조는 심대한 곤경에 처했습니다. 어떤 원인에 의해서든 나라가 망하면 기존의 정체성은 흩어지고 후대에 후대의 관점에서 다시 정체성이 형성되는 법이지요.

9

이제 저에 대해 조금 더 이야기해보겠습니다. 별로 궁금하지 않으시겠지만 그래도 조금만 참아주시길 바랍니다. 의외의 소득이 있을지도 모르잖습니까. 제가 관직에 나아간 것은 1114년이었습니다. 아버지 덕에 저는 장사랑將仕郞으로 보임되어 통주通州로 가게 되었습니다. 음서蔭敍 덕분이었습니다. 한마디로, 과거 시험에 여러 번 낙방한 제가 집안 덕에 관직에 나아갈 수 있었던 거지요. 떳떳하지는 않았습니다.

송나라는 유교를 모든 것의 중심에 둔 나라로, 치열한 과거 시험을 통해 인재를 등용했습니다. 그러니 송나라에서는 과거에 합격해야 가슴을 펼 수 있었지요. 요컨대 송나라는 기본적으로 당나라처럼 가문이나 대토지 소유를 기반으로 한 귀족 문벌의 자제에게 의존하지 않았습니다. 그렇다고 해서 오직 과거만을 통해 인재를 선발한 것은 아니었고, 제 경우와 같은 추천에 의한 등용도 여전히 있었습니다. 전체적으로 보아 관리의 약 40퍼센트가 과거 합격자였는데 이는 당나라의 15퍼센트에 비해 괄목할 만한 수준이었습니다.

그런데 과거 응시자의 수에 비해 선발 인원이 너무 적었습니다. 첫 단계 시험인 해시解試는 초가을에 주급州級 지방관의 지휘 아래 치르는 향시鄕試였는데 1090년에 복주福州에서 3,000명이 응시해 겨우 40명만이 합격했습니다. 제가 과거에 합격하지 못한 것에 대해 핑계를 대려고 이런 말씀을 드리는 것이 아닙니다. 그만큼 과거에 합격하기 어려웠고 그만큼 합격자의 자긍심이 높았다는 것을 알려드리려는 것뿐입니다.

저는 태학에서 공부를 했습니다. 태학에서 공부하는 학생에게는 주州 단위의 시험을 면제받고 곧바로 성省 단위의 시험을 볼 수 있는 특권이 있었고 급료, 식사, 기숙사 공간이 제공되었습니다. 태학에 들어가면 총 500일을 공부해야 했지만, 혜택이 따르는 것은 틀림없었지요. 1104년에는 약 3,800명의 학생이 태학에 등록했던 것으로 기억합니다. 어쨌든 저는 18세에 태학에 입학해 공부했으나 과거에 여러 차례 낙방하고 말았습니다.

또한 저는 고려에 다녀온 후에는 모종의 사건에 연루되어 지주池州 영풍감永豐監의 책임자로 좌천되었고, 남경南京 홍경궁鴻慶宮의 제사를 담당하는 봉사를 지내기도 했습니다. 또 대주台州 숭도관崇道觀을 세 번 맡았습니다. 도교에 관심이 많았지요. 금의 침공으로 송이 남쪽으로 옮겨 간 후에는 신주信州의 익양弋陽에서 지냈고, 1151년에 역양歷陽으로 물러났다가 벼슬을 버리고 오문吳門에 머물렀습니다. 그리고 결국 병에 걸려 세상을 떠났지요. 남의 일처럼 말하고 있는데, 실제로 지금은 생전의 제가 남처럼 느껴지기도 합니다. 아주 오래전에 제가 잘 알았던 사람처럼 느껴지는 것입니다.

기억을 되살려보겠습니다. 저는 문장과 회화에 관심이 있었고 불교, 도교, 병가兵家, 의가醫家에도 열중했습니다. 뭐 그렇다고 도사가 되었다는 것은 아닙니다. 당시의 사대부들도 저와 별로 다르지 않았습니다. 서예, 음악, 불교, 도교에 대한 관심이 지대했으니까요. 물론 근본은 유학이었지만요. 저는 휘파람도 잘 불었습니다. 간간이 피리 반주에 맞추어 휘파람을 불기도 했는데, 멀리 퍼지는 휘파람 소리가 피리 소리보다 더 아름다워 마치 먼지가 날리고 장막이 움직이고 난새와 봉황이 떼를 지어 모여드는 듯했다는 과찬을 듣기도 했습니다. 부끄러운 이야기이지요. 저는 술은 좀 센 편이었습니다. 여럿이 함께 마실 때는 두 말을 마셔도 취하지 않았습니다. 손님과 대작할 때는 반드시 술잔을 가득 채워 먼저 마셨고, 술잔의 술을 절반은 마신 뒤에야 이야기가 바람처럼 피어올랐습니다. 술을 잘 마시는 것이 자랑거리야 되겠습니까. 그냥 제 취향이 그렇다는 겁니다.

이제 이야기를 마칠 때가 되었군요. 해가 나오려 하네요. 오늘은 날이 흐릴 모양입니다. 아침이 온 것 같기는 한데 빛이 약합니다. 뭔가 해결되지 않은 문제가 아직도 제 어깨를 누르고 있는 듯한 느낌입니다.

저는 장택단의 〈청명상하도清明上河圖〉란 그림을 보러 북경의 고궁 박물관에 자주 갑니다. 1120년경에 그려진 이 작품은 송나라 수도 개봉의 외곽 지역을 아주 상세하게 묘사하고 있습니다. 특히 사람들로 붐비는 다리의 풍경이 인상적입니다. 저는 생전에는 이 그림을 본 적이 없습니다만, 지금은 외로울 때면 박물관을 찾아가 밤새 이 그림을 봅니다. 죽은 자의 특권이지요. 밤새 박물관에 머물러 있어도 아무도 모릅니다. 밤에 보면 그림이 온전히 제 것이어서 더욱 좋습니다. 어두워도 괜찮습니다. 어둠 속에서도 아름답고 풍요로웠던 그 시절이 또렷이 떠오르기 때문입니다. 돌아가고픈 찬란한 시간들이 있었다는 것은 참으로 다행스러운 일입니다.

제3화

오하시 다리에
내리는 소나기

우타가와 히로시게, 〈오하시 다리에 내리는 소나기〉
1857년 | 도쿄 오타기념관 소장

비바람이 거세게 몰아치던 어느 날 밤이었습니다. 그날도 손님이 찾아왔습니다. 손님들이 비바람 때문에 여정을 늦추거나 하는 일은 좀처럼 없으니까요. 그림자처럼 젖지 않고 어디든 자유롭게 다닐 수 있으니 비바람이 특별히 방해가 되지는 않을 겁니다. 품위가 있어 보이는 이 손님의 눈에서는 침잠한 분위기가 느껴졌습니다. 생전에 많은 일을 겪었고 아직도 회한이 남아 있는 듯한 얼굴이었습니다. 다음은 이 손님에 대한 보고서입니다.

1

저는 사이온지 긴모치西園寺公望라고 합니다. 1940년에 죽었으니 죽은 지 그리 오래되었다고 할 수는 없겠군요. 어쨌든 아직 저승으로 가지 못하고 이승에서 서성이고 있습니다. 좀 더 일본을 보고 싶은 미련이 남아서 아직도 떠나지 못하고 있는 것 같습니다. 제 이야기를 들으시면 저의 미련을 조금이라도 이해하실 수 있을 겁니다. 도대체 이 나라를 어디로 끌고 가는 것이냐는 말을 마지막으로 남기고 저는 죽었습니다. 죽는 순간까지 일본의 앞날을 염려하며 안타까워

했던 것입니다. 아, 아직 제 소개도 변변히 하지 않았는데 이런 넋두리를 늘어놓다니 결례가 심했습니다. 부디 용서하시길 바랍니다.

제 소개를 좀 더 해보겠습니다. 저는 일본의 총리를 두 번 지냈습니다. 첫 번째 재임 기간은 제 나이 오십대 후반이던 1906년 초부터 약 2년 6개월간이었고 두 번째는 1911년부터 약 1년 3개월간이었습니다. 이렇게 말하니 제가 대단한 지위에 있었던 것처럼 보일지도 모르겠습니다. 뭐, 총리라는 직위가 대단하다고 할 수도 있겠지만, 저는 저 자신이 시대의 흐름과 잘 맞았다고는 생각하지 않습니다. 저는 항상 시대와 겉도는 듯한 느낌을 가지고 살았습니다. 그래서인지 제가 대단한 지위에 있었다는 게 실감이 나지 않습니다. 젊은 시절의 프랑스 유학을 계기로 제 마음속에 싹튼 자유주의가 저를 시대와 불화하게 만들었는지도 모르겠습니다.

제가 정치적으로 의미 있는 존재가 된 것은—제가 정녕 그런 존재였다면 말입니다—아마도 쇼와 천황이 내린 1926년의 특별한 칙어 때문일 겁니다. 제가 이 칙어에 의해 유일한 겐로元老로 인정받음으로써 총리 추천에 관여하게 되었던 것입니다. 이 권한은 저의 말년까지 계속되었는데, 유감스럽게도 저는 제가 마지막으로 추천한 인물에 대해서는 끝까지 후회하고 말았습니다. 그 사람은 고노에 후미마로인데 저의 추천을 받아 1937년과 1940년에 총리가 되었고, 1941년에도 총리가 되었습니다.

고노에는 1945년 12월 16일 새벽에 도쿄 스기나미 구 오기쿠보의 자택에서 자살했습니다. 황족은 피를 흘려서는 안 된다는 관습에 따라 청산가리 캡슐을 씹어 먹었습니다. 그가 자살을 택한 것은 미국이 자신을 전범자로 처리하려는 것에 대한 분노 때문이었을 겁니다. 그는 죽기 전에 간단한 성명서를 작성했는데, 거기서 중일전쟁과 관련된 자신의 잘못을 인정하면서도 자신은 미국과의 전쟁을 막으려고 최선을 다했는데 미국이 이제 자신을 전범 용의자로 취급하니 유감이라고 밝혔습니다. 그리고 히로히토 천황에 대한 섭섭함도 숨기지 않았습니다. 천황에게 사람들을 대할 때 시종여일하라고 전해달라 했으니까요. 패전 후 그는 자신이 미국과의 전쟁을 반대했다는 점과 내대신부內大臣府 고요가카리御用掛의 자격으로 헌법 개정에 참여한다는 점을 근거로 전범 혐의를 받지 않으리라는 자신감에 차 있었으나 이런 기대와 달리 전범 용의자로 소환당했습니다. 모든 희망이 무너졌다고 할 수 있겠지요.

특히 헌법 개정은 그가 자부심을 갖고 임한 일이었습니다. 맥아더가 헌법 개정에 대해 처음 발언한 것이 그와의 만남에서였기 때문입니다. 1945년 10월 4일 그와 맥아더가 두 번째로 만났을 때 말입니다. 도쿄 히비야의 제일빌딩에서 이루어진 이 만남에서 맥아더가 헌법을 개정할 필요가 있다고 말했습니다. 이 회담은 약속 시간보다 20분 늦게 시작되었는데 맥아더가 고노에를 일부러 기다리게 했다는 말이 돌기도 했습니다. 아마 이것은 사실이 아닐 겁니다. 이 만남 전의 첫 번째 만남은 9월 13일에 요코하마에서 있었습니다. 어쨌든 고노에는 패전 직후 매우 활발하게 움직이고 있었습니다.

그에 대해 좀 더 이야기해보겠습니다. 재미있는 구석이 많은 사람이거든요. 제가 후견인이었기에 잘 압니다. 당시에는 아무도 천황 앞에서 다리를 꼬고 앉지 않았습니다. 천황의 얼굴을 똑바로 쳐다보는 것도 어려워했지요. 하지만 그는 천황 앞에서 다리를 꼬고 앉았습니다. 그는 명문가 출신에 머리가 명석하고 족보상 천황보다 서열이 높고 나이까지 천황보다 열 살 많았습니다. 하지만 아무리 이런 배경이 있어도 그처럼 행동하는 사람은 없었습니다. 그는 천황을 동생 취급하며 천황에게 농담도 했으나 천황은 원래 유머가 없는 사람이라 당황하기 일쑤였지요. 하지만 천황은 그를 좋아하고 존경했습니다. 그의 자유분방한 생활 태도나 의복이 영국 왕세자를 연상시킨 것도 하나의 이유가 되었을 겁니다.

이렇게 말하면 조금 가벼운 인상을 줄 수도 있겠으나 사실 그는 가벼운 사람은 아니었습니다. 그는 일본 국민에게 잘 알려져 있었고 대단한 인기를 끌고 있었습니다. 약간 게을렀으나 여론에 민감했고 정열적이었으나 가끔 종잡을 수 없는 행동을 했고 항상 심한 우울증에 시달렸습니다. 큰 키에 건장한 체격, 배우 같은 훌륭한 용모. 하지만 그는 배우처럼 모든 사람을 즐겁게 하는 존재는 아니었습니다.

2

고노에는 대동아공영권이라는 개념을 처음 만든 사람이었습니다. 고노에가 지명한 외무대신 마쓰오카 요스케가 프랑스령 인도차이나와 네덜란드령 동인도제도를 점령하기 위해 대동아공영권을 표방하긴 했지만 사실 이 개념은 고노에의 작품이었던 것입니다. 고노에는 1938년 2월 22일에 '새 시대, 동아시아의 새 질서'라는 구호를 내걸기 시작했고 1940년 8월 1일에는 국가 정책의 개요를 내놓았습니다. 그가 총리일 때 중일전쟁이 발발한 것도 저에게 큰 실망을 안겨주었습니다. 고노에가 일본을 태평양전쟁으로 끌고 간 것은 아니지만, 대동아공영권을 주창함으로써 전쟁으로 가는 길을 놓은 것은 사실입니다. 군부의 우위가 확실해진 것도 그의 총리 재임 중의 일이었습니다.

그가 패전 후 맥아더가 원하는 헌법 개정에 일본 측 담당자로 초기에 참여했다는 것은 이미 말씀드렸습니다. 그의 죽음 후 헌법 개정은 매우 복잡한 과정을 거치게 됩니다. 개정 헌법은 1946년 10월 7일에 국회를 통과하는데 그 과정은 차차 말씀드리겠습니다. 그에 앞서 1905년 러일전쟁 후의 이야기를 조금 하겠습니다. 그 당시의 분위기를 알면 고노에를 조금 더 이해할 수 있을지도 모르기 때문입니다.

러일전쟁은 일본의 승리로 끝났지만 일본인들에게 전혀 만족감을 안겨주지 못했습니다. 개선하는 노기 장군을 맞아 성대한 대회가 열린 것을 보고 일본의 온 국민이 강대국 러시아를 상대로 승리를 거둔 것에 자부심을 느꼈으리라 추측할 수도 있겠지요. 하지만 실상을 들여다보면 생각이 달라질 겁니다. 오히려 승전이 부정적인 결과를 낳았다고 할 수 있을 정도입니다. 청일전쟁 때와는 달리 배상금이 전혀 없었던 겁니다. 전쟁에는 승리했지만 미국 등의 간섭으로 강화 조약에서 일본이 얻어낸 것은 거의 없다고 할 정도였습니다.

국민들의 실망은 이만저만이 아니었지요. 막대한 군비를 대느라 엄청난 고생을 했고 수만 명의 병사가 희생되었음에도 전쟁 후 살기는 더 어려워졌으니 강화 조약을 반대하는 대규모 시위가 잇달았습니다. 러일전쟁은 메이지 유신 이래 조성되었던 국가와 개인의 일체감에 균열을 가져왔습니다. 메이지 유신 이래 수십 년간 개인은 국가 개조를 위해 희생을 강요당했습니다. 그럼에도 불구하고 국가와 개인의 일체감으로 그에 따른 피로를 이겨왔는데 이제 피로가 한계에 이른 것이었지요.

제가 처음 총리가 된 것이 1906년 1월입니다. 아마 그때 저를 총리에 임명한 건 이런 반발을 조금이라도 무마하기 위해서였을 겁니다. 제게는 유해 보이는 이미지가 있었을 테니까요. 저는 2월에 사회당 창당을 허용함으로써 조금이라도 분위기를 쇄신해보려 애썼습니다. 하지만 시대의 흐름을 막을 수는 없었습니다. 국가와 개인의 일체감이 해이해짐에 따라 한쪽에서는 개인을 강조하는 흐름이 생겨났고 다른 한쪽에서는 국가에 중심을 두어야 한다는 흐름이 생겨났습니다.

그로부터 40년이 흐른 후 일본은 패전국이 됩니다. 길다면 긴 시간인 40년이 쏜살같이 흘러가 버리고 일본은 또다시 참담한 상황에 처하게 된 것입니다. 돌이켜 생각해보면 일본은 러일전쟁에서 충분히 배상받지 못한 것을 조선, 만주를 차지함으로써 보상받으려 했던 것 같습니다. 그리고 그것이 중일전쟁의 원인 중 하나가 되지 않았을까 생각합니다.

들은 이야기입니다. 러일전쟁 후 일본에서는 미래에 대한 비관적인 견해가 나왔습니다. 일본이 무리를 하고 있다고 본 것이지요. 그런 상황에서는 일본인 모두가 신경쇠약에 걸릴 수밖에 없습니다. 나쓰메 소세키가 1909년에 발표한 소설 《그 후》에 다음과 같은 말이 나옵니다. "일본은 서양에 빚을 지지 않고서는 도저히 그 명맥을 이어나갈 수 없는 나라란 말일세. 그러면서도 선진국임을 자처하며 어떻게 해서든지 그 대열에 끼어들려 하고 있어. 그렇기 때문에 주위의 사소한 것들은 저버린 채 선진국으로 발전하기 위해 안간힘을 써온 건데, 그게 다 억지로 확장한 것이어서 더욱 딱한 노릇이지. 《이솝 우화》에 나오는 소와 싸우는 개구리와 같은 격이지 뭔가. 자네, 이제는 배가 갈라질 걸세. 그 영향이 우리 개개인에게 미칠 테니 똑바로 보게나. 이렇듯 서양의 압박 하에 있는 우리 국민들이기에 마음의 여유가 없고 혹사당하다 보니 너나없이 신경이 쇠약해질 수밖에." 지금 보니 더 실감 나는 말이군요. 또 그는 일본이 온통 암흑이라고 말했습니다. 이 소설은 당시 《아사히신문朝日新聞》에 인기리에 연재되며 많은 관심을 끌었습니다. 이 손님도 아마 그 소설을 알고 있었을 겁니다. 하지만 그 소설가에 대해서 나약한 도련님에 불과하다고 여겼을지도 모르겠습니다.

나쓰메 소세키는 실제로 신경쇠약으로 큰 고통을 겪었습니다. 영국 런던 체류 중에 시작된 것으로 보이는데 죽을 때까지 거기서 벗어나지 못했습니다. 그의 사인은 위궤양에 의한 내출혈로, 신경쇠약에서 비롯되었다고 합니다. 그렇다면 시대의 병이 개인의 병이 되어 개인을 죽음으로 이끈 셈인가요? 하지만 그런 시대에도 무딘 신경으로 뻔뻔하게 자신의 이익만을 위해 산 사람들이 많이 있었겠지요. 시대에 민감해 시대의 고통을 온몸으로 느낄 수밖에 없는 지식인이 불쌍하다고 해야 할까요?

그리고 1900년대 초의 일본에 대해 들은 이야기가 하나 더 있습니다. 청일전쟁, 러일전쟁이 일본의 자부심을 드높인 것도 사실이지만 이 시기에 들어서 국가적인 피로감이 있었던 것도 사실이라고 합니다. 메이지 유신으로 시작된 40여 년에 걸친 국가 급조는 피로감을 낳을 만도 했습니다. 그리고 당시 작가들의 생활은 매우 불안정했습니다. 많은 대작을 쓴 나쓰메 소세키조차 안락함과는 거리가 먼 생활을 했으니까요. 실제로 굶어 죽은 작가도 있었습니다. 소설가 사이토 로쿠우는 이런 말을 남겼습니다. "붓은 하나 젓가락은 둘, 중과부적이다."

3

여기서 조선에 관해 잠깐 이야기하고 싶군요. 제가 총리에서 물러나고 두 번째로 총리가 되기 전인 1909년에 이토 히로부미 저격 사건이 일어났습니다. 이토는 초대 총리를 지내고 그 후에도 몇 차례 총리에 오른 겐로였기에 충격은 상당했습니다. 조선인 청년 안중근의 소행으로 밝혀졌지요.

그런데 떠도는 재미있는 이야기가 있습니다. 1905년 섣달그믐 오후에 도쿄 신바시 역의 혼잡한 중앙 광장에서 안중근을 포함한 다수의 역사적 인물들이 자신들도 모르게 한자리에 모였었다고 합니다. 나쓰메 소세키가 이곳에서 한 청년과 부딪쳤고 그 청년이 갖고 있던 책들이 바닥으로 떨어졌습니다. 이때 젊은 군인이 이 책들을 주워주었습니다. 나쓰메가 부딪친 청년은 몇 년 후 이토를 저격한 안중근이었고, 책을 주워준 군인은 후에 일본 총리를 지내고 패전 후에는 A급 전범으로 처형된 도조 히데키였습니다. 믿을 만한 얘기인지는 모르겠습니다만 어쨌든 이런 얘기를 들은 적이 있습니다.

안중근은 왜 이토 히로부미를 저격했을까요? 저격은 1909년 10월에 일어났는데 조선은 이때 일본에 병합된 상태는 아니었습니다. 일본의 보호국이라는 지위에 있었지요. 하지만 실질적으로는 그때 이미 일본이 조선을 지배하고 있었습니다. 이는 이 사건이 일어난 뒤 조선이 취한 태도만 봐도 알 수 있습니다. 당시 조선은 이 사건을 표면적으로는 매우 신중하게 다루었던 것으로 보입니다. 기쁨을 겉으로 드러내지 않고 내심을 억지로 감추려 하는 분위기였다는데, 불안과 비관도 동시에 존재했던 것으로 보입니다. 조선은 이토의 국장일에 서울 시내 민가의 반기 게양을 명하고 전국 공사립학교에 일제 휴교령을 내렸습니다. 일본과 하나 된 모습을 보인 것이지요. 새벽 시장이나 노래도 금지했으니 분위기가 짐작됩니다.

이처럼 일본이 실질적으로 조선을 지배하고 있었던 만큼 안중근은 조선의 독립을 촉구하기 위해 이토를 저격했다고 생각할 수 있습니다. 이런 의도는 공판 과정에서 그가 한 진술로 어느 정도 드러났습니다. 그는 목적을 묻는 재판장에게 다음과 같이 말했다고 합니다. "이토는 일본에서도 제일의 인물로서 한국에 통감으로 왔으나 나는 지금 말한 두 가지 조약을 체결한 것은 일본 천황의 뜻이 아니라고 생각했다. 따라서 이토는 일본 천황을 속이고 또 한국인을 속인 것이므로 나는 한국의 독립을 위해서는 이토를 없애지 않으면 안 된다고 생각하고 7개조의 조약이 성립될 당시부터 살해할 생각을 했다."

여기서 두 가지 조약이란 1905년의 을사조약과 1907년의 정미7조약을 말합니다. 한데 이상한 점이 있습니다. 왜 안중근은 이토가 일본 천황을 속였다고 생각했을까요? 그의 진술을 보면 천황은 아무런 잘못이 없고 이토가 속였다고 돼 있으니 말입니다. 조선인인 그가 왜 일본 천황 생각을 했을까요? 이 점이 이해가 되지 않습니다.

사실 이 당시 천황은 아무런 권력이 없었습니다. 그렇다면 안중근의 이런 발언이 우연이나 실수일까요? 아닙니다. 그는 이어진 공판에서도 같은 취지의 말을 합니다. 일본 천황의 뜻은 한국의 독립을 공고히 하고 동양의 평화를 유지하는 것인데 이토가 통감으로 한국에 와서 취한 방식이 이에 반하는 것이어서 한일 양국이 지금도 싸우고 있는 것이라고 말한 겁니다.

이런 발언을 보면 뭔가 오해가 있었던 게 아닌가 싶습니다. 그는 이토가 한국과 일본의 역적이라면서, 자신은 일본의 4,000만 인민과 한국의 2,000만 동포를 위해, 또 한국 황제 폐하와 일본 천황에게 충의를 다하기 위해 이번 거사를 감행한 것이라고 말합니다. 참으로 이해하기 힘들군요. 그가 일본 인민과 일본 천황을 위해 저격을 했다니요.

당시 조선과 만주는 일본에서 국명이 아니라 지명으로 인식되었습니다. 일본인들은 조선과 만주를 나라가 아니라 지역으로 여겼던 것이지요. 러일전쟁의 승리에도 불구하고 얻은 것이 거의 없었던 일본은 조선과 만주라는 땅을 차지하는 것을 당연한 일로 여겼습니다. 따라서 다른 나라를 침략한다는 의식은 별로 없었습니다. 그저 다른 지역으로 진입한다고 생각했던 것이지요.

이런 의식에는 역사적 배경이 있습니다. 전통적으로 일본인에게 외국은 중국과 인도 두 나라뿐이었습니다. 중국에서 문화가 건너왔고 인도에서 불교가 생겨났기 때문입니다. 그랬다가 에도 시대에 포르투갈, 네덜란드와 제한적으로 접촉하게 되면서 이 두 나라가 외국의 명단에 추가되었습니다. 지금으로서는 믿기 어려운 일이지만 사실입니다.

저보다 불과 14년 정도 앞서 태어난 후쿠자와 유키치도 예외는 아니었습니다. 그는 네덜란드어를 하면 모든 서양인과 통할 수 있다고 믿었고, 요코하마에 들어온 미국 함선에 몰래 숨어들어 네덜란드어로 대화를 시도했다가 실패하고 말았습니다. 영어라는 게 있다는 것을 알게 된 그는 열심히 영어를 공부해 결국 영어 사전까지 내게 됩니다. 이 정도가 일본의 세계 인식 수준이었던 겁니다. 당시 일본은 밖의 사정에는 어두운 변방에 지나지 않았던 것이지요.

들은 이야기입니다. 1920년에 나온 일본 작가 기노시타 모쿠타로의 〈조선풍물기〉는 3주에 걸친 그의 조선 여행을 기록한 것인데, 만주를 통해 조선으로 갔던 그는 그 글에서 만주와 조선을 다음과 같이 비교합니다. "특히 내가 재미있다고 생각한 것은 그들은 어떠한 경우에도 자신의 위엄을 내보이려는 말과 행동을 한다는 점입니다. 그들은 항상 자신이 타인과는 다르다고 의식하는 것처럼 보였습니다. 그렇기 때문에 상대해보면 친근한 감정을 바로 느낄 수는 없었습니다. 이와는 반대로 중국인들과는 금방 속내를 털어놓을 수가 있었습니다." 그는 조선인이 자존심이 세고 경계심이 많다고 여긴 것 같습니다.

그런데 흥미로운 것은 조선의 예술에 관한 다음의 언급입니다. "현재 그들은—이씨 조선을 말함—예술이라는 것을 가지고 있지 않습니다. 아마 문학도 없을 겁니다. 무엇보다도 사상을 근원으로 삼는 문학이 그들 안에서 꽃필 리가 없습니다. 문학이 꽃필 수 있는 정치적, 사회적 위치에 그들은 놓여 있지 않습니다. 그래서 지금 조형 예술도 없고, 또 앞으로도 생겨나지 않을 겁니다." 이런 견해는 어처구니가 없습니다. 적어도 제가 보기에는 그렇습니다. 제가 여기 교토 역 관광안내소의 야간 책임자로 있는 동안 많은 손님들이 다녀갔습니다. 그중 꽤 많은 손님들이 조선에 대해 이야기했으나 이와 비슷한 말을 한 적은 없었습니다.

기노시타가 이런 식으로 말한 데는 아마도 다른 이유가 있지 않았을까 싶습니다. 혹, 당시에 철학에 대한 관심이 높았던 일본의 분위기에 부응해 그가 철학을 매우 중시한 탓이 아니었을까요? 일본에서는 철학 열풍이 거센데 조선에는 그런 것이 없다, 철학은 곧 사상인데, 사상이 없으니 어떻게 문학 작품이 나오겠는가 하는 생각을 했던 게 아닐까요? 아쿠타가와 류노스케가 당시 일본의 일류 고등학교였던 일고 —高의 학생들이 칸트보다 더 철학적이라고 말할 정도로 철학 열풍이 대단했던 당시의 일본에 비하면 조선은 철학에 관심이 없어 보였던 것이지요. 특히 서양 철학에 관심이 없어 보였던 게 아닐까 합니다.

아쿠타가와 류노스케 이야기가 나왔으니 그의 〈김 장군〉이라는 소설을 언급하고 싶군요. 1924년에 발표된 소설인데, 임진란 때 일본의 선봉에 섰던 가토 기요마사와 고니시 유키나가가 주인공입니다. 거기에 이런 구절이 있습니다. "그러나 역사를 꾸미는 것은 반드시 조선만은 아니다. 일본 역시 어린이에게 가르치는 역사는, —혹은 어린아이와 다를 바 없는 일본 남아에게 가르치는 역사는 이런 전설로 가득차 있다. 예를 들면 일본의 역사 교과서는 이러한 패전의 기사를 한 번도 실은 적이 없지 않은가?" 아쿠타가와는 《일본서기日本書紀》에 나오는 당나라와의 전투에서 일본이 처절하게 패한 적이 있었다고 말하고 "어떠한 나라의 역사도 그 국민에게는 반드시 영광 있는 역사이다. 특별히 김 장군의 전설만 일소—笑할 가치가 있는 것은 아니다"라고 덧붙입니다.

요즘에 일본에서 다시 역사를 꾸미고 있다더군요. 자학 사관을 버리고 아름다운 일본, 자랑스러운 일본을 근간으로 하는 역사 교과서를 만든다는 겁니다. 거의 90년 전에 아쿠타가와가 말한 그대로입니다. 그렇다면 옛날의 일본과 지금의 일본이 비슷한 상황에 있다는 건가요? 나쓰메가 말한 대로, 과거에 일본은 선진국을 따라잡고 싶은데 선진국의 도움 없이는 안 되기 때문에 신경쇠약에 걸렸던 것일까요? 오늘날 일본은 자부심을 가짐으로써 신경쇠약을 이기기 위해 자국의 역사를 자랑스러운 역사로 꾸미고 있는 것일까요? 오늘날 선진국이라 불리게 되었지만 내부적으로는 무력감과 경기 침체에 직면해 있는 일본이 역사를 자랑스럽게 꾸며서 곤경을 돌파해보고 싶은 것일까요? 하지만 이런 시도는 참혹한 패전으로 끝났다는 것을 잊어서는 안 되겠지요. 신경쇠약에서 벗어나려다 파멸을 맞이할 수도 있다는 것을 가까운 역사가 보여주고 있습니다.

4

일본은 역사적으로 다른 나라의 지배를 받아본 적이 없습니다. 원나라의 침공이 있었지만 해안에서 패퇴하는 것으로 끝나 큰 피해를 남기지 않았습니다. 일본은 언제나 일본이었던 것이지요. 일본에게 외국은 저 멀리에 있는 것, 개념에 가까운 것이었다고 하는 게 옳겠습니다. 그런데 패전 후에 일본에 외국인이 들어왔습니다. 그것도 점령군으로서 지배하러 온 것이었습니다. 일본 사람들은 이 낯선 상황을 어떻게 받아들여야 할지 몰랐습니다. 글자 그대로 낯설었으니까요.

　이런 맥락에서 패전 후 맥아더의 등장은 일본인에게 두려움을 주기에 충분했습니다. 사진 속의 맥아더는 매우 키가 크고 덩치도 큽니다. 물론 저는 종전 전에 죽었기 때문에 실제로 그를 볼 기회는 없었습니다. 제가 살아 있었다면 저도 전범 재판에 넘겨졌을까요? 고노에의 경우를 보니 저도 안심할 수는 없었을 것 같습니다.

　말씀드린 것처럼 맥아더는 일본에 새로운 헌법을 요구했습니다. 그런데 새로운 헌법을 요구했다는 이 말의 의미를 정확히 해야 합니다. 맥아더가 요구한 것은 헌법 제정이 아니라 헌법 개정이었습니다. 저는 이 점을 아주 주의 깊게 보았습니다. 미국이 원하는 것은 무엇인가? 일본은 앞으로 어떻게 해야 하는가? 이 두 가지가 제 관심사였습니다. 제가 죽을 무렵 미국과의 전쟁이 코앞에 닥쳐 있었기에 저는 정말 근심이 컸습니다. 저는 유럽에 대해 잘 알았고 미국에 대해서도 알고 있었습니다. 하지만 점령군으로서의 미국에 대해서는 아는 바가 없었고 점령하의 일본에 관한 그림도 떠오르지 않았습니다.

　맥아더는 헌법 개정을 요구했습니다. 메이지 헌법은 일본 역사에서 처음으로 제정된 헌법이었습니다. 그 전에는 일본에 헌법이 존재하지 않았지요. 패전으로 인해 메이지 헌법이 휴지 조각이 되지 않을까 생각했는데, 헌법 제정이 아니라 개정이라면 일본을 유지할 희망이 보이는 것 아니겠습니까? 미군은 일본에 진주한 후에 군정을 실시하지 않았습니다. 총리는 자리를 유지했고 국회도 중단되지 않았으며 천황도 제자리에 있었습니다. 저는 일단 안심했지요. 사실,

국회가 해산되고 천황이 쫓겨나고 일본 군인들이 체포된다 해도 전혀 이상한 일이 아니었습니다. 패전의 당연한 대가로 여겨졌겠지요.

저는 처음에는 미국의 정책을 잘 간파하지 못했으나 나중에 보니 꽤 오래전부터 준비된 것이 아닐까 하는 생각이 들었습니다. 루스 베네딕트라는 미국인이 문화인류학적 관점에서 일본 문화를 연구한 《국화와 칼》이란 책도 그런 의심을 하게 만들었습니다. 이 책은 미국의 일본 진주 다음 해인 1946에 출간되었습니다. 하지만 이 책의 집필 작업은 미국 국무부의 요청으로 1944년부터 시작되었습니다. 학문적 목적에서가 아니라 정부의 요청에 의해 집필되었다는 게 중요합니다. 의도를 갖고 있는 책이라는 뜻이지요. 게다가 저자는 한번도 일본에 와본 적이 없었습니다. 물론 어떤 지역에 꼭 가봐야 그 지역에 대한 책을 쓸 수 있는 것은 아니지만, 보통 문화인류학자들은 그 지역을 방문하지요.

이 책은 국무부가 널리 알리고 싶어 한 것을 광고하기 위해서 집필된 것으로 짐작됩니다. 내용을 보면 미국의 일본 점령 정책의 기조와 상통하기 때문입니다. 이 책이 일본 문화에서 천황이라는 존재가 차지하는 중요성에 주목했듯이 미국은 일본의 천황제 유지를 택한 것입니다.

들은 이야기입니다. 일본인이 처음 서양에 발을 들여놓은 것은 1613년이라고 합니다. 지금의 센다이를 다스리던 다테 마사무네가 하세쿠라 쓰네나가를 단장으로 한 사절단을 로마에 보낸 것입니다. 이 일본 최초의 유럽 사절단은 센다이에서 출항해 태평양을 건너 멕시코를 경유하고 다시 대서양을 건너 에스파냐를 경유한 끝에 로마에 도착했으며, 에스파냐 국왕과 교황을 차례로 알현했다고 합니다.

5

이쯤에서 천황제 문제를 짚어봐야 하겠습니다. 천황제를 유지시킬 것인가 말 것인가는 패전 후 일본 헌법 개정에서 가장 중요한 문제 중 하나였습니다. 결론부터 말하자면, 맥아더는 일본이 천황제를 유지하게 해주었고, 그 대가로 일본의 전쟁 포기와 미군의 오키나와 점령을 얻어냈습니다. 다시 말해서 일본에 천황제를 유지시키고 일본을 전쟁을 하지 않는 나라로 만드는 동시에 미국이 오키나와를 지배하게 된 것이지요. 오키나와를 무장시키고 일본 본토는 비무장으로 만들어 영구히 일본을 지배하겠다는 것이 맥아더의 의도이자 미국의 의도였던 것으로 보입니다.

미국이 왜 천황을 전범 재판에 회부하지 않았겠습니까? 왜 천황제를 없애고 대통령제를 택하게 하지 않았겠습니까? 일본에 대한 미국의 영구 지배를 위해서는 천황제가 필요했던 겁니다. 그런데 필요에 의해 천황제를 유지시키자면 천황이 원래부터 일본 문화의 중심에 있었던 중요한 존재인 것처럼 포장할 필요가 있었습니다. 《국화와 칼》은 그 임무를 아주 훌륭히 수행했습니다.

저는 일본의 겐로였고 황족이었습니다. 누구보다 천황 가까이 있었고, 천황제가 근대 일본의 성립에 어떻게 쓰였는지 잘 알고 있습니다. 그 이야기를 하기 전에 패전 직후인 1946년에 나온 천황제에 대한 비판을 잠깐 언급하겠습니다. 사회당 논객으로 알려진 가토 간주는 한 잡지에서, 천황제가 역사적 소산일 뿐 절대적인 것이 아님은 역사가 여실히 증명한다고 밝혔습니다. 그리고 소설가 사카구치 안고는 같은 해에 발표된 〈타락론〉에서, 천황제 자체는 진리가 아니고 자연스럽지도 않지만 그것에 이르는 역사적 발전이나 통찰에 있어 가볍게 부정해버리기 힘든 심각한 의미를 내포하고 있으며, 표면적인 진리나 자연 법칙만으로는 그 의미를 판정하기 어렵다고 썼습니다. 정확히 무슨 뜻인지는 모르겠지만, 천황제는 역사적 산물이나 그것의 의미는 무겁다는 말이 아닐까 합니다.

이런 어려운 이야기 말고 제가 겪은 천황에 대해 말해보겠습니다. 천황은 옛날부터 교토에 살았습니다. 그런데 메이지 원년인 1868년 가을에 교토를 떠나 도쿄로 오게 되었습니다. 자의에 의한 것은 아니었습니다. 거의 3주에 걸친 여행 끝에 도쿄에 도착했는데, 이때만 해도 천황은 교토로 돌아갈 것으로 믿었다고 합니다. 그러나 천황은 도호쿠 지방의 전란으로 인해 잠시 교토로 돌아갔다 다시 도쿄로 왔습니다. 그것이 1871년이었습니다. 그 후 천황은 다시는 교토로 돌아가지 못했습니다. 저는 교토 태생인데, 1870년에 프랑스 소르본 대학으로 유학을 떠났다가 1880년에 귀국했기 때문에 그간에 있었던 변화에 대해서는 후일에 들었을 뿐입니다.

천황은 에도 시대 250여 년간 아무 권력도 없는 잊힌 존재였습니다. 하지만 메이지 시대에 들어와 이토 히로부미가 헌법을 제정하면서 국가의 전면에 등장하게 되었습니다. 천황은 서양의 기독교 신과 같은 면모를 부여받게 되었고 국가의 중심이 되었습니다. 이런 맥락에서 천황제가 역사적 산물이라는 말은 옳습니다.

들은 이야기입니다. 어떤 학자에 따르면 천황이라는 명칭은 '천자'와 '황제'의 합성어이며, 결국 천황은 천자와 황제가 합쳐진 존재이기 때문에 요지부동의 절대적 권력을 갖는다고 합니다. 천자는 중국에서 사용하는 말로 하늘을 대신하는 통치자라는 의미인데, 아무리 천자라도 민심에 어긋나는 정치를 하면 갈아치울 수 있었다는군요. 그리고 황제는 지상의 통치에서 절대적 권력을 갖는 자를 말합니다. 따라서 이 둘을 합친 천황은 하늘을 대신하는 절대적 존재, 갈아치울 수 없는 존재가 된다는 겁니다. 천자라면 갈아치울 수 있는데 천황은 안 된다는 것이지요.

오랫동안 잊혔다가 메이지 시대에 국가의 전면에 등장하게 된 천황은 대중에게 낯선 존재였습니다. 250여 년에 걸친 에도 시대에 쇼군將軍의 지배가 계속되면서 천황은 실권을 잃고 교토에 살고 있었으니 그런 천황을 대중이 기억하기는 쉽지 않았겠지요. 그래서 메이지 천황은 대중에게 천황의 존재를 각인시키기 위해서 자주 대중 앞에 모습을 드러냈습니다.

한번은 이런 일도 있었습니다. 1890년이었을 겁니다. 스펜서라는 영국인이 요코하마와 도쿄에서 곡예 공연을 했는데 도쿄에서의 첫 번째 공연에는 천황도 참석했습니다. 그런데 낙하산을 타고 기구에서 뛰어내린 스펜서가 하마터면 천황이 앉아 있는 텐트로 떨어질 뻔했습니다. 천황이 하늘처럼 높은 곳에 앉아 밑을 내려다보며 관람하는 시대가 아직은 오지 않았던 겁니다. 천황은 때때로 대중 계몽에 동원되기도 했습니다. 대중이 고기를 먹도록 하기 위해 천황이 소고기를 먹는 사진이 신문에 실린 것이지요. 일본은 전통적으로 고기를 먹는 습관이 없었습니다. 불교의 영향으로 살생을 금했기 때문인데 천황이 소고기를 먹는 모습을 보여준 것이었습니다. 천황은 이런 식으로 대중에게 각인되면서 점점 더 신과 같은 지위에 이르게 됩니다. 이런 의미에서 천황제는 역사의 산물일 뿐 진리도 아니고 자연스러운 것도 아닙니다. 천황의 정체성은 역사에 의해 만들어진 것입니다.

일본다운 것이 있다고 일본인들은 생각합니다. 저도 그런 생각을 한 적이 있습니다. 겉모습은 달라질지 몰라도 그럼에도 불구하고 변하지 않는 일본다운 것이 있다고요. 그 일본다움을 상징하는 것이 바로 천황이라고도 말합니다. 그렇다면 천황제를 유지하는 것이 일본다움을 유지하는 것이고 일본의 정체성을 유지하는 것이 됩니다. 이런 맥락에서, 패전 후 미군에 의해 헌법 개정을 강요당한 일본은 천황제를 더 이상 유지하지 못하게 될까 봐 우려했습니다.

물론 천황제를 부인하고 공화주의를 주장한 사람도 없지는 않았습니다. 다카노 이와사부로가 대표적인데, 그는 1946년 한 잡지에 기고한 〈사로잡힌 민중〉이란 글에서 민주주의를 주장했습니다. 국민 대다수가 여전히 민주주의의 진의를 알지 못하고 일종의 미신적 우상 숭배의 마음을 고집하는 것은 기이하고 이해하기 어려운 일이라면서, 사로잡힌 민중이라고 소리 지르지 않을 수 없다고 했습니다. 천황제를 일종의 미신이자 우상 숭배로 본 것이지요. 1871년생으로 천황제가 확립되기 전에 성장한 그에게는 민주주의가 당연한 것이었고, 메이지 말기부터 패전에 이르기까지의 천황제야말로 이상한 것이었습니다. 물론 그보다 이른 1849년에 태어났는데도 천황제를 지지한 사람도 있었습니다. 바로 접니다.

어쨌든 천황제에 대해 비판적인 사람들도 적지 않았기에 맥아더가 천황제를 폐지했더라도 의외로 저항은 적었을 겁니다. 그런데 다카노는 그 후 얼마 되지 않아 NHK의 회장으로 취임했고 1949년 4월에 세상을 떠났습니다. 자신의 주장과는 다르게 천황제 체제에 순응했다고 해야 할까요?

들은 이야기입니다. 메이지 천황은 1912년 7월에 죽음을 맞이했는데 러일전쟁의 영웅 노기 장군은 그 뒤를 따라 자살했습니다. 메이지 천황의 시대가 끝난 것은 자신의 인생이 끝난 것과 마찬가지라는 게 자살의 이유였다고 합니다. 나쓰메 소세키도 1914년에 발표한 소설 《마음》에서 메이지 천황의 죽음에 대한 소회를 밝혔습니다. "그러던 중 한여름에 메이지 천황이 서거했습니다. 그때 나는 메이지의 정신이 천황으로 시작되어 천황으로 끝났다는 생각이 들었습니다. 메이지의 영향을 가장 많이 받은 우리 세대가 그가 없는 이 세상에 살아 있다는 것이 부끄럽게 생각되기도 했습니다. 나는 그런 내 심정을 아내에게 그대로 말했습니다. 그러자 아내는 웃기만 하고 아무 말도 하지 않다가 갑자기 무슨 생각이 났는지 그러면 순사殉死라도 하지 그러느냐며 나를 놀렸습니다."

노기 장군은 실제로 순사를 한 셈입니다. 어차피 땅에 함께 묻힐 수는 없으니 스스로 따라 죽은 것을 순사라고 해도 무방하겠지요. 그 옛날 중국에서는 실제로 가신을 함께 묻는 순사 풍속이 꽤 오랫동안 유지되었다고 합니다. 공자 시대에도 존속했다는 말을 들은 적이 있습니다. 어쨌든 천황과 함께 한 시대가 끝난다는 감상은 이때만 있었던 것은 아닌 듯합니다. 뒤를 이은 쇼와 천황이 1989년 죽었을 때도 역시 그런 감상이 있었습니다. 그만큼 천황과 국민의 정서적 유대감이 컸던 것이지요. 천황제 도입은 성공적으로 보이는군요. 19세기 후반에 도입된 천황제가 한 세기도 지나지 않아 성공적으로 정착한 것입니다.

6

맥아더는 천황제를 유지하기로 했는데 문제는 방법이었습니다. 그 방법은 미국의 '국무부·육군부·해군부 3부 조정위원회SWNCC'에서 보내온 〈일본 통치 체제의 개혁〉이라는 문서에 담겨 있었습니다.

이 문서는 일본 헌법의 원액原液이라는 평가를 받을 정도로 구속력 있는 문서였습니다. 물론 맥아더도 이를 따랐습니다.

거기에는 다음과 같은 내용이 포함돼 있었다고 합니다. "최고 사령관이 앞에서 열거한 개혁들의 실시를 일본 정부에 명령하는 것은 최후의 수단으로서 한정되지 않으면 안 된다. 왜냐하면 위의 개혁들이 연합국에 의해 강요된 것이라는 사실을 일본 국민이 알게 되면 일본 국민이 장래에라도 그것들을 받아들이고 지지할 가능성이 현저하게 옅어질 것이기 때문이다." 매우 명료한 지침입니다. 왜 헌법 제정이 아니라 헌법 개정인지를 이처럼 명료하게 보여주는 것도 없을 겁니다. 일본인의 지지를 이끌어낼 수 있도록 일본인에 의한 개정으로 처리해야 했던 것입니다. 물론 이 방법은 성공을 거둡니다. 일본 국회에서 헌법 개정안이 통과되었고 미국이 전면에 나서는 모양새는 아니었으니까요.

하지만 실질적으로는 모두가 미국이 주도한 일이었지요.〈일본 통치 체제의 개혁〉이라는 문서를 받고 맥아더가 취한 첫 번째 중요한 결정은 천황을 전범에서 제외하는 것이었습니다. 또한 연합군 총사령부는 1946년 2월 5일부터 실질적인 작업에 착수해 일주일 만에 헌법 개정안 초안을 만들었습니다. 실로 살인적인 작업이었겠지요. 제일빌딩 맨 위층에 간이식당이 있었는데, 그 작업에 참여한 사람들은 거기에서 샌드위치를 선 채로 먹었습니다. 그들은 밤을 새워 초안 작성 작업을 했습니다. 그리고 동틀 녘에 숙소에 돌아와 샤워를 하고 한 시간 정도 선잠을 잔 후 아침 8시에 다시 모여 또 작업을 했습니다.

여기에 참여한 운영위원 세 명의 이력을 보면 당시에 군인이기는
했지만 모두 변호사 경험이 있는 법률가였습니다. 찰스 케이디스 육
군 대령은 40세로 하버드 대학 로스쿨을 나왔고, 앨프리드 허시 육
군 중령은 44세로 버지니아 대학 로스쿨을 나왔으며, 마일로 라우엘
육군 중령은 42세로 스탠퍼드 대학 로스쿨 출신이었습니다. 쟁쟁한
경력을 가진 전문가들이 초안 작성을 주도한 것입니다. 의도도 명확
했고 절차도 제대로 지켜졌습니다.

여기서 헌법 개정안이 만들어져 국회를 통과하기까지의 상황을
간략하게 짚어볼 필요가 있습니다. 그래야 어떤 과정을 통해 미국이
자신이 만든 개정안을 관철시켰는지를 알 수 있기 때문입니다. 일본
에 천황제를 유지시키는 대신에 일본의 전쟁 포기와 미국의 오키나
와 점령을 이끌어내 미국이 영구히 일본을 지배할 수 있게 되는 것
이 미국의 목표였음을 다시 한 번 상기할 필요가 있습니다.

1945년 8월 15일 천황이 전쟁 종결 조서를 발포하고서 이틀 후에
히가시쿠니노미야 나루히코 내각이 성립되었습니다. 국정의 공백은
없었다는 것이지요. 맥아더는 같은 달 30일에 아쓰기 비행장에 도착
했고, 9월 27일에 천황과 첫 대면을 했습니다. 일본에 온 지 거의 한
달 만에 천황을 만난 것입니다. 그 기간 동안 미국에서 어떤 결정이
있었는지는 잘 모르겠지만, 그가 천황을 만난 것 자체가 천황제 유
지의 기미를 보여준 일이었다 할 수 있겠지요. 물론 천황이 맥아더
를 찾아가는 형식을 취했기 때문에 누가 지배자인지를 확실히 하는

효과도 있었을 겁니다.

앞서 말한 것처럼 고노에 후미마로가 맥아더와 첫 회담을 갖고 헌법 개정을 시사받은 것은 그로부터 며칠 뒤인 10월 4일이었습니다. 10월 내내 공산당 당원을 포함한 정치범 석방 등 일련의 민주적 조치가 취해졌고 헌법 개정을 위한 절차는 계속 진행되었습니다. 10월 25일에는 정부가 헌법문제조사위원회를 설치했습니다. 이 무렵 고노에는 내대신부에 임명되어 헌법 개정에 관여하려 활발히 움직이지만, 11월 1일 연합군 총사령부는 고노에가 하는 일은 자신들과는 무관하다는 성명을 발표합니다. 그는 낙담했고, 전범으로 소환당할 처지에 놓이자 12월 6일 자살하고 말았습니다.

11월부터 12월까지 두 달 동안 여러 가지 헌법 개정안이 쏟아져 나왔습니다. 거의 모두 각 신문에 보도되었습니다. 이는 중요한 의미를 갖습니다. 많은 헌법 개정안이 일본인에 의해 작성되어 발표되고 널리 알려지는 것은 미국이 자신이 만든 개정안을 강제로 밀어붙인다는 인식을 불식하는 데 큰 도움이 되었기 때문입니다. 쏟아져 나온 많은 다양한 개정안을 통해서 일본 국민들은 일본 스스로가 헌법 개정을 위해 활발히 토론하고 있다는 인상을 갖게 된 것이지요.

미국이 만든 헌법을 일본이 만든 것처럼 보이게 하려는 미국의 책략은 여기서 그치지 않았습니다. 1946년 11월 3일 개정 헌법이 공포되기까지 몇 차례의 중요한 조치가 있었습니다. 첫 번째는 아마도 1946년 1월 1일에 있었던 천황의 인간 선언일 겁니다. 천황의 신격을 부정하는 조서가 하필이면 왜 1946년 1월 1일에 나왔을까요? 미국은 천황제를 유지시키되 천황의 지위와 역할을 종전과 다르게 규정하고자 했습니다. 따라서 천황의 성격을 미리 그에 동조시킬 필요가 있었습니다. 천황의 인간 선언이라는 절차가 필요했던 것이지요. 한데 천황의 인간 선언이 1946년 1월 1일에 있었고, 이어서 같은 해 2월에 헌법 개정안 작성 착수, 10월에 헌법 개정안 국회 통과, 11월에 개정 헌법 공포라는 과정이 진행되었습니다. 마치 미국이 1946년을 헌법 개정을 위한 해로 정해놓기라도 했던 것처럼 말입니다. 그러니 1946년 벽두에 나온 천황의 인간 선언은 미국이 헌법 개정을 위해 짜놓은 일정표를 따른 것이 아니겠습니까?

두 번째는 같은 해인 1946년 3월 12일에 미국의 국무장관 번스가 바로 전 6일에 발표된 헌법 개정안에 대해 듣지 못했다고 기자단에게 말한 것일 겁니다. 이 헌법 개정안은 연합군 사령부에서 미국 측이 일본의 국무대신과 함께 30시간 동안 축조심의한 것인데 말입니다. 그런데도 미국 국무장관이 이에 대해 듣지 못했다고 한 것은 미국이 일본 헌법에 개입하지 않은 것처럼 보이기 위해서였습니다.

세 번째는 같은 해 5월 3일에 극동국제군사재판소가 개정한 것일 겁니다. 이 또한 헌법 개정을 위한 한 단계였을 겁니다. 새로운 시대가 열리고 있다는 신호가 되었겠지요. 그리고 헌법 개정안이 완성되어 국회 처리 과정만 남은 상황에서 일본인의 이목을 딴 데로 돌리는 데 전범 재판만큼 좋은 것은 없었을 겁니다.

들은 이야기입니다. 1945년 1월 20일에 고노에가 닌나사라는 사찰을 방문했습니다. 거기서 전쟁의 승리를 기원한 후 근처에 있는 자신의 별장에서 비밀회의를 열었는데 해군대신, 전 총리, 닌나사 주지 등이 자리를 함께했습니다. 이 자리에서 고노에는 천황이 승려가 될 것을 제안합니다. 그 자리에 있던 사람들은 모두 동의했는데 천황의 둘째 동생이 반대함으로써 이 계획은 무산되었습니다. 승려가 되면 전범에서 벗어날 수 있지 않을까 해서 내놓은 아이디어였다고 합니다. 이런 구상까지 했다니, 천황을 보호하기 위한 일본인의 노력이 어느 정도였는지 알 것 같습니다.

7

헌법 개정 과정은 험난했습니다. 그럼에도 불구하고 변함없는 원칙이 있었습니다. 미국이 원하는 대로 개정한다는 것과 일본인이 스스로 개정한 것처럼 보이게 한다는 것이었습니다. 개정된 헌법은 형식적인 절차를 따라 중의원과 귀족원을 모두 통과합니다. 그것이 8월 말이었습니다. 이제 절차를 거의 다 밟은 것이었습니다. 하지만 미국은 여전히 주도권을 놓지 않았습니다. 9월 23일에 헌법 66조 2항 등의 수정을 요구한 것입니다.

이 조항은 "내각총리대신과 기타의 국무대신은 문민이 아니면 안 된다"라고 최종 확정된 것으로, 원래는 '문민'이라는 말 대신 '무관의 직역職役을 가지지 않은 자'라는 말이 쓰였다가 미국의 요구에 따라 수정되었습니다. 미국은 태평양전쟁 때 일본의 총리가 군인이었다는 것을 의식해, '군인은 안 된다' 정도가 아니라 '문민이어야만 한다'로 못 박고 싶어 했던 것 같습니다. 미국은 단어 하나하나까지 매우 신경 쓰면서 주도권을 놓지 않았던 것입니다.

한데 이 '문민'이라는 말은 'civilian'을 번역한 말이었습니다. 일본 헌법 개정안의 원문은 영어로 돼 있었던 것입니다. 작성 주체가 미국이었으니 당연히 그랬겠지요. 일본은 미국이 영어로 작성한 개정안을 일본어로 번역해가며 자국의 헌법을 개정해야 했고, 번역문에 대해서 미국의 세밀한 점검까지 받아야 했습니다. 이는 일본 헌법 개정에서의 미국의 주도권을 단적으로 보여주는 부분입니다. 이 점에서 저는 패전의 수치를 다시 한 번 느낍니다.

심정이 이러하니 문득 교토의 니조 성城이 생각나는군요. 17세기 초에 도쿠가와 이에야스가 지은 성이라는데 매우 화려한 장식으로 유명합니다. 정원도 훌륭하지요. 어렸을 때 그곳에 자주 갔습니다. 널찍한 공간도 맘에 들었고 벚꽃도 볼만했습니다. 그곳의 소리 나는 나무 바닥은 유명합니다. 자객을 막기 위한 장치였다고 하는데 밟아보면 진짜 소리가 납니다. 어렸을 때는 소리 나는 게 재미있어서 일부러 자꾸 밟아보곤 했습니다.

이 성에서 제가 제일 좋아하는 것은 장벽화입니다. 꽤 호쾌한 그림들이지요. 구성은 단순하지만 전체적으로 힘이 느껴집니다. 꽤 오래전에 그려진 것이라 색채는 많이 바랬지만 그래도 단순함과 힘은 그대로인 것 같습니다. 가노파狩野派로 알려진 화가들이 그렸다고 합니다. 이 그림들을 보면서 저는 외세를 의식하지 않았던 시대를 떠올리곤 합니다.

저는 어린 시절부터 서양을 의식하며 컸습니다. 뇌리에 서양이 항상 있었습니다. 서양을 이해하고 서양과 경쟁하고 서양과 협력하고……. 지금도 사정은 변하지 않았지요. 17세기에는 일본인들에게 서양이란 외세가 없었습니다. 중국도 저 멀리 있었고 의식할 필요도 없었습니다. 중국을 알고는 있었겠지만 항상 중국을 생각하지는 않았겠지요. 외세란 개념이 존재하지 않던 시대였습니다. 저는 니조 성의 가노파 그림들을 보면서 그 시절이 어땠을지 상상해보곤 합니다.

하던 이야기로 돌아오겠습니다. 그런데 번역보다 더 중요한 문제가 있었습니다. 그것은 1947년 1월 3일에 미국이 일본에게 헌법 개정의 기회를 주겠다는 뜻을 밝힌 것이었습니다. 이에 앞서 1946년 6월 22일에는 맥아더가 성명을 통해 헌법 개정안 심의에 필요한 시간을 일본에 충분히 줄 것이라고 말한 바 있었는데, 이번에는 공포된 지 두 달 된 새 헌법을 일본이 직접 개정할 수 있게 기회를 주겠다는 것이었습니다. 1947년 1월 3일에 맥아더가 요시다 총리에게 편지를 보내 그렇게 밝혔습니다. 요시다 총리는 6일에 이에 대한 회신을 보냈는데, 그 편지의 내용을 마음에 새겼다는 것이었습니다.

맥아더는 헌법 시행 1~2년차에 일본의 자유로운 헌법 개정을 인정한다고 했는데 이에 대한 요시다 총리의 그 답변이 무슨 뜻이었는지는 알 수가 없습니다. 마음에 새기고 개정 작업에 착수하겠다는 뜻이었는지 그저 마음에 새기기만 하겠다는 뜻이었는지 알기 어렵지만, 후의 조치를 보면 후자였을 것으로 보입니다. 실제로 어떠한 개정도 이루어지지 않았거든요.

개정된 헌법은 1947년 5월 3일에 시행되었습니다. 황거皇居 앞에서 열린 기념식전에서 신헌법 시행 국민가 〈우리의 일본〉이 울려 퍼졌습니다. 그리고 헌법보급회에서 엮은 소책자《새로운 헌법, 밝은 생활》 2,000만 부가 배포되었습니다. 미국은 자신이 만든 헌법을 자신이 원하는 방식으로 일본인들에게 전하는 데 성공했습니다. 심지어 자유로운 개정의 기회를 부여함으로써 일본인의 의사를 최대한 존중했다는 인상과 기록까지 남겼습니다. 대성공이라고 해야겠지요.

맥아더는 일본인을 앞에 내세웠지만 그가 이 모든 작업의 기초자였음은 분명합니다. 물론 그 뒤에는 미국 정부가 있었겠지요. 맥아더가 오키나와의 요새화를 전제로 일본 본토의 비무장화를 생각한 데는 미래를 내다본 측면도 있어 보입니다. 공군력으로 아시아의 어디에든 영향을 미칠 수 있는 거점이 바로 오키나와 아니겠습니까? 중국, 동남아시아, 한국 등이 우선적 대상이겠지요.

들은 이야기입니다. 번역은 메이지 시대의 징표 중 하나였습니다. 메이지 시대는 온통 서양을 번역해 동양에 이식하는 시기였습니다. 왜 일본이 아니라 동양인가 하면 그 번역이 일본뿐만 아니라 중국과 한국에도 큰 영향을 미쳤기 때문입니다. 앞에서 이야기된 '문민'이라는 번역어는 1990년대 한국에서 '문민정부'라는 말로 되살아납니다.

50년쯤 후에 한국 정부가 공식적으로 쓰는 말이 된 것이지요.

메이지 시대의 번역어로서 유명한 것은 '과학', '철학', '행복' 등입니다. 여기에 '공산당 선언'을 추가해야겠군요. 메이지 37년(1904) 11월, 사회주의자 고토쿠 슈스이는 《헤이민신문平民新聞》에 〈공산당 선언〉을 번역해 실었습니다. 그러자 곧바로 그에게 제재가 가해졌고 그는 미국으로 갔습니다. 그곳에서 무정부주의의 영향을 받고 돌아와 무정부주의자로 활동하던 그는 천황 암살이라는 대역 사건에 연루돼 1911년 1월 교수형에 처해졌습니다. 하지만 그가 번역한 〈공산당 선언〉은 지금까지 전해지고 있습니다.

8

이런 과정에서 일본인은 도대체 무슨 생각을 하고 있었는가? 그저 점령군의 명령대로 움직이면 그만이라고 생각했는가 아니면 일본적인 것을 지켜야 한다고 생각했는가? 이제는 이에 대해 말씀드리려 합니다.

1946년 5월 22일 요시다 내각이 출범했습니다. 요시다 내각은 출범 당시에는 헌법 전임 대신을 둘 계획이 없었지만, 헌법 및 여러 법제의 정비에 완벽을 기하기 위해서 일부러 칙령의 일부를 개정해가며 내각의 정원을 한 명 더 늘렸습니다. 이렇게 더해진 각료가 바로 가나모리 도쿠지로였습니다. 그는 헌법 담당 국무대신으로 임명되었는데, 헌법 개정에서 눈부신 활약을 했습니다. 압력에 의해 미국의 요구를 들어주면서도 미국에 휘둘리는 것으로 보이지 않게끔, 그리고 일본적인 것을 지켜낸 것처럼 보이게끔 모양 좋게 해내는 어려운 과제를 그가 솜씨 좋게 처리한 것입니다.

한마디로 그는 국체(고쿠타이國體)에 대한 논란을 해결했습니다. 이 것은 '새로운 헌법에 의해 국체가 변하는 것인가 아닌가' 하는 논란을 말합니다. 국체란 일본적인 정치 체제, 일본의 정체성을 이루는 정치 체제를 말합니다. 일본 사람들은 전통적으로 전해 내려온 일본만의 정치 체제가 있다고 여긴 것인데, 구체적으로 그것은 천황이 통치하는 국가 체제를 의미했습니다.

새로운 헌법으로 인해 일본의 국체가 변했다고 한다면 여당의 반대에 부딪히고, 변하지 않았다고 한다면 야당의 반대에 부딪히게 되는 어려운 상황이었습니다. 국체가 변하지 않았다면 천황 중심의 군국주의가 계속된다는 것인데, 여당은 이렇게 되어야 한다고 생각한 반면 야당은 이에 동의하지 않는 것이었지요. 이 난제를 해결하기 위해 요시다는 굳이 한 명의 각료를 더 두었던 것입니다.

그런데 왜 가나모리였을까요? 아마도 가장 큰 이유는 그가 군국주의의 피해자라는 데 있지 않았을까 싶습니다. 그는 도쿄대 출신으로 1934년 법제국 장관이 되었지만 그의 예전 저서가 천황의 신적 초월성을 부정하는 천황기관설을 지지한다는 점이 문제가 되자 1936년에 사임했고, 낭인으로 패전을 맞이했습니다. 사실 그로서는 억울한 면이 있었지요. 과거에는 통치권은 천황의 전유물이 아니며 천황의 통치권은 헌법에 의해 제한되어야 한다는 천황기관설이 다수의 견해였습니다. 그도 이를 따른 것뿐이었습니다. 하지만 1935년부터 군국주의가 대두하면서 이 주장은 점차 비판의 대상이 되었고 그는 사임하지 않을 수 없었습니다. 대학에서도 천황기관설 강의가 금지되기에 이릅니다. 제 말년의 일이므로 제가 확실히 기억하고 있습니다.

이런 의미에서 그는 군국주의의 피해자라 할 수 있습니다. 바로 이 점, 군국주의의 피해자라는 점이 중요합니다. 군국주의의 피해자가 개정된 헌법을 옹호한다면 그 헌법은 군국주의를 지지하지 않는다는 인상을 주게 됩니다. 따라서 그는 군국주의에 반대하는 사람들, 즉 국체가 바뀌어야 한다고 생각하는 사람들을 설득하는 데 좋은 카드였던 것입니다.

그에게는 또 다른 장점도 많이 있었습니다. 그에게서는 고급 관료의 냄새가 나지 않았습니다. 전쟁으로 집이 불타버린 탓에 패전 당시 그는 열 명이나 되는 식구들과 작은 집의 방 한 칸에서 지냈고, 장관이 된 후에는 일요일마다 가까운 곳의 밭을 경작해 식량을 마련했습니다. 이런 배경 때문에 그에게는 기득권을 집요하게 지키려 한다는 이미지가 전혀 없었다고 할 수 있습니다. 그는 옷도 단 한 벌밖에 없어서 한여름에도 겨울 모닝코트를 입고 일했습니다.

그러나 뭐니 뭐니 해도 그의 가장 큰 장점은 말솜씨가 좋다는 것이었습니다. 그는 상당한 수준의 문인으로서 수필을 쓰고 회화를 즐길 정도의 지적·미적 바탕을 갖추고 있었고, 그에 걸맞게 말솜씨가

홀륭했습니다. 의회에서 답변할 때 그는 조금도 막힘이 없었고 교묘한 표현이나 적절한 명구를 동원했습니다.

그는 국체가 변했는가를 묻는 질문에 물은 흘러가도 내는 흘러가지 않는다고 대답했습니다. 내는 국체이고 물은 개정을 말하는 것이겠지요. 결국, 헌법이 개정되어도 국체는 변하지 않는다는 뜻일 테고요. 이렇게 돌려 말하지 않았다면 바로 야당의 반발을 샀겠지요. 또한 그는 군비를 갖추지 못하게 하는 헌법 9조가 국가의 안전을 위협하는 것이 아닌가 하는 질문에, 딱딱한 이는 부러지지만 부드러운 혀는 부러지지 않는다고 답했습니다. 이런 비유가 과연 적절한지는 잘 모르겠습니다. 하지만 자신의 곤경을 모면하고 의원들의 판단을 흐리게 하는 데는 도움이 되지 않았을까요?

국체 문제는 매우 첨예한 것이어서, 의원들은 쉽게 물러나지 않았습니다. 국체가 바뀌었다는 것을 인정하라고 의원들은 계속 정부를 몰아붙였습니다. 그러나 그는 물러서지 않고 지동설까지 끌어들입니다. 하늘이 움직이는가 땅이 움직이는가의 문제에서 어느 쪽이 옳다 말하든 실제로 움직이는 것은 예나 지금이나 바뀌지 않았다고 응수한 것입니다. 정말 뛰어난 말솜씨지요. 아니 교묘하다는 게 더 맞을지도 모르겠습니다.

한데 의원들이 그의 언변을 당해낼 수 없음을 한탄했을까요? 속으로는 오히려 그의 언변에 고마워하지 않았을까요? 당시의 상황을 보면 미국의 의도는 명백히 드러나 있었습니다. 일본의 천황제 유지와 전쟁 포기가 미국의 지침이라는 것을 모르는 의원도 없었을 것이고 미국의 이런 의도에 협력하지 않을 수 없다는 것을 모르는 의원 역시 없었을 겁니다. 문제는 이러한 배경을 가리는 그럴듯한 포장이었습니다. 그래야 헌법 개정안을 통과시키더라도 명분이 서지 않겠습니까? 그런데 일이 이렇게 진행될 수 있도록 그가 역할을 훌륭히 해낸 것입니다.

당시 귀족원에서는 그에 대한 두 개의 쪽지가 회람되었다는데, 쪽지의 내용에 이런 분위기가 반영돼 있었습니다. 하나는 '그나저나 잘 싸우고 있는 가나모리의 저 검법은 어느 유파의 것인가'라는 것이었고, 다른 하나는 '가나모리는 양검파다. 국체를 바꾸어놓고서 바뀌지 않았다고 한다'라는 것이었습니다. 가만있을 리 없는 가나모리는 '명인의 검은 둘인 듯 보인다'라고 답했다고 합니다.

들은 이야기입니다. 《장자》에 이런 이야기가 나온다고 합니다.

혜시가 장자에게 말했습니다.

"인간에게 정말로 인간을 구성하는 본질적인 요소들이 없을 수 있소?"

"그럴 수 있소."

"인간에게 인간을 이루는 본질적 요소가 없다면, 우리가 어떻게 그를 인간이라고 부를 수 있겠소?"

"도가 인간에게 겉모습을 주었고 하늘이 인간에게 형체를 주었는데, 우리가 어떻게 그를 인간이라고 부르기를 마다할 수 있겠소?"

"하지만 우리가 그를 인간이라고 부르는 이상, 어떻게 그에게 인간을 이루는 본질적 요소들이 없을 수 있겠소?"

"그것이다 아니다를 판단하는 것은 내가 말한 인간의 본질적 요소들이 아니오. 내가 본질적 요소가 없다고 한 것은 인간이 좋아함과 싫어함 때문에 안으로 자기 자신을 해치지 않고 항상 자연을 따르면서 생명 활동에 어떤 것도 덧붙이지 않는다는 것을 의미하오."

"생명 활동에 어떤 것도 덧붙이지 않고서 어떻게 그 사람이 있을 수 있겠소?"

"도는 우리에게 겉모습을 주었고 하늘은 우리에게 형체를 주었소. 좋아함과 싫어함 때문에 자기 자신을 해쳐서는 안 되오. 그런데 지금 그대는 그대 속에 깃든 신묘한 힘을 계속 밖으로 밀쳐내고 그대의 정기를 소진시키고 있소. 나무에 기대어 축 늘어져 중얼거리고 말라빠진 오동나무에 기대어 깜빡깜빡 졸기나 하오. 하늘은 그대에게 형체를 하나 골라주었는데 그대는 억지 논리를 그대의 타고난 음색인 양 노래하고 있소."

무슨 말인지 이해하기 어렵군요. 그냥 생각이 나서 들은 대로 옮겨봤습니다. 인간의 정체성과 관련된 물음을 말한 것 같기도 합니다. 인간이라면 인간을 인간답게 만드는 무엇인가가 있어야 한다. 그런 게 없을 리가 없다. 그런데 장자가 도나 하늘을 들먹이며 그런 게 없을 수 있다고 말하니 혜시가 불안에 빠진 것이지요.

일본도 마찬가지 아니었을까요? 일본적인 것이 없다면 일본이 될수 없는데 일본적인 것을 상실할 위기에 처했다고 여기며 불안해하지 않았을까요? 어떻게든 일본적인 것을 지켜야만 한다, 미국의 지배 아래에서 일본적인 것을 지켜야만 한다는 강박증을 느끼지 않았을까요?

9

우여곡절 끝에 1946년 10월 7일 제국의회에서 헌법 개정안이 통과되었습니다. 헌법을 새로 제정한 것이 아니라 개정한 것이긴 하지만 어쨌든 새로운 헌법이 탄생한 것이지요. 그리고 공포일은 11월 3일로 정해졌습니다. 저는 이 날짜를 보고 조금 마음이 놓였습니다. 11월 3일은 메이지 천황의 탄생일이었거든요. 새로운 시대가 열렸다지만 뭔가 연속성이 있어 보여 안심이 되었던 겁니다.

시행일은 공포일로부터 6개월 후로 1947년 5월 3일이 되는데 이 날짜 또한 심상치 않았습니다. 그날은 극동국제군사재판소가 개정 1주년을 맞는 날이었기 때문입니다. 전쟁 책임자를 심판하는 재판의 1주년이 바로 새 헌법인 일명 평화헌법의 시행일이 되는 것이니 극적 효과가 있지 않습니까? 아마 맥아더도 이 점을 충분히 알고 있었을 겁니다.

그런데 11월 3일의 이야기는 여기서 끝나지 않습니다. 메이지 천황 탄생일인 11월 3일은 패전 후 '문화의 날'로 이름을 바꾸었습니다. 그리고 이날 천황이 직접 문화훈장을 수여하게 되었습니다. 천황 생일과 문화의 날, 무슨 관련이 있을까요? 언뜻 떠오르는 것은 없습니다. 천황 하면 오히려 전쟁의 이미지가 떠오릅니다. 그런데도 천황

탄생일이 문화의 날이 된 것은 우연이 아닙니다. 이것은 패전 후 조직된 헌법보급회의 작품입니다.

헌법보급회는 헌법이 공포된 지 1개월 후에 연합군총사령부의 지도하에 결성된 기관으로, 헌법 보급을 위해 매우 활발하게 활동했습니다. 전국적으로 중견 공무원 연수를 실시하는가 하면 일반 국민을 대상으로 강연회를 열었습니다. 《새로운 헌법, 밝은 생활》이라는 소책자도 간행했습니다. 2,000만 부를 찍었는데, 이는 당시에는 일본의 전 가구 수에 맞먹는 엄청난 수효였습니다. 그러니 이 책자가 집집마다 다 지급되었다고 할 수 있지 않을까요?

책자의 제목이 재미있습니다. 새로운 헌법이 밝은 생활을 가져다준다는 의미일까요? 일본의 정체성을 지키느냐 마느냐 하는 심각한 문제는 증발되고 어린아이와 같은 해맑은 느낌이 제목에 담겼습니다. 저는 헌법에 이렇게 가벼운 느낌으로 접근하는 태도에는 동의하지 않습니다. 아무리 천황제가 19세기의 메이지 유신에 의해 탄생했다 해도 1946년이면 그로부터 벌써 80년이나 지났을 때가 아닙니까? 따라서 천황제가 이미 일본의 전통이 되어 있던 때가 아닙니까?

메이지 유신으로 모든 전통이 새로 만들어졌다는 것을 저는 잘 알고 있습니다. 스무 살 무렵에 메이지 유신을 겪어, 메이지 유신 전과 후를 아주 분명하게 기억하고 있거든요. 메이지 유신과 더불어 천황은 갑자기 신과 같은 존재가 되었지요. 하지만 메이지 헌법이 근대 일본을 일으키고 지탱한 것도 엄연한 사실입니다. 그런데 그 헌법을 개정해 새로운 헌법을 만들어놓고 '밝은 생활'과 같은 말로 가볍게 다룬다는 것은 아무리 점령군의 위세에 눌린 측면이 있었다 해도 저로서는 불만입니다.

어쨌든 이 소책자는 중요하므로 다시 그 이야기로 돌아가겠습니다. 이 책자는 30면 정도로 얇은 편이었습니다. 그중 반 정도를 할애해 헌법 전문을 싣고 나머지 지면에는 일종의 해설을 실었는데, 거기에 주목할 만한 대목이 있었습니다. 앞으로 우리는 평화의 깃발을 내걸고 민주주의의 초석 위에 문화의 향기가 높은 조국을 건설해야 한다는 것이었습니다.

제가 이 대목에 주목하는 것은 전후 일본을 이끌게 될 키워드들이 담겨 있기 때문입니다. 평화, 민주주의, 문화가 바로 그것입니다. 전후 일본은 '평화의 깃발을 내걸고 민주주의의 초석 위에서 문화의 향기가 높은 나라를 지향한다'고 끊임없이 선전했습니다. 천황, 대동아공영, 산업보국産業報國 같은 말은 전면에 등장하지 않았습니다. 그러나 없어진 것은 아니었습니다. 그렇게 쉽게 없어진다면 일본적인 것도 쉽게 없어지는 것이겠지요.

들은 이야기입니다. 문화의 날에 수여되는 문화훈장은 비중이 큰 훈장이라고 합니다. 그 훈장을 받는 것이 영광스러운 일이라는 겁니다. 하지만 수훈 거부자도 가끔 나왔습니다. 그중 한 명이 노벨 문학상 수상자인 오에 겐자부로입니다. 그는 민주주의의 가치에 어긋난다는 이유로 수훈을 거부했습니다. 천황제와 민주주의가 양립할 수 없다는 것을 말하고 싶었던 게 아닐까요?

이 손님은 앞서 들은 데까지 말하고는 한동안 말없이 앉아 있었습니다. 천황제에 대한 손님의 심경은 복잡해 보였습니다. 지금의 헤이세이 천황은 쇼와 천황과 다르고 쇼와 천황은 메이지 천황과는 다릅니다. 또 메이지 천황은 이전의 교토의 천황들과 다릅니다. 이 손님은 메이지 천황 이전부터 메이지 천황 시대와 쇼와 천황 시대까지 실제로 살았습니다. 게다가 총리를 지냈고 정계의 유일한 겐로였습니다. 이런 이력만 봐도 지금의 천황제를 보는 그의 심경이 매우 복잡하리라는 것을 능히 짐작할 수 있습니다.

손님의 침묵이 길어져서 저는 사카구치 안고의 〈타락론〉을 잠깐 생각해보았습니다. 들은 이야기가 있었거든요. 사카구치가 〈타락론〉을 발표한 것은 1946년이었습니다. 전쟁이 끝난 지 얼마 안 됐을 때이지요. 그는 상식을 뒤엎는 주장을 폈습니다. 그는 일본 군대가 살아서 포로가 되는 수치를 당하지 말라고 군인들을 교육한 것은 그렇게 교육하지 않으면 그들을 전장으로 내몰기가 불가능했기 때문이라고 주장합니다. 또한, 이상한 이야기 같지만 계속해서 다음과 같이 주장합니다. 일본인은 어제의 적과 쉽게 타협하는 일이 다반사이고 그 누구보다도 증오심이 적은 동시에 증오심을 오래 유지하지도 못하기 때문에 그렇게 교육하지 않으면 전장에 나가서 전투를 하지 않으려 하거나 포로로 잡힐 경우 너무나 순순히 협조할 우려가 있다는 것이었지요.

그는 일본의 전쟁 역사는 무사도의 역사라기보다 권모술수의 역사라고 말합니다. 그리고 일본인처럼 권모술수를 업으로 삼는 국민에게는 권모술수를 위해서라도 대의명분이 되어줄 천황이 필요하다면서,

천황제라는 것은 일종의 무사도라고 주장합니다. 재미있는 소설가라는 생각이 듭니다.

포로에 대해 들은 이야기를 좀 더 해보겠습니다. 살아서 포로로 잡히는 수치를 당하지 말자는 구호가 얼마나 공허한 것인지를 보여주는 소설 이야기입니다. 패전 후 몇십 년이 지나도록 밀림에서 천황 폐하를 위해 항복하지 않고 홀로 지내다 발견된 일본 군인의 이야기가 종종 뉴스에 나오기는 했지만 그것은 극히 예외적인 경우일 뿐입니다. 평범한 일본인의 포로 체험기는 이런 구호의 헛됨을 잘 증명해줍니다. 오오카 쇼헤이의 소설《포로기》는 1948년 작으로, 작가가 필리핀에서 실제로 포로가 되어 겪었던 일을 거의 그대로 옮긴 것입니다. 여기에 등장하는 일본군 포로는 살아서 포로로 잡혔음에 수치를 느끼는 것과는 아주 거리가 멉니다.

10

저는 생전에 도쿄에서 바쁘게 지내긴 했지만 해마다 벚꽃을 즐겼지요. 황거에서 가까운 치도리가우치, 사람들 구경하는 게 더 재미있는 우에노 공원, 그리고 우아하고 멋진 이노카시라 공원의 벚꽃을 특히 좋아했습니다. 치도리가우치가 멀리서 보는 그림 같다면 이노카시라 공원은 가까이에서 보는 그림 같았습니다. 이에 비해 우에노 공원은 사람들 모습에 더 시선이 가는, 삶의 현장 같은 곳이었지요.

이런 벚꽃놀이를 사람들은 일본적인 것이라 일컫습니다. 일본 사람이라면 누구나 벚꽃에 취한다는 것이지요. 워싱턴에도 일본이 선물해 심은 벚꽃나무들의 거대한 군락이 있습니다. 일본이 워싱턴에 벚꽃나무를 선물한 건 일본적인 것을 수출하고픈 의도에서였겠지요. 천황의 상징이 국화라면, 벚꽃은 일본의 상징과도 같은 것이니까요. 벚꽃처럼 확 폈다가 일시에 지는 것이 일본의 미학인 것처럼 말하는 사람도 있습니다.

사카구치 안고가 패전 후에 발표한 소설 〈활짝 핀 벚꽃나무 숲 아래〉가 생각나는군요. 제가 꽤 좋아하는 소설입니다. 일본적인 것에 대해 다시 한 번 생각해보게 해주었기 때문입니다. 이 소설의 첫 부분이 특히 좋은데 저는 거의 외우고 있습니다. 한번 들어보시겠습니까?

"벚꽃이 피면 사람들은 술병을 들고 나가서 경단을 먹기도 하고 꽃나무 아래를 걸어 다니며 경치 좋네, 봄이 왔네 하면서 기분이 한껏 들뜬다고 하는데 그것은 거짓말입니다. 어째서 거짓말인가 하면 벚꽃나무 아래로 사람들이 모여들어서 술에 취하고, 먹고, 토하고, 싸우기 시작한 것은 기껏해야 에도 시대부터 생겨난 풍습일 뿐, 그보다 더 옛날에는 벚꽃나무 아래를 무서운 곳이라고만 생각했지 절경이라고 생각한 사람은 아무도 없었습니다. 요즘에는 벚꽃나무 아래에 사람들이 모여서 꽃구경을 하며 술도 마시고 싸우기도 하기 때문에 흥겹고 떠들썩한 풍경이라고 생각하기 마련이지만, 벚꽃나무 아래에서 인간을 빼버리고 나면 아주 무서운 경치가 되어버립니다."

저는 인간을 빼버리면 아주 무서운 경치가 된다는 이 말을 특히 좋아합니다. 그것은 제가 실제로 경험해본 바이기도 합니다. 어렸을 때 요시노에 간 적이 있습니다. 나라에서 가까운 곳이니 교토에서도 멀지 않은 곳입니다. 그곳에서 산속의 꽃 핀 벚꽃나무 아래를 지날 때 무서운 느낌과 함께 조금 환각적인 분위기에 빠져들었던 기억이 납니다. 그곳에는 술자리도 싸움도 없었습니다.

사카구치가 쓴 대로라면 일본 전통의 하나인 벚꽃놀이가 시작된 것은 에도 시대부터이니, 일본의 전통이라는 것도 알고 보면 생각만큼 오래되지는 않은 셈입니다. 스시도 마찬가지입니다. 제가 어렸을 때는 지금과 같은 스시는 교토에는 없었습니다. 도쿄에 가야 볼 수 있었지요. 도쿄 만에서 일하는 사람들에게 제공되는 일종의 즉석 음식이었거든요. 그런데 지금은 그것이 일본의 전통 음식이 되어 있지요. 이런 사례는 많이 있을 겁니다.

헌법도 그렇습니다. 일본 사람들은 메이지 헌법에 일본적인 것이 담겨 있다고 믿어 그것을 고수하고자 했습니다. 그것이 국체 보존이라는 것이었지요. 메이지 헌법을 지키는 것은 일본을 지키는 것과 다름없는 일로 여겨졌습니다. 하지만 벚꽃놀이나 스시와 마찬가지로 메이지 헌법도 그리 오래된 것이 아니었습니다. 게다가 메이지 헌법 초안은 독일인 법률 고문의 도움을 받아 만들어졌기에 독일어로 작성되었습니다. 패전 후 헌법 개정안이 영어로 작성된 것과 별로 다르지 않은 상황이었던 것입니다. 독일어 초안을 바탕으로 한 메이지 헌법에 일본적인 것이 담겨 있다니 이게 과연 가당키나 합니까? 저는 의문을 가질 수밖에 없었습니다. 역시 일본은 서구에 빚을 지고 있는 것일까요? 나쓰메의 말이 맞을지도 모르겠습니다.

<h1 style="text-align:center">11</h1>

벌써 해 뜰 시간이 다 된 것 같습니다. 시간이 별로 없으니 오키나와에 대한 이야기를 해야겠습니다. 저와 같은 존재가 시간이 없다고 하니 웃음이 나는군요. 생전에 그 말을 입버릇처럼 달고 살았나 봅니다. 이 상투적인 말은 에도 시대에는 없었겠지요? 손목시계가 없던 시대였으니 시간이 없다는 말이 일상어가 되기는 힘들지 않았을까 합니다.

오키나와 이야기를 하려던 참이었지요. 저는 오키나와에 가본 적이 없습니다. 제 생전에는 오키나와가 지금처럼 사람들 입에 오르내리지도 않았고 지금처럼 문제가 되지도 않았습니다. 하지만 그 섬은 패전 후에는 항상 논란의 중심에 있었고 실제로 미국과의 관계에서 무척 중요한 곳이었습니다. 그 섬은 예전에는 류큐라는 독립국이었는데 17세기에 일본에 종속되었고, 메이지 유신이 단행된 지 10년쯤 지나서 일본에 편입되었습니다. 태평양전쟁 때 이 섬에서 치열한 전투가 있었고 패전 후 이곳에 미군 기지가 들어섰습니다. 그 후 미국이 이 섬을 관할하다 1972년에 일본에 반환했습니다.

제가 이 섬에 관심을 갖게 된 것은 헌법 개정과의 관련 때문입니다. 미국은 천황제를 유지시켜주는 대신에 전쟁 포기의 내용을 담은 헌법 9조와 오키나와 군사 기지를 요구했으니까요. 일본으로서는 선택의 여지가 없었다고 저는 생각합니다. 패전국이 무슨 주장을 할 수 있었겠습니까. 게다가 일본 본토를 비무장화하고 오키나와를 군사 기지로 삼는다는 미국의 지배 전략은 확고했습니다. 물론 이후 오키나와 사람들은 왜 오키나와를 본토와 차별하고 오키나와만 희생시키느냐며 불만을 품어왔지요.

들은 이야기입니다. 메도루마 슌이라는 전후 작가가 있습니다. 오키나와에서 태어나 계속 그곳에 살고 있다고 합니다. 그는 소설에서 진실이라는 것에 대해 이야기합니다. 소설 〈오키나와 북 리뷰〉에서 그는 이런 말을 합니다. "증언이란 무엇일까. 하나의 거대한 흐름에 몸을 실었다가 가로놓인 바위에 부딪힌 무수한 사람들의 삶의 국면이 언어로 정착되어 복원된 것. 그것은 역사의 무수한 단편 중 극히 일부에 지나지 않지만, 그럼에도 불구하고 그 하나하나가 나를 붙잡고 놓지 않는 것은, 거기서 숨 쉬고 살면서, 당하고, 상처 받고, 분노하고, 슬퍼하던 사람들의 아비규환이 또렷하게 되살아나기 때문이리라. 역사책에서 배우는 역사에서가 아니라 증언이란 단편에서 우리는 진실을 볼 수 있다."

또한 그의 소설 〈물방울〉은 사실과 진실의 거리를 잘 보여준다고 합니다. 전쟁 영웅이라고 떠받들어지는 사람이 실제로 전쟁에서 어떤 모습이었는지를 그리고 있다는군요. 오키나와에서 많은 희생이 있었습니다. 사실이 다 밝혀졌다 해도 진실을 다루는 문학의 역할은 아직 끝나지 않았겠지요. 메도루마 슌은 다음과 같이 말했습니다. "전후 일본의 평화는 전쟁 때는 본토의 사석으로 패전 후에는 미군기지의 요석으로 이용된 오키나와의 희생이 있었기에 가능한 것이다. 이런 차별적인 현실을 바꾸지 않는 한 오키나와의 전후는 영원히 '영년'이다."

오키나와 주민들은 일본 본토와 차별당한다고 여길 뿐만 아니라 일본 본토에 대해 분노를 느끼고 있다는데, 원인 제공자 중 하나가 아마도 천황일 거라고 합니다. 1951년의 샌프란시스코 강화조약 체결 후에도 일본이 오키나와에 대한 주권을 소유한다는 전제 아래 미국이 그 섬을 군사 기지로 보호해줄 것을 천황이 미국에 직접 제안했다고 합니다. 미국은 이 제안을 받아들였고, 결국 천황은 오키나와 주민들의 반감을 사게 됐답니다. 글쎄요, 좀 의문스럽군요. 천황이 직접 제안하는 모양새를 띠긴 했으나 사실은 이미 결정된 것을 확인하는 차원이 아니었을까요?

이후 천황은 주민들의 반감 때문에 더 이상 오키나와를 방문할 수 없었습니다. 1989년에 겨우 방문 일정이 잡혔지만, 유감스럽게도 그 전에 천황이 사망함으로써 실현되지 못했습니다. 지금도 오키나와 사람들은 천황을 싫어한다고 합니다. 왜 천황은 항상 국민에게 반말을 하느냐며 분통을 터뜨린다고 합니다. 제가 이런 오키나와의 입장을 모르는 것은 아닙니다만, 일본 전체의 평화와 안녕을 위해서는 오키나와를 그렇게 처리하는 것이 불가피하지 않았겠습니까?

아, 해가 떠오르려 합니다. 밤새 그렇게 비바람이 몰아치더니 이제 거짓말처럼 개기 시작하는군요. 그럼 이만 실례하겠습니다.

　이제 보고서를 마감할 때가 된 것 같습니다. 그날의 비바람이 다시 생각나면서 에도 시대의 그림 하나가 눈앞에 떠오르는군요. 〈오하시 다리에 내리는 소나기〉라는 목판화입니다. 사람들 몇이 오하시 다리를 소나기를 맞으며 건너는 풍경을 묘사한 것입니다. 우타가와 히로시게의 '에도 명소 100경' 시리즈 중 하나로, 인기가 좋습니다. 여기선 비를 선으로 표현하고 있는데, 이는 아마 세계 회화사 최초의 일일 겁니다. 이 그림을 보고 있으면 소나기 소리가 들리는 것 같습니다.

　이 그림은 1857년 작으로 보입니다. 그렇다면 메이지 유신 전이니, 아직 메이지 헌법이 없던 때로군요. 천황이란 존재에 대해서도 별 생각이 없던 때이고요. 소나기 속에서 우산을 쓰고 오하시 다리를 건너가던 그 사람들은 100년 후의 일본인과 얼마나 같고 얼마나 다를까요?

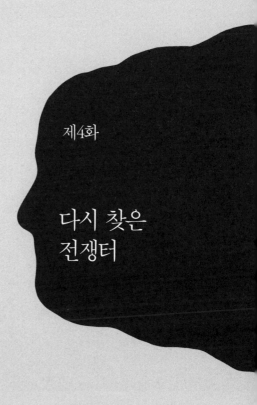

제4화

다시 찾은
전쟁터

파블로 피카소, 〈한국에서의 학살〉
1951년 | 프랑스 파리 피카소미술관 소장
©2016-Succession Pablo Picasso-SACK(Korea)

무더위가 기승을 부리는 밤이었습니다. 밤이 되어 열기가 수그러들자, 비록 습기는 좀처럼 가시지 않았지만 활기가 돌기 시작했습니다. 제가 느끼기엔 인간 세상에서 벌어지는 끔찍한 만행은 이런 여름철에 많이 일어나는 것 같습니다. 더위 때문에 사람들의 정신이 멍해지고 판단력이 흐려져서일까요? 아니면 날이 더울수록 악령이 더 힘을 내서일까요? 어쨌든 제가 여기서 근무하며 들어본 끔찍한 일들은 주로 여름에 일어난 것이었습니다. 그런데 서양인처럼 보이는 한 손님이 안내소를 기웃거리다가 결국 안으로 들어오더니 이런 여름철의 분위기에 어울리는 끔찍한 이야기를 들려주었습니다. 다음은 이 손님에 대한 보고서입니다.

1

저는 학살자입니다. 물론 저도 이름이 있습니다만 잊었습니다. 사람은 누구인가가 아니라 무엇을 했는가로 기억됩니다. 저는 학살자로 기억되는 것이 맞습니다. 제가 학살자가 된 이야기를 들려드리겠습니다. 태어날 때부터 학살자인 사람이 어디 있겠습니까. 그리고 학살자가 되겠다고 결심하는 사람도 아마 없을 겁니다. 그럼에도 사람들은 종종 저처럼 학살자가 되고 맙니다. 아마 저처럼 자신을 학살자로 여길 수밖에 없는 사람이 꽤 될 겁니다.

사건은 한국에서 일어났습니다. 제가 처음 한국 땅을 밟은 것은 1945년 10월 20일경이었습니다. 저는 미국 군정단 소속의 장교였지요. 처음 한국에 도착했을 때만 해도 제가 지금과 같은 나락으로 떨어지리라고는 꿈에도 생각지 못했습니다. 불교에서 말하는 무간지옥無間地獄이라는 것이 있다는데 제가 바로 그런 지옥에 있는 것만 같습니다. 왜 이렇게 되었는지 말씀드리고자 합니다.

저는 한국에 가기 전에 하버드 대학에 설치된 민정훈련학교에서 약 7개월 반 동안 집중 훈련을 받았습니다. 미 육군은 1944년 6월부터 1945년 10월까지 총 1,650명의 장교를 선발, 훈련했습니다. 미군의 일본 점령에 대비해 전문적 훈련을 받은 장교들을 양성한 것이었습니다. 저는 그러한 장교들 중 한 명이었고, 군 장교가 되기 전에는 변호사였습니다.

원래 일본으로 가게 돼 있었던 저는 9월 히순에 일본에서 군정을 실시하지 않기로 결정되면서 한국으로 가게 되었습니다. 이렇게 일본이 아니라 한국으로 가게 되면서 제 인생은 완전히 딴판으로 흘러가고 말았습니다. 물론 파견지 변경은 제 의사와는 전혀 상관없이 이루어진 일이었습니다. 일본에서 군정이 실시됐다면 저는 예정대로 일본으로 가서 우아하고 권력 있는 요원이 되었을 것이고, 나중에는 미국으로 돌아가서 평안한 삶을 누렸겠지요. 하지만 운명은 가혹했습니다. 계획의 작은 변경이 제게 엄청난 결과를 안겨주고 말았으니까요.

이야기를 계속하겠습니다. 1945년 10월 20일경에 남한에 들어간 군정 요원은 저를 포함해 대략 3,200명이었습니다. 그 후 남한에 파견된 미 군정 요원은 계속 증가해 이듬해인 1946년 5월 말에는 4,886명에 달했습니다. 한국인들은 미 군정 요원을 무식한 군인 정도로 보는 것 같았습니다. 필리핀 등지에서 전투를 치른 뒤 이제 남한에 상륙해 한 번도 해본 적 없는 정치와 행정을 떠맡게 된 야전 군인쯤으로 보는 것 같았어요. 그런 군인들이 뭘 안다고 위세를 부리느냐고 생각하면서요. 이런 오해는 지금까지도 남아 있는 듯합니다.

하지만 그건 사실이 아닙니다. 저는 군정에 대비해 전문적인 훈련을 받은 요원이었습니다. 물론 적어도 1945년 중반까지는 군정 학교에서 한국에 대해 전혀 배우지 않았기 때문에 당연히 한국어도 몰랐고 한국에 대한 지식도 없었지만 말입니다. 하지만 임무 수행에는 지장이 없었습니다. 군정을 위한 전문 교육을 받았기에, 미군이 어느 나라에서 군정을 실시하든 배운 대로만 하면 되었으니까요.

당시 우리의 제1임무는 소련의 팽창을 저지하는 것이었습니다. 한국의 독립이나 통일은 우리의 관심사와는 거리가 멀었습니다. 게다가 군정 요원으로서 우리가 가장 중점적으로 교육받은 부분은 법과 질서의 회복이었습니다. 한국의 안전, 복지, 정치적 자유, 경제적 평등 따위와는 거리가 멀었습니다. 법과 질서, 지금도 한국에서 흔히 접할 수 있는 구호입니다. 그 구호 안에는 법과 질서의 회복을 위해서라면 무엇이든 용납된다는 위험한 뜻이 내포돼 있음을 그때는 잘 몰랐습니다. 법과 질서를 혼란에 빠뜨리는 자는 누구든 용서하지 않는다, 법과 질서를 수호하기 위해서는 무엇이든 가능하다는 생각을 미 군정이 심어놓은 것이 아닐까 저는 아직도 생각하고 있습니다.

2

제 소개는 이 정도로 하고 이제 본격적으로 이야기를 해보겠습니다. 우선 어떤 오래된 신문 기사의 내용을 전해드리겠습니다. 제가 그동안 하도 곱씹어 다 외우고 있으므로, 아마 거의 쓰인 그대로 정확하게 전달해드릴 수 있을 겁니다. 1950년 8월 9일에 영국 일간지 《데일리 워커》 1면에 실린 기사입니다.

"대전에서 1킬로미터 떨어진 낭월마을 계곡에서 미군의 감독 아래 민간인 7,000명이 학살됐다. 학살에 이용된 총기는 미군이 제공한 것이며 7,000명을 실어 나르는 데 동원된 트럭 역시 미군이 제공한 것이다. 트럭 운전자 중에 미군이 있었다. 학살은 한국 경찰에 의해 저질러졌지만 결국 미군에 의한 범죄로, 세계사에 있어 최악의 전쟁 범죄이다. 한국 경찰은 7월 2일 재소자들을 트럭으로 싣고 와 구덩이를 파게 했고 그들을 학살했다. 트럭이 계곡에 도착하기에 앞서 미군과 한국의 고위 관계자가 두 대의 미군 지프를 타고 현장에 나타났다. 학살은 7월 4·5·6일 사흘간 계속됐다."

이 기사에 의하면 학살은 한국전쟁이 발발한 지 일주일 후에 벌어졌습니다. 저는 전투나 작전에 직접 관여하지 않았습니다. 하지만 정보를 수집하고 분석하는 것이 제 임무였기에 이러한 사실을 잘 알고 있었습니다. 당시 저는 남한에 상륙한 지 어느덧 5년이 흘러 한국 전문가 대접을 받고 있었습니다. 대전 학살은 1950년 10월 7일자 미군 제25CIC(방첩대) 분견대 전투 일지 및 활동 보고서에도 기록되어 있습니다. 거기에는 대전에서 1,400명이 학살되었으며 7월 1일 한국 정부가 학살 지시를 내렸다고 되어 있습니다. 이 대전 학살은 아마도 보도연맹 학살 사건 중 하나였던 것 같습니다.

보도연맹은 정부의 공식 기구는 아니지만 정부가 조직하고 관리한 단체입니다. 좌익 활동을 한 적이 있는 사람을 '양심서'를 쓰게 한 후 여기에 가입시켜 종국에는 공산주의를 말살하는 데 동원하려 한 것입니다. 한마디로 보도연맹은 공산주의자를 잡기 위한 관변 단체 같은 것으로, 전향한 좌익을 구성원으로 했습니다. 이 단체의 전략 열 가지 중에는 이런 것도 있었습니다. "보도연맹은 박헌영 도당의 몰락을 주된 목표로 하는 만큼, 모든 보도연맹원은 남로당 박멸을 위해 총알이 될 준비가 되어 있어야 한다."

이런 반공 단체가 보도연맹이었는데, 전쟁이 발발하자 이 단체의 구성원들이 학살된 겁니다. 이유는 보도연맹원이 북한군의 앞잡이 노릇을 하고 있고, 할 수 있다는 것이었습니다. 이참에 공산주의자와 비슷한 데만 있어도 다 없애버리겠다는 심산이 아니었을까요? 이 단체가 조직된 것이 1949년 4월이었으니, 일 년 남짓 만에 이 단체에 대재난이 닥친 것이었습니다. 정부가 조직한 단체에 가입했는데 그 단체의 구성원이라는 이유만으로 정부에 의해 죽임을 당하게 되리라는 것을 일 년 전에 보도연맹원들은 상상이나 했겠습니까?

미국 육군성의 정보참모 에이할트 대령은 1950년 7월 3일 유럽 지구총사령관 등 해외 지구 사령관들에게 보낸 비밀 통신문에서 한국 경찰이 대전에서 모든 공산주의자들을 체포해 시 외곽에서 처형하고 있다고 전했습니다. 또한, 7월 2일 오후 6시께 한국 국방부장관 신성모가 수원에서 지프를 타고 대전으로 왔고, 채병덕 장군과 한국군 정보참모 강 대령 등 참모 6명이 동행했다고 현지 상황을 전했습니다. 문서들의 증언은 일치합니다. 에이할트 대령이 통신문에서 언급한 '공산주의자'는 보도연맹원이었고, 한국 정부와 미군은 이들을 학살하는 데 긴밀히 협조하고 있었습니다.

들은 이야기입니다. 채병덕은 한국전쟁 개전 시 육군총참모장이었다고 합니다. 당시 36세였습니다. 일본 육사를 나온 그는 군수병과 출신이어서 전투 경험이 전무했습니다. 전쟁 발발 직후인 6월 30일에 해임되어 7월 24일 영남지구편성관구 사령관에 보임되었는데 미24사단 제19연대 제3대대 통역과 길 안내에 나섰다가 7월 27일 하동 전투에서 전사했습니다. 그런데 그가 북한군의 총탄이 아니라 뒤에서 날아온 총탄, 즉 아군의 총탄에 맞아 전사했다는 소문이 파다했습니다. 이승만과 미국이 그를 의심했다는 겁니다. 그가 북한과 내통했다고 의심했다는 겁니다.

대전 학살 사건은 그대로 묻히지 않았습니다. 영국의 일간지《데일리 워커》가 1950년 8월 9일에 이를 대서특필한 것입니다. 그 기사는 미군의 학살을 맹비난했습니다. 여러 신문이 연이어 이 사건을 보도했고,《레이놀즈 뉴스》는《런던 타임스》의 기사를 기반으로, 이승만이 한국을 통치하기에 적합하지 않은 만큼 유엔이 한국을 맡아야 한다고 주장하기도 했습니다.

　이 문제는 영국 국회로까지 번졌고, 1950년 11월 1일 상원에서 스트라볼기 의원은 "한국 정부는 허용돼서는 안 될 야만적이고 잔인한 행위에 대해 관대하다. 우리에게 책임이 있다. 우리가 그곳에 있기 때문이다. 이를 계속 허용해서는 안 된다. 우리는 과거 전쟁에서 저질러진 전쟁 범죄에 대한 재판도 끝내지 못했다. 우리의 젊은이가 목숨을 바쳐 싸우고 있는 그곳에서 같은 범죄가 또다시 저질러져선 안 된다"라고 말했습니다. 여기서 '같은 범죄'란 독일의 유대인 집단 학살을 염두에 두고 한 말이겠지요.

　저는 이런 뉴스를 물론 알고 있었습니다. 전쟁에 관한 모든 정보를 수집, 분석하는 것이 제 임무였으니까요. 하지만 그때에는 별다른 느낌이 없었습니다. 그저 일일 뿐이었지요. 이때 좌파인 브로크웨이 의원은 좀 더 심한 주장도 했습니다. 지금도 기억나는데, 그는 학살을 저지른 이승만을 체포해야 한다면서, 유엔에 있는 영국 대표는 이승만을 부정하고 그의 정권을 끝낼 것을 요구해야 한다고 주장했습니다.

　국제적인 비난은 미국에서도 이어졌습니다.《시카고 트리뷴》지는 11월 9일에 '한국에서의 대량 학살'이라는 제목으로 이 문제를 다뤘습니다. 물론 비판 기사였지요. 이 기사는 한국 정부가 학살을 숨기기 위해 기자들의 접근을 막고 있다고 고발했고, 미국을 향해서는 학살 행위는 군사 기밀이 될 수 없으니 학살당한 이들에게 적용된 혐의를 밝히고, 만약 재판이 있었다면 어떻게 이뤄졌는지 또 몇 사람이 처형됐는지를 밝히라고 요구했습니다.

3

이렇게 국제적으로 비난이 들끓었지만 한국에서는 학살이 중단되지 않았습니다. 널리 알려진 대로 서울 북부의 홍제리에서 학살이 벌어진 것은 1950년 12월 15일이었습니다. 국제적십자단원 비에리가 이승만에게 직접 전달한 항의 서한과 유엔사령부 전통문 등을 종합하면 이 사건의 전말은 다음과 같습니다. 조금 길지만 참고 들어주시길 바랍니다. 세부를 말하지 않으면 사건의 본질을 파악하기 어렵기 때문입니다. 그리고 제가 하고픈 이야기는 학살 자체가 아니라 저 자신의 회한이라는 것을 알아주셨으면 합니다.

그럼 이 사건에 대해 말씀드리겠습니다. 1950년 12월 15일 오전 7시 30분, 홍제리에 주둔 중이던 영국군 29여단 캠프 근처에 서대문 형무소와 마포 형무소의 경비병들이 재소자들을 싣고 나타났습니다. 재소자는 모두 39명으로 서로 줄로 단단히 엮여 있었고 이 중에는 여성 두 명과 8세, 13세 된 어린아이 두 명도 끼어 있었습니다. 재소자들은 트럭에서 내려 땅바닥에 무릎을 꿇었고, 그들 뒤에는 커다란 구덩이들이 있었습니다. 구덩이는 미리 파둔 것으로 모두 네 개였고, 깊이 1.5미터에 폭 1미터 정도 되었습니다.

경비병들은 재소자들을 구덩이 속으로 밀어 넣고 무릎을 꿇린 뒤 뒤에서 총을 쏘기 시작했습니다. 경비병 수가 다섯 명밖에 안 되다 보니 구덩이 가장자리를 이리저리 돌아다니며 총을 쏘아댔습니다. 즉사한 사람과 숨이 채 끊어지지 않은 사람들이 한데 뒤엉켜 나뒹굴었습니다. 여성 재소자들은 비명을 질렀고 남자들도 살려달라고 울부짖었습니다. 경비병 중 한 명은 숨이 끊어지지 않은 재소자를 집중 사격하기도 했습니다. 이 광경을 영국군 등 80명가량의 사람들이 지켜보고 있었습니다. 영국군 페리 일병과 론 상병은 도대체 우리가 한국을 위해 싸워야 하는 이유가 뭐냐며 한탄했습니다. 주변에 있던 군인들은 큰 충격을 받았고, 영국군 준위가 상부에 이 일을 보고했습니다.

홍제리의 학살은 한 차례에 그치지 않고 12월 15일을 전후해 여러 차례 벌어진 것 같습니다. 유엔한국통일부흥위원회가 이틀 후인 12월 17일 캐나다군 화이트 대령 등을 현장에 보내 시신 발굴을 시작하자 수백 구의 시신이 쏟아져 나왔기 때문입니다. 여성의 시신도 상당수 발견되었으나 어린아이의 것은 없었습니다. 한국 정부와 미군사고문단은 어린이가 사살된 적은 없다며 영국군의 주장을 강력히 부인했고, 김준연 법무부장관은 오해가 있었다며 대통령이 헌법상의 권한에 근거한 비상포고령에 따라 합법적으로 형을 집행한 것 뿐이라고 말했다고 합니다.

UP통신은 12월 17일, 가톨릭 신부 두 명이 정치범 집단 학살을 막기 위해 이승만을 만나려 했지만 실패했다면서 홍제리 사건에 대한 다음과 같은 내용을 보도했습니다. "부역자, 파괴분자, 살인자 등으로 지칭된 최소 800명이 최근 5일 동안 사살됐다. 많은 여성과 몇몇 어린이가 목숨을 잃었다. 지난 9월 이후 거의 매일 처형이 이어지고 있으며, 미군은 마지못해 개입하고 있다. 여성과 어린이들까지 가족이라는 이유로 함께 처형되고 있지만 그들을 죽일 근거는 없다. 금요일, 미군과 영국군은 나이 든 남성과 여성, 그리고 어린아이 몇몇이 구덩이 앞에 줄지어 있는 장면을 목격하고 충격을 받았다. 미군 그라프 대위가 발로 흙을 걷어내자 아직도 꿈틀대는 시신이 나왔다. 포로들은 몇 명씩 짝을 지어 묶여 있었고 8세, 13세 된 두 명의 아이도 그들 틈에 끼어 있었다. 열 명씩 차례로 구덩이로 끌려갔다. 등 뒤에서 총을 쏘았고 금방 죽지 않으면 기관총 사격이 가해졌다. 학살은 유엔군의 극심한 반발을 불러일으켰으나 이승만은 '어린이가 학살됐다거나 재판 없이 사람들을 처형한 적이 없으며 우리가 전쟁을 하고 있으며 적을 죽여야 한다. 이에 대해 의문을 갖는다면 왜냐고 묻고 싶다. 학살에 대해선 책임질 게 없다. 우리는 조치를 취해야 한다'고 주장했다."

도대체 얼마나 많은 사람이 한국 경찰과 군인에 의해 학살된 것일까요? 저는 확실히는 모릅니다. 제가 정보를 다루는 위치에 있긴 했지만 매우 어려운 문제가 있었습니다. 보고의 신빙성 문제입니다. 어느 경찰이나 군인이 학살이라고 보고를 하겠습니까? 적병 사살, 통비분자 색출이나 제거 같은 표현을 쓰지 않고 어느 누가 학살이라고 보고를 하겠느냐 말입니다. 진짜로 학살이 있었다 해도 말입니다.

저는 미군으로서, 학살을 직접 명령하지도 않았고 학살에 간접적으로 참여한 적도 없습니다. 하지만 저는 지금 무간지옥에 빠져 있습니다. 제 마음은 지옥입니다. 당시 저는 소련군의 팽창을 저지해야 하는 입장에서 공산주의자를 축출하는 것을 임무로 여겼기에 학살이라는 사태를 심각하게 받아들이지 않았습니다. 남의 나라 일이라 여기기도 했고요. 하지만 지금은 제가 학살자라는 것을 인정합니다. 학살이 자행되고 있다는 것을 알면서도 제지하기 위한 어떤 노력도 하지 않았으니까요. 저는 분명 학살의 동조자입니다. 지나친 자책이 아니냐고 되묻고 싶으신 표정이군요. 제 말을 좀 더 들어보신다면 이해가 되리라 믿습니다.

들은 이야기입니다. 미군에 의한 학살은 주로 폭격에 의해 발생했다고 합니다. 당시의 폭격은 기술적으로 한계가 많았기 때문입니다. 당시의 폭격기는 레이더의 성능에서나 적재 가능 연료량에서나 지금에 비해 많이 뒤떨어져, 한두 시간 안에 할당된 폭탄을 마구 떨어뜨릴 수밖에 없었다는군요. 정밀 폭격을 내세웠지만 실제로는 정밀하게 폭격할 능력이 없었던 거지요. 미국 공군은 1947년에야 육군과 해군에서 독립해 창설되었는데, 초기에 우수한 조종사를 확보하지 못했기 때문에 한국전쟁에서 오폭률이 더 높았습니다.

무고한 민간인들이 폭격으로 인해 죽어가고 있다는 것을 미군도 잘 알고 있었습니다. 그래서 나름의 정당화 논리를 찾았는데 다음과 같은 두 가지였습니다. 북한군 점령 지역의 민간인은 모두 궁극적으로 북한 군의 활동을 돕는 세력이므로 사실상 적과 동일시된다는 논리가 하나 이고, 민간인 폭격은 부대 상관이나 정찰병의 지시에 따른 임무 수행 이라는 논리가 다른 하나였습니다. 미군은 폭격으로 인한 피난민의 희 생에 대해서도 그들을 위장 병력이나 지원 세력이라 부르며 합리화했 습니다.

하지만 양심이란 참 끈질긴 것인가 봅니다. 잠잠하다가도 불쑥 머리 를 드니 말입니다. 당시 조종사였던 하워드 하이너는 아이다호 주 시 골의 노동자 계급 출신이었습니다. 한국전쟁이 시작되자 그는 공군 학 군단에 들어갔습니다. 애국적인 일을 해야 한다고 생각해서였습니다. 하지만 지금은 한국전쟁 참전으로 받은 공군수훈십자훈장을 가리켜 대량 학살의 증거라고 말하고 있습니다. 애국적인 결심에 의해 시작된 전투 행위는 빛나는 훈장으로 보상받는 자랑스러운 일이 아니라 가장 치욕적인 범죄가 되어 그의 가슴에 깊은 상처를 남기고 만 것입니다.

중산층 백인들의 도시인 웨스트필드 출신의 조지 버크는 오로지 비 행에 대한 동경 때문에 공군 간부 후보생에 지원한 평범한 청년이었 습니다. 그는 매일 한반도의 촌락들을 향해 로켓탄이나 네이팜탄을 투 하하는 일을 주로 했습니다. 그가 원했던 전투요격기 임무가 아니었던 것이지요. 그는 지휘관실로 달려가 항변했습니다. 자신은 하찮은 동양인들을 불태워 죽이려 공군에 들어온 것이 아니라고요. 그러자 그의 상관이 "그냥 익숙해지시오!"라고 소리쳤습니다. 그 후 그는 흰옷을 입은 평범한 민간인들을 향해 무감각하게 폭탄을 투하하는 전쟁 기계가 되었다고 합니다.

4

제가 죄책감을 떨치지 못하는 것은 군사 기밀이라는 이유로 제때 정보를 공개하지 않았다는 점 때문입니다. 제때 올바른 정보를 공개했다면 학살에 조금이라도 제동을 걸 수 있었으리라고 저는 지금도 생각하고 있습니다. 학살이 아예 일어나지 않게 막지는 못했겠지만 말입니다. 당시에 저는 임무에 충실해야겠다는 마음뿐이었고, 또 전쟁이란 어쩔 수 없는 선택을 강요하는 법이라고 여겼습니다. 하지만 세월이 흐를수록, 그리고 참상을 알아갈수록 저의 회한은 깊어만 갔습니다.

개전 초기의 상황부터 말씀드리겠습니다. 1950년 6월 25일 북한의 남침으로 전쟁이 발발했고, 3일 후인 6월 28일에 북한군이 서울에 입성했습니다. 파죽지세라는 말이 딱 들어맞는 상황이었습니다. 남한군은 계속 밀려나 8월 초에는 낙동강에서 방어막을 치게 되었습니다. 한 달 남짓 남한은 수세에 몰리고 있었고 이러한 전황은 남한의 군과 경찰을 압박했습니다. 이러다가는 공산화되고 만다는 위기감에서 남한의 군경은 공산주의자들을 즉시, 모두 제거해야 한다는 결론으로 빠르게 나아갔고 이것이 학살 발생 원인 중 하나였을 것으로 생각됩니다.

나라의 존립이 위태로운 상황에서 가해지는 압박감이란 겪어보지 않은 사람은 모르는 것이라 하더군요. 한데 전황이 실제로 그토록 비관적이었을까요? 그렇지 않습니다. 그렇지 않다는 것을 정보 수집과 분석을 담당하던 저는 알고 있었습니다. 그런데 그러한 사실을 널리 알리지 않은 겁니다. 물론 지시에 따른 일이었지만, 알리려는 마음만 있었다면 어떤 식으로든 알릴 수 있었을 겁니다.

몇 가지 증거를 들어 당시의 전황을 제대로 알려드리겠습니다. 앞에서 말씀드린 대전 학살은 7월 2일에서 6일까지 자행되었습니다. 그럼 그때 북한에서는 어떤 일이 벌어지고 있었을까요? 지금까지도 많은 사람들이 북한은 희희낙락했을 거라고 생각합니다. 일방적인 공세를 펼치고 있었으니까요. 하지만 사실은 그렇지 않았습니다.

개전 후 4일 만에 평양 비행장이 미군에게 폭격당합니다. 6월 29일의 일입니다. 유엔이 6월 27일에 미국의 참전을 수용했으므로 국제법상 아무런 문제도 없었습니다. 이 폭격은 북한에 큰 충격을 주었습니다. 북한은 이렇게 빨리 미국이 본격적으로 개입할 줄은 몰랐던 겁니다. 한 달 후에나 미국이 개입할 것으로 예상해 한 달 안에 전쟁을 끝낸다는 것이 목표였으니까요. 하지만 불과 4일 만에, 그것도 공군력을 완전히 마비시키는 폭격을 당했으니 충격이 클 수밖에요.

이후 북한은 제공권을 상실한 채 고전하게 됩니다. 하늘의 주인은 미군이었습니다. 이 폭격으로 북한의 수뇌부는 잠시 공황 상태에 빠졌던 게 아닌가 싶습니다. 북한군이 서울을 점령한 것이 6월 28일이었는데 어찌 된 일인지 북한군은 계속 공세를 펴지 않고 3일간 서울에 머물러 있었습니다. 남한 공산주의자들의 봉기를 기다린 것이라고 해석하는 연구자들도 꽤 많이 있는데 저는 그렇게 보지 않습니다. 6월 29일에 있었던 평양 비행장 폭격의 충격 때문이 아니었을까요? 북한군은 3일간 서울에 머물러 있으면서 미국의 의도를 분석하려 애썼겠지요. 미국이 이 사실을, 즉 미군의 평양 비행장 폭격을 널리 알렸다면 남한 사람들이 조금이라도 안도하지 않았을까요? '아, 우리도 공격을 하고 있구나' 하면서요. 이 정도 안도감만 있어도 사태를 극한으로 몰아가지는 않았을 겁니다.

게다가 낙동강 전선이 형성된 8월 초까지 미군의 폭격은 맹렬히 계속되었습니다. 미군은 7월 6일에는 원산 정유공장, 7일에는 원산 항만 시설을 폭격했고, 13일에는 B-29 56대로 다시 원산 폭격에 나섰습니다. 평양 폭격이 재개된 것은 7월 20일이었고, 7월 30일, 8월 1일, 8월 3일에는 흥남 공장 지대가 목표물이 되었습니다. 북한은 제공권을 완전히 상실했기에 폭격에 속수무책이었습니다. 이것이 낙동강 전선이 형성되기 전까지의 전황이었습니다.

북한은 주요 시설이 복구 불능 상태로 파괴되는 것을 지켜보며 거의 공황 상태에 빠져 있었고, 남한은 나라를 잃을지도 모른다는 공포와 불안에 시달리고 있었습니다. 밖에서 보면 이상한 풍경이었을 겁니다. 양쪽 다 상대방의 어려운 처지는 모른 채 자신만 죽게 되었다고 여기며 공포에 사로잡혀 있었으니까요. 7월 7일 북한군이 한창 진격 중일 때, 김일성은 북한 주재 소련 대사 슈티코프를 불러들였습니다. 이후 대사는 김일성이 그처럼 화를 내고 허둥대는 것은 처음 보았다고 본국에 보고했습니다. 우리도 이런 사실을 알고 있었습니다.

미국은 이승만에게도 정보를 제공하지 않았던 것으로 보입니다. 정확히는 모르겠지만, 이승만의 행적을 보면 그렇게 추정됩니다. 6월 25일에 전쟁이 발발하자 그는 27일 새벽에 기차를 타고 대전으로 갔다가 바로 대구까지 갑니다. 하지만 다시 대전으로 돌아와 목포로 향했는데, 그것이 7월 1일 새벽이었습니다. 그리고 목포에서 배를 타고 부산에 도착한 것이 7월 2일 오전 11시였습니다. 매우 숨 가쁘게 움직인 것을 알 수 있습니다. 공포에 질려 있었던 것이겠지요.

그가 평양 비행장 폭격을 알고 차후에도 미군의 폭격이 계속될 것을 알고 있었다면 과연 이런 행보를 보였을까요? 물론, 그가 아무에게도 알리지 않고 수행원 몇 명만 대동하고서 서울을 떠나 이 도시 저 도시 옮겨 다녔던 만큼, 그가 보고받을 기회를 잃었던 깃일 수도 있습니다.

들은 이야기입니다. 1950년 8월 초 낙동강 전선의 북한군 수는 7만 명에 미치지 못했다고 합니다. 7월 말까지 5만 8,000명의 손실이 있었기 때문입니다. 이 북한군은 인천상륙작전 후에 북으로 패주했는데, 이에 대해 일본의 소설가 마쓰모토 세이초는 〈그들의 이상한 전쟁〉이라는 글에서 북한군 10만 명이 미군의 눈앞에서 연기처럼 사라졌다고 썼습니다. 외신 기사를 토대로 북한군 수를 10만으로 정하고 있는 그는 10만 대군이 적 앞에서 흔적도 없이 사라졌다면서 이를 전쟁사에 없었던 수수께끼 같은 일로 여깁니다.

그가 제시한 해답은 북한군이 철수한 것이 아니라 해체했다는 것입니다. 일단 무기를 숨기거나 해체하고 민간인 옷으로 갈아입은 뒤 북으로 돌아가서 다시 집결했다는 것이지요. 이는 남한 주민들의 호의 없이는 불가능한 일이었으며, 호의란 북한군 병사들이 말하는 혁명에 대한 공감과 북한군 병사들에 대한 동정이었다고 그는 주장합니다. 또한 남한 주민의 이러한 지지는 이승만 정권에 대한 반감보다는 동포를 해치러 오는 미군에 대한 증오에서 비롯되었음이 틀림없다고 주장합니다.

하지만 이런 마쓰모토의 주장은 전적으로 오해에서 비롯된 것이라는군요. 사라진 북한 군인들은 북한군이 아니라 강제로 징집되어 끌려온 의용군이었답니다. 그러므로 패주하게 되었을 때 단지 북한군 군복을 벗어던지고 고향으로 돌아간 것뿐이었습니다. 전선이 무너져 패주가 시작되었으니 강제로 끌려온 의용군은 의당 집으로 돌아가지 않았겠습니까? 그러니 공연한 의혹을 제기하며 미군에 대한 반감까지 들먹이는 것은 부적절한 일이었습니다.

5

남북한 모두 패배에 대한 불안과 공포가 심했습니다. 이러다가 전쟁에서 지면 어떻게 될까? 모든 것을 빼앗기지 않을까? 이런 불안과 공포가 상황을 더욱 악화시켰습니다. 자기가 승리를 거두고 있다고 생각하면 아무래도 조금 여유를 갖게 되고, 반대로 지고 있다고 생각하면 쫓기게 되는 것이 사람 심리일 겁니다. 1950년 여름에 경상남도 진영도 후자와 같은 상황을 겪고 있었을 겁니다. 그해 여름 진영에서는 약 250명의 민간인이 공산주의자로 몰려 학살당했습니다. 경찰과 군인에 의한 학살이었는데, 이를 합리화하기 위한 구실은 북한군이 코앞에 와 있다는 것이었습니다. 그러니 공산주의자를 색출해 없애야만 한다는 것이었지요.

그럴 수도 있습니다. 전쟁이라는 특수한 상황에서는 적에게 점령당할 수도 있다는 불안과 공포가 비인간적인 과잉 행동을 낳을 수도 있을 겁니다. 하지만 진영 학살의 실상을 들여다보면 꼭 그런 경우라고 할 수 없습니다. 전쟁에서 이겨야 한다는 강박관념이 아니라 개인적인 감정이나 탐욕이 개입된 학살이었기 때문입니다.

우리도 그것을 알고 있었습니다. 진영 학살로 인해 우리가 특히 난처해진 것은 학살당한 사람 중에 목사가 있었기 때문이었습니다. 그 목사가 미국의 교파와 연결되어 있어서 이 일이 미국 언론에 보도되었습니다. 목사의 죽음은 이승만에게 아주 불리한 일이었지요. 미국의 언론이 들고일어나자 이승만은 어쩔 수 없이 책임자들을 체포, 기소했습니다. 하지만 진영 지서장만 처형되고 그 밖에는 아무도 처벌받지 않았습니다. 판사에게 뇌물을 바치거나 권력을 이용한 결과였지요. 하지만 근본적인 원인은 이승만에게는 애초에 처벌 의향이 없었다는 데 있었습니다. 그는 미국 여론을 무마할 목적에서 한 명을 처형토록 한 것뿐이었습니다.

이 사건을 다룬 소설이 있습니다. 조갑상의 《밤의 눈》인데, 사실 소설이라기보다 현장 보고서에 가까울 겁니다. 이 소설이 나온 것은 불과 몇 년 전입니다. 저는 한국전쟁 후 전시에 벌어진 학살이 한국에서 어떻게 다루어지는지를 계속 주시해왔는데 그러다가 이 소설을 접하게 되었습니다. 이 소설은 진영 학살에 대해 상세히 알려줍니다. 그리하여 그 지역 사람들 사이의 복잡한 관계가 학살 사건에 작용했다는 것을 보여줍니다.

학살은 이후에도 계속되었습니다. 미군 보고서에는 '공산주의자 사냥'이라는 단어가 종종 등장했습니다. 평양, 황해도 사리원과 신막 등에서 북진한 남한군에 의한 학살이 계속되었는데 미군이 이를 제지했다는 증거는 거의 없습니다. 미군이 참여하거나 묵인했다는 것이지요. 당시 저는 전쟁에서는 이런 일도 불가피한 게 아닌가 생각하고 있었습니다. 북한도 마찬가지로 학살을 저지르고 있는 상황에서 우리도 그렇게 적을 제거해야 한다고 믿었지요.

1950년 10월 31일에 영국 런던 주재 미국 대사관은 25일자 《런던 타임스》에 실린 기사를 국무부에 보고했는데 대략 다음과 같은 내용이었습니다. "북한이나 남한이나 다를 게 없다. 양자 사이에 차이점이 있다면, 지금은 유엔의 깃발 아래 공산주의자들 혹은 그들의 협력자들이 살해되고 감옥에 갇히고 있다는 것이다. 그 행위가 북한이 한 것에 비해 잔인하지 않다고 말할 수 없다."

저는 한국전쟁 때 일어난 민간인 학살을 전쟁 중에 적을 섬멸하는 차원에서 벌어진 일로 받아들이고 있었습니다. 전쟁은 긴박하게 돌아가고 패배는 죽음을 의미하므로 그런 일이 자행되는 것에 대해 불편한 마음은 별로 없었습니다. 그런데 남한의 군과 경찰이 학살을 자행했음을 믿지 못하는 사람들이 꽤 있었던 것으로 보입니다.

김성칠이라는 한국의 사학자는 서울이 북한군의 수중에 떨어졌을 때 고초를 겪은 경험이 있는 사람인데, 북한군의 서울 점령 당시인 1950년 8월 9일의 일기에 이즈음 어떤 선생에게 들은 이야기를 적어놓았습니다. 당시 서울에서 발간되는 신문들은 수원과 대전에서 미국과 한국에 의해 민간인 학살이 벌어지고 있다고 보도하고 있었는데, 그 선생이 이에 대해 말하기를 그것은 거짓이며, 앞으로 북한군이 자행할 학살을 위해 미리 구실을 만들어놓으려고 북한이 꾸며낸 일이라고 했다는 겁니다. 그 정도로 그 선생은 미국과 한국이 학살을 저질렀다는 것을 믿지 않았습니다. 그러나 말씀드린 대로 한국의 군경과 미국에 의한 민간인 학살은 사실이었습니다.

들은 이야기입니다. 남한과 북한은 지금도 대치 상태에 있다고 합니다. 현재 남한의 국력은 압도적으로 북한을 앞서 있는데, 그럼에도 남한은 여전히 북한을 위협적으로 느끼고 있다고 합니다. 휴전된 지

60년도 더 지난 지금도 남한에는 여전히 북한이 쳐들어올지 모른다는 불안감이 존재하고 있는 것입니다. 아무리 주한 미군이 있어도 남한은 북한의 침공을 염려하고 두려워한답니다. 그런데 이렇게 상대방을 턱없이 두려워하는 것은 북한도 마찬가지라는군요. 남한이 한미합동훈련이라도 하면 북한은 즉시 실제적 위협을 느낍니다. 미국 항공모함이 동해에 나타나면 폭격의 공포를 느낍니다. 그래서 남한을 맹렬히 비난합니다.

남과 북이 서로를 두려워하며 대치하는 것은 남북의 시계가 각각 다른 시간에서 멈췄기 때문이라는 주장이 있습니다. 1949년 2월 7일 이승만은 국회 연설에서 "유엔이나 미국이 평화적으로 남북통일을 못하면 우리가 이북으로 넘어갈 것이며 이는 우리 집안 내의 일"이라고 말했습니다. 이해 여름 남한은 '북진 통일'을 힘차게 외쳤습니다. 북한은 이를 실질적 위협으로 받아들여 38도선 이북의 다리를 철거하기 시작했습니다. 그러나 정작 전쟁은 다음 해에 북한의 공격으로 시작되었습니다. 남한에게는 불의의 공격이었습니다. 북한이 감히 공격을 하리라고 생각지 않았었으니까요. 북한은 1949년에서 1950년 사이 1년 동안 전력을 증강했습니다. 중국으로부터 전투 경험이 풍부한 약 2만 5,000명의 조선인이 돌아와 이들을 병력으로 충원했고 군비도 보강했던 겁니다. 그리고 1950년 봄부터 38도 이북의 도로와 교량을 연결하기 시작했습니다.

남한의 시계는 북한이 남한을 침공한 1950년 6월 25일에서 멈췄고 북한의 시계는 남한이 북진 통일을 외치던 1949년 봄쯤에서 멈췄습니다. 그래서 남과 북은 서로를 가장 위협적인 모습으로 기억하며 두려워하고 있습니다. 과거는 다가올 미래의 서막이라는 말이 생각나는 군요.

6

저는 전쟁 중이기에 학살이 묵인될 수도 있다고 합리화했으나, 전쟁이 끝나기도 전에 제가 스스로를 속이고 있다는 것을 분명히 알 수 있었습니다. 아니, 진작부터 알고 있었으면서 애써 무시했다는 게 옳겠지요. 한반도에서 학살은 전쟁 전에도 있었기 때문입니다. 전쟁 전에도 민간인 학살이 계속되었습니다. 그러니 전시라서 불가피했다는 변명은 통하지 않겠지요.

제주 학살은 1948년 4월 3일부터 빨치산 사령관 이덕구가 사살되는 1949년 6월까지 계속되었습니다. 최소한 3만 명 이상이 사살된 것으로 알고 있습니다. 여수·순천에서도 학살이 있었고, 경북 문경군 신북면 석봉리 석달마을에서도 1949년 12월에 86명이 희생되었으며, 경남 함양군 수동면 도북리에서는 1949년 7월 28일에 주민 32명이 학살되었습니다.

또한 1949년 음력 7월 7일에는 경북 월성군에서 8명이 학살되었는데 이때의 학살자는 무법천지를 틈타 함부로 사람을 죽이고 다닌 이협우라는 인물로, 그는 자신이 죽인 사람들의 재산과 전답을 빼앗기도 했습니다. 그 뒤에도 그는 1950년까지 살인, 방화, 약탈을 계속해 월성군 내남면에서 200명에 달하는 여러 형태의 희생자를 냈습니다. 그런데도 그는 1950년 5·30 선거에서 국회의원에 당선되었고, 이후 3선 의원까지 지냈습니다. 4·19 후 체포되어 1961년 2월에 대구지방법원에서 살인, 강도, 방화죄로 사형을 선고받았지만 1963년에 대법원에서 무죄 판결을 받았습니다. 1987년 사망할 때까지 다른 처벌은 없었던 것으로 보입니다.

이협우가 그런 죄를 짓고도 승승장구할 수 있었던 이유는 무엇이었을까요? 이승만 정부가 그를 처벌하지 않았기 때문입니다. 그렇다면 왜 이승만 정부는 학살자를 처벌하지 않았을까요? 그것은 아마도 미국이 학살을 묵인했기 때문일 겁니다. 말하자면 이승만은 미국의 이런 방침에 보조를 맞춘 것이었습니다.

이러한 맥락에서 저는 다시 한 번 반성하게 됩니다. 앞에서 말씀드렸다시피 미 군정을 위해 한국에 온 저의 임무는 법과 질서를 회복하는 것과 소련의 팽창을 막는 것이었습니다. 이를 위해 다른 것은 무시되어도 상관없었습니다. 남한 주민의 생명과 재산은 최우선 순위가 아니었고 공산주의자 색출과 제거를 위해서는 무엇이든 용납되었습니다. 물론 우리도 학살이 자행되는 데 사심과 이해관계가 많은 부분 작용하고 있다는 것을 모르지 않았습니다. 하지만 우리는 항상 우선순위를 먼저 고려했습니다.

들은 이야기입니다. 제주도에 4·3평화기념관이라는 곳이 있다고 합니다. 푸른색 지붕이 묘하게 서글픈 느낌을 주는 곳이라고 하더군요. 안에는 제주 4·3사건 관련 자료가 전시돼 있는데 꽤 충실한 편이라고 합니다. 마지막 부분에는 노무현 대통령이 제주도민에게 사과하는 동영상이 있고요. 과거에 정부가 제주도민에게 저지른 잘못을 정부를 대표해 공식적으로 사과하는 장면입니다. 입구에는 아무 글도 새겨지지 않은 커다란 비석이 서 있습니다. 아직도 진상 규명이 제대로 이루어지지 않았다는 뜻이겠지요. 전시물을 관람하다 보면 어떤 소설에 대한 언급을 접하게 되는데, 현기영의 〈순이삼촌〉이 그것입니다. 1979년에 발표된 이 단편소설은 처음으로 제주 학살을 조명한 문학 작품이라고 합니다.

한국전쟁을 전후해 남한에서 미군이 어느 정도 영향력을 행사했는지를 말씀드리는 것이 상황을 이해하는 데 도움이 될 것 같습니다. 1949년에 주한 미 군사고문단은 한국 군대로부터 105밀리 포의 포경까지 빼앗아 보관하고 있었고, 한국군 6만 5,000명의 개인 화기부터 공용 화기에 이르기까지 모든 군수 보급은 미국에 달려 있었습니다. 미국의 경제 원조 없이는 한국군의 차량을 기동시킬 석유도 구할 수 없었습니다.

이 정도면 한국 군대와 경찰의 무기는 미국이 완벽하게 통제하고 있었다 할 수 있을 겁니다. 제주, 여수·순천, 그리고 다른 지역들에서 사용된 무기, 화기와 석유는 미군의 지원 없이 투입되었을 리 없다고 봐야 합니다. 그렇다면 민간인 학살에 미국도 책임이 있음은 명백해 보입니다. 저도 이 책임에서 결코 자유로울 수 없습니다. 아무리 지시받은 대로 행동했다 해도 말입니다.

이런 것을 저는 왜 전쟁이 끝난 지 한참 후에야 알게 되었을까요? 아마 당시에도 알고 있었는데 애써 무시했던 것일 겁니다. 자신이 맞닥뜨려야 하는 진실이 너무 무서운 것일 때는 외면해버리는 것이 사람의 모습이라고 생각합니다. 그렇다고 이것이 변명이 될 수는 없겠지만요.

들은 이야기입니다. 미군이 직접 학살을 자행한 적도 있다고 합니다. AP통신에 의하면 1951년 1월 12일에 경기도 용인 일대에서 미군 전투기의 기총 사격에 의해 남쪽으로 향하던 피난민 300여 명이 목숨을 잃었습니다. 또한 1951년 1월 20일에는 충북 단양군 영춘면 상2리 괴개굴이라는 동굴에 숨어 있던 피난민 300여 명이 미군 전투기가 떨어뜨린 소이탄에 질식해 숨졌고 동굴을 빠져나온 사람들도 기총소사를 받았다고 합니다. 미군은 침투자가 숨어 있다는 의심만으로 무고한 사람들을 학살한 것입니다.

그런데도 이 손님은 이런 사실에 대해서는 말하지 않았습니다. 아니 말하고 싶지 않았는지도 모르지요. 한국군에 의한 학살이 피해자를 직접 대면하며 자행된 것과 달리 미군에 의한 학살은 주로 전투기나 폭격기를 이용해 자행되었기 때문에 이 손님이 학살이라는 인식을 갖지 않았는지도 모르겠습니다. 사람을 말뚝에 묶어놓고 두 눈을 가리고 가슴에 큰 원을 표시한 후 소총으로 쏘아 죽이는 것이 한국군의 학살 방식이었다면 하늘에서 순식간에 기총소사하거나 폭탄을 떨어뜨리는 것이 미군의 학살 방식이었거든요.

7

그럼 왜 이런 학살이 자행된 것일까요? 이것이 지금까지 제가 거듭거듭 생각하고 있는 문제입니다. 공산주의자로 짐작된다는 이유만으로 알고 지내던 동네 사람을 죽이는 것이 어떻게 가능했을까요? 전쟁은 구실이 될 수 없습니다. 말씀드린 것처럼, 전쟁이 일어나기 전에도 민간인 학살이 꽤 광범위한 지역에서 오랜 기간 거듭되었으니까요. 그럼 무엇 때문이었을까요?

가장 쉽게 떠오르는 것이 이승만 개인의 철저한 반공 성향입니다. 그가 공산주의에 대해 맹목적이고 극단적인 적개심을 갖고 있었기 때문이라는 거지요. 물론 이승만은 아마도 공산주의자에게 적대감을 갖고 있었을 겁니다. 1950년 12월에 당시의 법무부장관이 한 말을 보면 미루어 짐작할 수 있습니다. 그는 보도연맹 학살과 관련해 국제적십자단원 레이니어에게 "공산주의자들은 사람 죽일 생각만 한다. 따라서 그들이 다른 사람들을 죽일 기회를 갖기 전에 먼저 그들을 붙잡아 죽이는 것이 국가 안보를 책임지고 있는 나의 의무다"라고 말했습니다. 예방 학살의 정당성을 이야기하고 있는 법무부장관의 이 말에서 이승만 정부의 생각과 논리를 충분히 읽을 수 있습니다.

하지만 그렇다고 해서 민간인 학살의 책임을 전적으로 이승만 개인에게 돌릴 수는 없습니다. 미국의 용인 내지 지원 없이는 민간인 집단 학살이 이루어질 수 없었을 것이기 때문입니다. 당시 한국은 모든 분야에서 전적으로 미국에 의존하고 있었으므로 미국이 학살을 막으려 했다면 얼마든지 막을 수 있었을 겁니다. 런던 주재 미국 대사관은 1950년 12월 22일《크로니클》이 보도한 기사를 미국 국무부에 보냈는데 그 기사의 내용은 대략 다음과 같았습니다. "유엔군은 한국군의 잔혹한 행위를 막을 방법이 없다고 했지만 이는 사실이 아니다. 그들은 막을 수 있고 또 막아야 한다. 한국군 지휘자는 유엔군에 절대적으로 의존하고 있다. 유엔군이 한국 정부에 명령을 내린다면 그들은 따를 수밖에 없다. 자신의 지위와 운명을 유엔군에 의지하고 있기 때문이다."

실제 상황은 이러했지만 미국은 민간인 학살은 내정 문제라면서 발뺌을 했습니다. 홍제리 집단 처형에 대해 미 군사고문단원 존 킹은 한국은 주권 국가이니 법에 따라 형을 집행하는 이상 누구도 간섭할 수 없다고 했습니다. 너무나 정치적인 언사이지요.

그럼 한국의 민간인 집단 학살을 미국 대통령은 알고 있었을까요? 저는 당시에는 이에 대해 잘 몰랐습니다. 한국에 관한 정보를 수집, 분석, 보고하기에 바빴을 뿐 아니라 그런 걸 알 수 있는 위치에 있지도 않았기 때문입니다. 후에 알게 된 사실입니다만, 1950년 10월 15일 미국 웨이크 아일랜드에서 트루먼 대통령 주재로 한국전쟁 등

동북아 상황과 관련한 회의가 열렸습니다. 참석자는 맥아더, 무초 주한 대사, 미 태평양함대사령관, 국방장관, 국무차관보, 대통령 특별보좌관 등이었습니다. 한국전쟁에 대해 맥아더와 무초가 번갈아가며 설명하는 방식으로 회의가 진행되었습니다.

이때 대통령 특별보좌관이 맥아더에게 전쟁 범죄는 어떻게 처리되고 있느냐고 묻자 맥아더는 "전쟁 범죄는 내가 알아서 하겠다. 내 권한으로 잔학 행위를 한 범죄자를 처리할 수 있으며 그들을 붙잡아 즉각 재판에 회부할 것이다"라고 말했다고 합니다. 미국 수뇌부는 민간인 집단 학살의 진상을 알고 있었던 겁니다. 하지만 맥아더는 학살과 관련해 그 누구도 처벌하지 않았습니다. 이 사실 역시 미국 수뇌부는 잘 알고 있었겠지요.

이승만이 학살에 책임이 있고 그의 개인적 성향이 사태를 악화시켰다는 것은 부인할 수 없어 보입니다. 또한 미국은 이를 알고도 묵인했을 뿐 아니라 적극 지원했습니다. 돌이켜 생각해보면 미국의 이런 지원은 당연한 것이었다는 생각이 듭니다. 우리가 한국에서 맡은 임무는 소련의 팽창을 저지하고 법과 질서를 회복하는 것이었다고 말씀드린 바 있습니다. 미국은 소련의 팽창을 막고 한국의 법과 질서를 회복한다는 이 원칙에서 벗어난 적이 없습니다. 이 원칙 내에서는 학살도 용인되었던 것으로 보입니다. 어떤 경우에도 학살은 안 된다는 지침을 받은 기억이 없군요.

한국전쟁에 참전한 한 미군 장교의 회고록을 본 적이 있습니다. 그는 에드워드 로니라는 장교로, 한국전쟁 발발 시 맥아더의 당직 장교였고 인천상륙작전과 흥남철수작전에도 참여했습니다. 후에는 초대 한미 제1군단장을 지내기도 했으니 한국 전문가라 불러도 무방할 겁니다. 그는 회고록에서 왜 39도선이 아니라 38도선이 되었는지, 맥아더는 어떤 과정을 거쳐 서울로 들어갔는지, 그리고 장진호 전투를 어떻게 마무리했는지 등을 기술하고 있습니다. 그런데 제가 주목한 것은 그의 안중에는 한국인이 없다는 것이었습니다. 그는 오직 미국과 미군 그리고 맥아더에 대한 충정으로 가득했습니다. 그에게 한국전쟁은 남의 전쟁이고 남의 나라 일이었던 것입니다. 우드 장군과 주고받은 편지가 자주 등장하는데 결국 자기 자랑을 위해서입니다. 이 회고록에 고뇌라고는 없습니다.

여기에는 학살에 대한 언급은 단 한 마디도 등장하지 않습니다. 한국전쟁의 한복판에 있었고 상당한 정보를 접했던 장교가 그 엄청난 비극에 대해서 어떻게 한마디도 언급하지 않을 수 있단 말입니까? 그것은 아마도 그가 군인으로서의 임무에만 충실했기 때문일 겁니다. 군인으로서의 임무란 전투에서 승리하는 것이겠지요. 이런 자세를 저는 충분히 이해합니다. 저도 당시에는 그와 다르지 않았으니까요. 공산주의자를 격퇴하고 한국을 지키는 것만이 중요했고, 그것은 곧 미군의 승리를 뜻했습니다. 그리고 사람은 누구나 회고록을 쓸 때 자기중심적으로 쓰기 마련 아닙니까? 참회록은 드물지요.

미국은 한국 국민에 대한 존중심을 갖고 있지 않았던 것 같습니다. 그보다는 공산주의의 팽창 저지와 법과 질서를 우선시했습니다. 여수·순천 사건만 보더라도 미군 고문관들은 진압 과정에서의 민간인 학살을 놀라운 일로 여겼지만 진압군과 경찰이 민간인을 학살하는 상황에 대해서 이러쿵저러쿵하지 않았습니다. 미군은 작전의 세부까지 다 파악하고 있어서 진압 군경에 의한 민간인 학살이 있었다는 것을 잘 알고 있었지만 침묵한 것입니다.

당시 미 임시 군사고문단은 작전 지휘권을 보유한 상태에서 고문관을 파견해 전반적으로 작전을 통제하고 장비와 정보, 인적·물적 자원을 제공하며 진압 작전에 개입하고 있었습니다. 즉 진압 작전을 장악하고 있었던 것인데, 그러면서도 민간인 학살을 저지하지 않고 침묵했다는 것은 용인한다는 신호로 읽히기에 충분했습니다. 한국의 대통령이 이런 상황에 대해 미국에 항의하지 않았음은 물론입니다. 암묵적으로 학살을 용인하는 미국의 기본 입장이 한국 대통령의 학살에 대한 생각에도 영향을 미친 것이 아닐까 합니다. 그리고 그러한 대통령의 생각은 일선 군과 경찰에 당연히 영향을 미쳤을 겁니다. 하지만 이것이 민간인 학살을 낳은 원인의 전부는 아닐 겁니다.

민간인 학살이 한국전쟁에서 역사상 처음 벌어진 것은 물론 아닙니다. 저는 2차대전 때의 유대인 학살을 익히 알고 있었고, 만주와 중국에서 일본군이 자행한 민간인 학살에 대해서도 잘 알고 있었습니다. 그렇다고 해서 한국에서 벌어진 민간인 학살이 조금이라도 정당화되는 것은 아닙니다. 민간인 학살은 아무리 오랫동안 인류와 함께해왔다 해도 최악의 범죄임에 틀림없기 때문입니다. 군대가 무장하지 않은 민간인을 의심스러운 데가 있다는 이유만으로 함부로 죽이는 것이 어떻게 정당화될 수 있겠습니까?

그럼에도 불구하고 왜 학살은 멈추지 않았을까요? 저는 잘 모르겠습니다. 다만 제가 아는 것은 19세기에 청나라가 엄청난 규모의 대학살을 벌였고, 그로부터 멀지 않은 20세기에는 그에 영향이라도 받은 듯 일본이 엄청난 대학살을 벌였다는 것입니다. 19세기에는 청나라가 이슬람교도들의 분리 독립 움직임을 저지하고자 민족 말살을 통해 운남성雲南省 인구 500만 명가량을 죽였고, 20세기에는 중일전쟁 중에 일본군이 중국의 남경에서 30만 명 이상의 민간인을 죽인 것입니다. 일본의 남경 대학살은 청나라의 이슬람교도 대학살 후 70년이 채 지나지 않은 1937~1938년에 일어났습니다. 청나라와 일본의 학살 사례를 동일선상에 놓고 이야기하는 것은 무리가 있지만, 두 사례가 시기적으로 멀지 않아 심리적 영향이 있었던 게 아닐까 짐작해봅니다.

중국과 일본 모두 학살에 무감각했던 게 아닐까요? 청나라가 반란 세력, 이슬람 분리 독립 세력이라면 누구든 다 죽이고 일본이 중국인이라면 군인이든 민간인이든 다 죽이더니 결국 한국전쟁 때는 공산주의자로 의심되기만 하면 군인이든 민간인이든 다 죽이게 된 것이 아닐까요? 가까운 과거에 상상을 초월하는 규모의 대학살 선례들이 엄연히 존재했으니 그에 비하면 자기가 저지른 짓은 별것 아니라는 생각을 학살자들은 했을지도 모르지요. 학살의 원인과 이유를 찾는 데 너무 골몰한 나머지 저는 이런 무리한 추측까지 하게 되었습니다.

들은 이야기입니다. 패전 후 일본은 일본군이 중국에서 했던 짓 때문에 두려워했다고 합니다. 일본군이 중국에서 약탈과 강간을 자행했던 것처럼 미군도 일본에서 그렇게 할까 봐 겁을 먹은 것이지요. 그리고 미군의 강간에 의한 혼혈로 민족이 약해질지도 모른다는 우려의 소리도 있었습니다. 일본은 이런 염려를 신속하게 해결하려 했는데, 성에 굶주린 연합군 병사를 상대할 매춘부를 모집하는 것이 그 방편이었습니다.

1945년 8월 18일, 내무성은 전국의 각 지방 관청에 국고에서 자금을 제공하는 특수위안시설협회를 설립하도록 명했고 거의 하룻밤 만에 전국 각지의 여러 매체에 여성을 모집한다는 광고가 실렸습니다. 지원자 전원에게 숙식과 옷을 제공한다고 했다는군요. 이 협회의 발족식 때는 황궁 앞 광장에 군중이 밀려들었고, 약 1,500명에 이르는 젊은 여성이 마쓰자카야 백화점 부근인 긴자 나나초메에 임시로 설치된 협회 본부 바깥에 모였습니다. 그리고 사회 안녕에 기여함으로써 궁극적으로는 국체를 수호하는 데 한 몸을 바치고자 한다는 내용의 선서문이 낭독되었다고 합니다. 이것은 당시의 국체 수호 운동의 일환이었던 것으로 보이는데, 이런 사고방식을 갖고 있는 일본에게 한국이 제기하는 위안부 문제가 과연 울림이 있을지 의문이 듭니다.

8

말씀드린 것처럼 저는 하버드 대학에 설치된 민정훈련학교에서 약 7개월 반 동안 집중 훈련을 받았고 그때 일본에 관해 주로 배웠습니다. 이러한 교육 때문인지 후에도 계속 일본에 대해 관심을 갖게 되었습니다. 어느 날 한국의 민간인 학살 문제로 고민하던 저는 일본의 선불교와 학살이 관계있다고 주장하는 책을 읽고 공감하게 되었습니다. 이에 대해 말씀드리고자 합니다. 이상하다고 생각하실 줄 압니다만, 지루하더라도 들어주시길 바랍니다. 한국에서 벌어진 학살을 이해하는 데 도움이 될지도 모르기 때문입니다.

당시 학살은 군과 경찰에 의해 자행되었습니다. 민간인끼리의 학살은 좀처럼 없었습니다. 있었다 해도 거의 모두 군과 경찰을 배경으로 한 것이었습니다. 군과 경찰은 어떤 생각으로 학살을 했을까요? 이러한 의문과 관련해 당시 한국 군대와 경찰의 간부는 거의 다 일본 군대와 경찰 출신이었다는 점에 주목할 필요가 있습니다. 그렇다면 그들은 일본 군대에서 무엇을 배운 것일까요? 배운 것 중에 무엇이 그들을 학살로 내몬 것일까요? 저는 이 점에 대해 말씀드리고 싶습니다.

들은 이야기입니다. 제주 4·3사건 진압에 관여한 군인들의 경력이 다음과 같았다고 합니다. 연대장 박진경 중령은 일본군 소위 출신이었는데 제주도 폭동을 진압하기 위해서는 제주도민 30만 명을 희생시켜도 무방하다고 말했습니다. 그가 암살된 후 후임으로 온 최경록과 부연대장으로 있다 얼마 후 9연대장이 된 송요찬은 지원병으로 일본군에 들어갔다 준위로 근무했습니다. 또한 제주감찰청장으로 학살 시기에 경찰 총수였던 홍순봉은 일제 경찰로서 만주에서 활동했으며, 악명높았던 특별수사대장 최난수는 일본 고등계 형사 출신이었습니다. 군경의 지도부가 온통 일본 군경 출신이었다 해도 과언이 아닙니다. 그리고 2연대장 함병선은 만주군 출신이었고, 여수·순천 사건 이래 악명이 높았던 김종원은 일본군 지원병 출신이었습니다. 열거하자면 끝이 없겠군요. 여기에서 줄이겠습니다.

다나카 기이치라는 군인이 있었습니다. 1927~1929년에 총리를지냈고, 그 전에는 육군대신과 육군대장을 지냈습니다. 그가 주목을 끄는 것은 군대의 내규를 개정한 사람이기 때문입니다. 러일전쟁이끝난 1908년, 일본 군대는 1894년에 프로이센 군대의 것을 그대로베껴 만들었던 군대 내규를 다나카 기이치의 주도 아래 개정합니다. 그는 군대에 필요한 정신력을 일본 전통 중 하나인 사무라이 정신에서 찾으려 했습니다. 우리가 일본 군인에 대해 정신력이 강하고 사무라이 정신으로 무장되었다는 이미지를 갖고 있다면 그것은 바로다나카 기이치에 의해 개정된 내규에 따라 군인의 정신 교육이 실시돼온 결과일 것입니다.

그는 군대 내규 개정과 관련해 네 가지를 기본 원칙으로 삼았습니다. 군대의 모든 것을 표준화해야 한다, 정신 교육에 중점을 두어야 한다, 군기를 강화해야 한다, 가족 의식에 바탕을 둔 윤리적 훈련이 최우선으로 이루어져야 한다. 그는 최신 무기보다는 정신력이 전쟁의 승패를 좌우한다고 믿은 것입니다. 이것이 후에 가미가제 특공대를 낳았고 정신력을 최우선시하는 일본 군인 정신의 바탕이 되었습니다.

유명한 선사禪師 한 분은 중일전쟁 때 짧은 휴가를 받아 자신을 찾아온 제자에게 설사 총알이 너를 향해 날아오더라도 네가 정신력을 발휘하면 방향을 틀어 너를 피할 것이라고 말했다고 합니다. 농담으로 한 말이 아닙니다. 제자가 총알은 방향을 틀지 않는다고 말하자 그는 이번에 살아 돌아오지 않았느냐고 반문했다 합니다. 이런 선사의 사고방식을 따르는 것이 당시 일본군의 분위기였고 일본의 분위기였습니다. 과학 문명은 서양이 앞섰을지 모르지만 정신만은 동양 아니 일본이 앞섰다는 믿음이 있었지요. 꽤 오래된 그 믿음이 특히 선불교로 인해 강화되면서 최신 무기보다 정신력이 더 중요하다는 믿음이 싹튼 것입니다. 하지만 현실은 반대였지요. 일본은 미군의 최신 무기를 당해낼 수 없었고 결국 항복하고 말았으니까요.

들은 이야기입니다. 한국에서는 지금도 군대에 갔다 와야 사람 된다는 말이 있다고 합니다. 고생을 해봐야 정신 개조가 이루어진다는 뜻이겠지요. 그리고 군 복무를 가리켜 인생 공부라 말하기도 한답니다. 한국에는 군대가 인간의 정신을 바꿔놓을 수 있다는 믿음이 광범위하게 존재하나 봅니다.

여기에서 다나카가 내규를 개정하던 상황을 좀 더 이야기해보겠습니다. 당시 일본군은 접시에 음식을 담아 먹었는데 그는 가볍고 튼튼한 밥공기를 구하기 위해 부하를 가마쿠라의 겐토사라는 절로 보냅니다. 그 부하는 기시 소좌였는데 병사들의 식품 공급 개선 문제로 고민하고 있었습니다. 연대장의 지시로 절에 가 식당을 면밀히 관찰한 기시 소좌는 많은 수행승들의 위생적이고 질서 있는 생활을 지속적으로 유지해주는 시스템을 배워 와 군대에 도입합니다. 그것이 취사 관리와 요리 규정의 개정입니다. 이 과정에서 식기의 소재는 나무에서 알루미늄으로 바뀝니다. 그리고 기시 소좌는 불교에서는 먹는 목적이 깨달음을 얻기 위해 건강을 유지하는 데 있고 식사라는 행위 자체가 깨달음의 표현이라는 것을 알게 됩니다.

　이후 앉든 눕든 자든 먹든, 병사의 모든 행위는 정신을 도야하는 기회라는 것이 기본적인 원칙으로 명확해집니다. 군대에서의 모든 행위가 전투를 위한 것이 아니라 정신을 도야하기 위한 것이라는 겁니다. 정신을 도야하면 전투력이 상승된다는 의미겠지요. 그렇다면 선사들이야말로 전투에서 가장 훌륭한 병사가 되지 않을까요?

　일본의 군대는 정신력의 군대로 변모해갔습니다. 러일전쟁 이후 일본의 군부 지도자들이 전쟁터에서 병사들의 사기나 정신이 중요한 역할을 한다는 것을 깨달았기 때문입니다. 군대는 전투력 향상의 장이라기보다는 정신 수양의 장이 되었습니다. 정신 수양을 위해서는 가혹 행위도 용인되었습니다. 군기를 잡는다는 명목으로 가혹 행위가 벌어졌습니다. 정신력 강화를 위해서라며 오히려 권장되기도 했습니다. 일본 군대는 24시간 수행修行을 하는 군대였고, 수행을 위해서라면 가혹 행위까지도 마다 않는 군대였습니다.

일본 군대는 무엇을 위해 정신력을 강조한 것일까요? 그것은 바로 일본 정신과 천황을 지키기 위해서였습니다. 일본 군대는 개인주의, 민주주의, 자유주의에 맞서 일본 정신을 지키고 천황을 지키기 위해 정신력을 고양하려 애썼던 것입니다.

정신력을 강조하는 일본 군대의 특징은 일본군 출신들이 고위층에 포진한 한국 군대에도 자연스럽게 유입되었을 것입니다. 그렇다면 한국 군대는 무엇을 위해 정신력을 강조했을까요? 자유가 아닐까 합니다. 한국 군대는 공산주의를 막고 자유를 지키기 위해 강한 정신력을 필요로 하지 않았을까요? 결국 천황이 자유로 바뀌었을 뿐 한국 군대는 일본 군대의 특징적 성격을 그대로 물려받은 것입니다. 최신 장비와 전술이 아니라 정신력에 의지하는 군대임은 변하지 않은 것이지요.

들은 이야기입니다. 선불교에는 긍정도 부정도, 선도 악도 없는 절대적인 영역이 있다고 합니다. 그 영역에서는 삶과 죽음의 구별도 없어집니다. 죽인다고 해서 악이 아니며 죽임을 당한다고 해서 선도 아닙니다. 그런 구별은 그 영역에는 존재하지 않기 때문입니다. 이런 사고방식이 일본군이 학살을 저지를 때도 작용했다고 합니다.

9

일본 군대가 선불교에서 가져온 것은 정신력만이 아니었습니다. 일본 군대는 선원禪院의 질서를 그대로 답습했습니다. 미군은 일과가 끝나면 개인으로 돌아옵니다. 물론 그렇다고 해서 계급이 무시되는 것은 아니지만, 일과 후에는 비교적 홀가분하게 개인적인 생활을 할 수 있는 것입니다. 그리고 일과 후에는 상급자라 해도 하급자에게 함부로 일을 시킬 수 없습니다. 군기는 세지만 개인 생활도 보장이 잘되어 있는 셈입니다.

일본 군대는 미국 군대와는 많이 다릅니다. 일본군에게는 개인 생활이 없습니다. 졸병은 24시간 졸병입니다. 그리고 나이는 철저히 무시됩니다. 중요한 것은 오로지 계급입니다. 일본 군대의 이런 면은 선원으로부터 유입된 것입니다. 선원에서는 나이보다는 선 수행 기간이 우선입니다. 아무리 나이가 많아도 수행 기간이 짧으면 더 오래 수행한 승려의 지시를 따라야 합니다. 이것이 그대로 일본 군대로 옮아갔습니다.

일본군은 24시간 정신 수양을 해야 하는데, 정신 수양을 지시하는 사람이 상급자이니 24시간 상급자 밑에 있다고 해도 과언이 아닙니다. 미군이 과제 위주인 반면에 일본군은 정신 수양 위주입니다. 일본 군대는 선원과 비슷합니다. 모두가 24시간 함께 움직이지요. 그러므로 결속력이 강한 반면, 방향을 잘못 설정하면 학살도 아무렇지 않게 저지를 수 있습니다. 지도자가 이끄는 방향으로 맹목적으로 따라갈 수밖에 없는 것입니다.

군국주의가 결국 일본 군대의 본질이었습니다. 명령과 복종이 이체제의 특징인데, 이렇게 된 데는 군대에 선원과 같은 위계질서를 들여온 탓도 있다는 생각이 듭니다. 명령과 복종의 철저함은 학살을 저지를 때 크게 도움이 됐을 겁니다. 이런 점에서 보면 일본군이 중국 남경에서 저지른 학살은 결코 우연이 아닙니다.

들은 이야기입니다. 2차대전 때 독일이 폴란드의 유제푸트라는 마을에서 유대인 1,500명을 학살했다고 합니다. 학살 주체는 군대가 아니라 중년의 예비 경찰들로 구성된 경찰 대대였는데 이들은 신중한 선발, 지독한 교화 교육, 강도 높은 훈련 없이도 학살자가 되었습니다. 이에 대해, 권위에 대한 복종, 그리고 동료 집단의 행동에 동참해야 한다는 동조 압박감이 크게 작용했기 때문이라는 분석이 있었습니다. 내가 하지 않으면 동료가 할 수밖에 없다, 그렇게 되면 마음의 빚이 생기고 만다, 마음의 빚을 덜기 위해 다음에는 내가 직접 나선다, 뭐 그런 것이겠지요. 그런데 군대만큼이나 명령과 복종으로 유지되던 이 경찰 집단에서, 명령받은 학살을 거부한 사람이 실제로 있었고 그는 결국 전출되는 불이익을 당했다고 합니다. 아무리 학살을 명령받았다 해도 스스로 어떻게 행동할지를 결정할 수 있다는 것을 보여주는 예라고 할 수 있겠습니다.

한국 학살자들의 내면은 어땠을까 하는 궁금증이 생기는군요. 동조 압박감이 심했을까요? 아니면 불교에서 말하듯이 모든 것을 업보로 여기고 받아들였을까요? 이생에서 고난을 겪는 것이 전생에 저지른 큰 잘못 때문이라고 믿는 업보 의식이 한국에서는 꽤 일반적이라 들었습니다. 한국의 학살자는 사람들을 함부로 죽여놓고 돌아가는 길에 "다 업보야"라는 말로 스스로를 위안하지 않았을까 하는 생각이 듭니다. 그러면 마음이 조금이라도 편해지지 않았을까요?

저는 또 이런 이야기도 들었습니다. 한국 사람들은 '죽는다'는 말을 많이 쓴다고 합니다. 심지어 아주 좋을 때도 '좋아 죽겠다'라는 표현을 쓴다고 합니다. 하지만 보통은 '너, 그러다 죽는 수가 있어', '죽어봐야 정신 차리지', '다 죽여버리고 말 거야' 하는 식으로 쓰지요. 혹시 이런 표현들이 학살의 결과로 생긴 건 아닐까요? 학살의 가해자나 피해자 모두에게 죽는다는 것이 실제로 이렇게 비치지 않았을까요? 학살이 벌어지던 시기에는 이런 식의 말들이 허언에 그치지 않았던 게 아닐까요?

그리고 한국인들이 유별나게 술을 좋아하는 것 또한 민간인 학살의 역사와 관련 있다는 이야기도 있습니다. 학살의 가해자나 피해자나 모두 가혹한 현실을 맨 정신으로 견디기는 매우 힘들었을 겁니다. 멀쩡한 정신으로 어떻게 한마을 사람, 친척, 심지어 가족끼리 죽이고 죽임을 당하는 일을 견딜 수 있었겠습니까? 내면이 황폐해져 하루하루 버티기도 힘겨웠을 겁니다. 그래서 술에 의존하게 되지 않았을까요? 한국전쟁기라는 비교적 가까운 과거에 겪은 학살이라는 몹시 충격적인 사건으로 인해 한국인들에게는 과음의 습관이 자리 잡고 이어져 내려온 것이 아닐까요?

이제 삶과 죽음에 대해 좀 더 말씀드리겠습니다. 살아서 포로가 되는 치욕을 당하지 말고 죽어서 죄화罪禍의 오명을 남기지 말라. 이 것은 매우 유명한 일본군 지침으로, 일본군 포로의 수가 독일군 포로의 2퍼센트에 불과한 이유를 설명해줍니다. 삶보다는 죽음을 택하라고 명하는 이 지침은 1941년 1월 8일에 당시 육군대신이던 도조 히데키가 공표한 야전 규정집 〈전진훈〉의 제2장 제8절입니다.

〈전진훈〉을 만든 부처인 교육총감부의 본부장은 이마무라 히토시라는 장군이었습니다. 그는 선종에 깊은 영향을 받은 불교 신자로, 17세기에 활약한 하쿠인 선사에 관한 글도 쓴 바 있었습니다. 그 글에서는 하쿠인 선사의 유명한 일화가 소개되는데 그가 이런 말을 했다고 합니다. "죽음은 좋은 것이고, 삶은 훨씬 더 좋은 것이다. 삶은 좋은 것이고, 죽음은 훨씬 더 좋은 것이다." 이런 구절을 마음에 새기고 있었던 이마무라가 살아서 포로가 되는 치욕을 당하지 말라는 규정을 만든 것은 어쩌면 자연스러운 일인지도 모르겠습니다. 삶과 죽음의 경계가 흐릿해지고 죽음이 삶보다 더 아름답다고 추앙된다면 옥쇄玉碎라는 행위는 자연스러운 결과일 수 있겠지요.

10

제가 한국에 처음 발을 디딘 것이 1945년이라고 말씀드렸습니다. 그때 저는 사십대 초반이었지요. 세상이 무섭다는 것을 모르는 나이도 아니었고 그렇다고 세상을 두려워하는 나이도 아니었습니다. 어느 정도 삶에 익숙해진 나이였다고나 할까요. 하지만 한국전쟁은 저의 삶을 통째로 흔들어놓았습니다.

군정 시기에는 별다른 조짐이 없었습니다. 저는 임무에 충실했습니다. 여러 사건을 겪으면서 혼란을 느꼈지만 제게는 공산주의에 맞서 싸운다는 자부심이 있었습니다. 그래서 민간인 학살에 대해서도 별다른 소회가 없었습니다. 한국전쟁이 일어난 뒤에도 별로 달라진 게 없었습니다. 전쟁은 학살조차 정당화해주는 힘이 있었나 봅니다.

하지만 휴전 후 미국으로 귀환한 저는 저 자신이 변해가는 것을 조금씩 느끼게 되었습니다. 저는 대령으로 전역한 후 국책 연구소에 근무하고 있었는데 어느 날 제게 우울증 증상이 있다는 것을 알게 되었습니다. 우울증은 무기력이나 폭력으로 나타난다는데 제 경우에는 무기력이었습니다. 저는 치료를 받게 되었고, 전쟁 후유증으로 어떤 장애를 겪고 있다는 진단을 받았습니다. 제가 전쟁으로 엄청난 정신적 상처를 입었는데, 그로 인한 증상이 한참 잠복해 있다가 이제 나타났다는 것이었습니다. 한국전쟁이 저를 병들게 한 셈이었습니다.

한 5~6년 고생한 끝에 어느 정도 회복된 저는 자원하여 한국으로 돌아갔습니다. 제 병의 원인의 한복판으로 다시 돌아가 정면으로 문제에 맞서고자 했던 것이지요. 그리하여 1960년부터 한 20년간 주한 미국 대사관에서 근무하고 퇴직했습니다. 그때도 여전히 정보를 수집, 분석하는 일을 했습니다. 그렇게 한국에 머물렀던 기간은 학살 문제가 어떻게 처리되는지를 유심히 들여다보는 세월이기도 했습니다. 한국 정세에 대한 정보를 다루는 것이 저의 임무였지만 저 개인적으로는 과거에 벌어졌던 학살 문제에 관심이 있을 수밖에 없었지요. 제 병의 원인이었으니까요.

1960년 제가 한국으로 돌아가자마자, 부정 선거에 대한 학생들의 항의로 촉발된 시민운동에 의해 이승만 정권이 퇴진했습니다. 이를 기회로 국회 차원에서 학살의 진상을 밝히려는 시도가 있었고 유족회도 만들어졌습니다. 하지만 진상이 밝혀지고 가해자가 처벌받을 것이라는 저의 기대는 1년 남짓밖에 가지 못했습니다. 쿠데타가 일어났기 때문입니다.

이후, 유족회에서 활동하던 사람들은 반국가 사범으로 몰려 오히려 처벌을 받았습니다. 말씀드렸던 김해 진영 학살 사건 희생자의 아들인 김영욱은 유족회 일로 7년 형을 선고받았습니다. 게다가 그의 집안까지 빨갱이 집안으로 몰려, 그는 출옥 후에도 계속 고통 속에서 살다가 2002년에 교통사고로 세상을 떠났습니다. 2002년까지 학살 문제의 해결에는 전혀 진전이 없었다고 할 수 있겠지요.

진전이 시작된 것은 2005년에 '진실·화해를 위한 과거사정리위원회'가 출범하면서부터였습니다. 이로써 국가 차원에서 학살 문제를 다루게 된 것인데, 저는 많은 기대를 걸었으나 이 국가 기관의 활동은 크게 주목받지 못했습니다. 그렇다고 해서 답보 상태에 빠진 것은 아니었습니다. 많은 연구자와 기자들이 끈질기게 사건의 실체에 접근하려 했고 관련 논문과 책과 기사가 나왔습니다. 그런 노력의 결과였는지는 몰라도 2014년 한국 정부는 4월 3일을 제주 4·3사건을 기념하는 국가 기념일로 지정했습니다. '4·3희생자추념일'이 공식 명칭입니다. 많은 변화가 생긴 것이지요. 1960년대 초와 비교하면 변화가 실감이 납니다.

이런 노력에도 불구하고 과거에 일어났던 민간인 학살에 대해 한국인들은 잘 모릅니다. 아니 모르는 척하고 있다는 것이 더 정확한지도 모르겠습니다. 생전에 저는 오랜 한국 생활의 결과로 많은 한국인들과 친하게 지냈습니다. 저는 한국어로 의사소통을 하는 데 지장이 없었고, 또 제가 미국 관리라는 점도 한국인들과의 친교에 도움이 됐으리라 생각합니다.

그런데 제가 놀란 점은 친하게 지낸 한국인들 거의 대부분이 민간인 학살에 대해 알고 있다는 것이었습니다. 저는 그들의 나이를 고려해 그들이 잘 모를 거라 여기고 있었는데 말입니다. 그들은 전쟁이 끝난 후 10년 사이에 태어난 사람들이었는데도 열에 아홉은 민간인 학살에 대해 알고 있었습니다. 보통은 부모에게 전해 들어 알게 된 것이었습니다. 그들의 부모 세대는 그 일을 직접 겪은 사람들로서, 공개적으로 알릴 기회가 없었을 뿐 그 일을 잘 알고 있었으니까요.

어떤 사람은 부모에게서 이런 이야기를 들었다고 했습니다. 대전으로 피난 가 있을 때 많은 트럭이 대전에서 외곽으로 사람들을 싣고 나가는 것을 봤는데 후에 대전 인근에서 시체로 메워진 구덩이가 무더기로 발견되었다는 이야기였습니다. 또 전라도의 한 섬에서 자란 어떤 사람은 이런 이야기를 들려주었습니다. 성인이 된 뒤 어느 날 문득, 그 섬의 주민들이 전쟁에 대해 한마디도 안 한다는 것을 의식하고 이상히 여기게 되었습니다. 보통은 무용담을 늘어놓기 일쑤인데 왜 아무도 전쟁 때 겪은 일을 이야기하지 않을까 의아했던 것이지요. 그러다가 다음과 같은 이야기를 듣게 되었습니다. 전쟁 중에 목포에 주둔하던 국군이 그 섬에 들어온 적이 있었습니다. 문제는 북한군 복장을 하고 들어왔다는 겁니다. 그 섬에 빨갱이가 많다는 이야기를 듣고 빨갱이를 색출하기 위해 일부러 북한군 복장을 한 것이었습니다. 섬 주민들은 나가서 그들을 반갑게 맞이했습니다. 그러자 국군은 그 사람들을 한곳에 모아놓고 자신들이 실은 국군임을 밝힌 뒤, 당신들은 북한군을 환영했으니 빨갱이라며 학살했습니다.

이런 이야기를 당시 상황에서 누가 하고 싶었겠으며, 할 수 있었겠습니까? 이런 이야기를 들을 때면 저는 하루빨리 학살에 대한 진상 규명이 이루어져야 한다고 생각하곤 했습니다. 하지만 저의 바람은 좀처럼 실현되지 않았습니다. 학살 문제는 지금까지도 한국에서 주목의 대상이 아닙니다. 주목의 대상이 아니니 해결해야 할 과제도 아닙니다. 심지어, 그런 사실을 기억하는지부터 사람들에게 물어야 할 형편입니다. 과거에 학살이 있었나요? 한국에서 1948년부터 1951년 사이에 무슨 일이 있었나요?

과거를 잊은 민족에게 미래는 없다는 말을 많이들 합니다. 누가 누구에게 하는 말일까요? 한국에서는 주로 일본을 향해 이런 말을 합니다. 일본이 과거에 한국을 강점하며 저지른 잘못을 인정하지 않는다면 일본에게는 미래가 없으니 이제라도 과거의 잘못을 시인하고 사과하라는 뜻을 담아서요.

저는 과거를 잊은 민족에게 미래는 없다는 이 경구를 한국인들 자신의 가슴에도 새겨야 한다고 생각합니다. 그리하여 한국인들이 과거에 자기 나라에서 벌어졌던 학살의 역사를 잊지 말아야 한다고 생각합니다. 학살을 잊은 민족에게 미래는 없다고 바꾸어 말할 수 있겠네요. 이는 한국, 일본, 그리고 중국에도 해당되는 말입니다. 독일에도 해당되고 남미의 여러 국가에도, 남아프리카공화국에도, 미국에도 해당되지요. 문제는 잊지 않기 위해 어떻게 해야 하느냐는 것입니다.

독일이 모범 사례로 거론됩니다. 유대인 학살에 책임 있는 자들을 끝까지 추적해 처벌했다는 것이지요. 한국은 일본에게 독일을 본받으라 하면서, 정작 자국의 학살의 역사에 대해서는 눈감으려 하고 있습니다. 그 일을 잊은 것처럼 행동하고 있습니다. 그 일이 있었다는 것을 떠올리는 것조차 기피하려 하고, 그 일이 묻히고 잊히기만을 바라는 것 같습니다. 과거를 잊은 민족에 과연 미래가 있을까요?

한국은 베트남에서 저지른 학살도 잊었습니다. 베트남전 때인 1966년 12월 5일 한국 해병대인 청룡여단 1개 대대가 꽝아이성 빈선현 빈호아 마을로 행군했고, 이 마을에서 베트콩과 상관없는 민간인 36명을 무참히 학살했습니다. 학살은 다음 날에도 이어졌습니다. 전날보다 규모가 더 컸습니다. 청룡여단은 꺼우안푹 마을로 가서 273명의 민간인을 한자리에 모이게 했습니다. 영문을 모른 채 마을 주민들이 한자리에 모였고 이내 청룡여단의 총기가 난사되었습니다. 이유도 없었습니다. 베트콩의 공격도 없었고, 누군가가 대항한 적도 없었습니다. 그런데도 비무장 상태의 민간인 273명이 죽임을 당했고, 이렇게 죽은 이들은 모두 교전 중 우리 군이 사살한 베트콩으로 보고되었습니다.

이 마을에는 후에 한국군 증오비가 세워졌는데 이렇게 적혀 있다고 합니다. "하늘에 가 닿을 죄악, 오래도록 기억하리라. 한국군은 이 작은 땅에 첫발을 내딛자마자 참혹하고 고통스러운 일들을 저질렀다. 수천 명의 양민을 학살하고, 가옥과 무덤과 마을들을 깨끗이 불태웠다. 모두가 참혹한 모습으로 죽었고 겨우 14명만이 살아남았다. 미 제국주의와 남한 군대가 저지른 죄악을 우리는 영원토록 뼛속 깊이 새기고 인민들의 마음을 진동시킬 것이다. 그들은 양민 학살만 저지른 것이 아니라 온갖 야만적인 수단들을 사용했다. 그들은 불도저를 갖고 들어와 모든 생태계를 말살했고, 모든 집을 깨끗이 불태웠고, 우리 조상들의 묘지까지 갈아엎었다. 건강 불굴의 이 땅을 폭탄과 고엽제로 아무것도 남지 않은 불모지로 만들었다." 그럼에도 한국군은 아무도 처벌받지 않았고 지금도 한국은 베트남에서의 학살을 부인하고 있습니다.

들은 이야기입니다. 베트남 전쟁 때 있었던 가장 추악하고 잔혹한 사건 중 하나는 밀라이 마을의 민간인 학살이었다고 합니다. 1968년

3월 16일 미군 찰리중대 소속 병사 150명이 남베트남 밀라이 마을로 들어가 윌리엄 캘리 중위의 명령에 따라 이 마을 민간인 500여 명을 무참히 학살했습니다. 아무런 저항도 하지 않은 그 민간인들을 미군은 남녀노소 가리지 않고 죽였습니다. 장난처럼 사람을 죽였고 도망가는 이들을 쫓아가 총을 난사했습니다. 찰리부대원들은 사람을 죽이는 것에 그치지 않았습니다. 죽은 사람의 가슴에 찰리중대라는 영문을 군용 대검으로 새겼습니다. 그리고 마지막엔 마을 전체를 화염 방사기로 불태웠습니다.

놀라운 것은 이 모든 일을 아무 이유 없이 했다는 겁니다. 그저 베트콩이 숨어 있을지도 모른다는 막연한 의심이 이유의 전부였습니다. 이 학살 행위를 주도했던 캘리 중위는 뒷날 '우리는 전쟁 동안 공산주의자들이 인간이라는 생각을 단 한 번도 해본 적이 없다'고 회고했습니다.

이 사건은 종군 기자의 사진으로 폭로되었고, 반전 여론과 항의가 빗발치자 미군 당국은 밀라이 마을 학살 사건에 대한 조사에 착수해 그곳에서 민간인 학살 행위가 있었음을 확인했습니다. 이어 14명의 장교가 체포되었지만 거기까지였습니다. 최종적으로 처벌받은 책임자는 윌리엄 캘리 중위 단 한 명뿐이었습니다. 캘리 중위는 사건 당시 입대한 지 고작 4개월 2주밖에 안 된 신참이었는데 그런 그에게 미국 정부와 미군이 모든 책임을 전가한 것입니다. 게다가 그에게 내려진 처벌은 고작 3년간의 가택 연금이었습니다. 504명을 학살한 죄에 대한 처벌로는 가당찮게 가벼웠지만 닉슨 정부는 이마저 사면했습니다.

저는 한국으로 돌아간 뒤 《논어》라는 책을 알게 되었습니다. 그 전에는 제목조차 들어보지 못했습니다. 한국에 가보니 이 책이 아주 널리 알려져 있고 회자되어 저도 관심을 갖게 되었지요. 읽을수록 묘미와 깊이가 느껴지는 책이더군요.《논어》를 읽다 보면 가끔 가슴이 철렁 내려앉는 구절을 만나게 됩니다. 인간에 대한 깊은 통찰력으로 정곡을 찌르는 구절들이지요.

그중 하나가 〈위정爲政〉편에 나옵니다. 사람의 행동을 주시하고 그 행동이 어디에서 유래하는지를 보고 그가 무엇에 만족스러워하는지를 관찰하면 아무리 감추려 해도 그 사람의 성품이 드러나기 마련이라는 대목입니다. 이는 사람을 판단하는 데는 세 가지가 필요하다는 뜻으로 보입니다. 그가 무엇을 하느냐, 그가 그것을 하는 이유가 무엇이냐, 그가 무엇에 만족을 느끼느냐.

저는 사람이 아니라 한 나라를 판단하는 데 이 기준을 적용하면 어떨까 하는 생각을 해본 적이 있습니다. 한국이라는 나라가 어떤 나라인지 판단해보고 싶어서요. 한국이 해방 이후 무엇을 했는지, 그것을 한 이유가 무엇인지, 한국이 무엇에 만족해왔는지를 안다면 한국이라는 나라를 판단하는 데 도움이 될 것 같았습니다.

한국이 한 일은 많이 있겠지만 저는 특히 학살의 진상 규명과 관련해 한국이 무엇을 왜 했는지 아는 것이 중요하다고 생각합니다. 학살만큼 끔찍하고 비인간적인 범죄는 없기 때문입니다. 이런 중요한 문제를 배제하고 한국이 어떤 나라인지 판단한다면 크게 잘못된 판단이 될 겁니다. 독일의 유대인 학살을 배제하고 독일에 대해 이야기할 수 있겠습니까? 일본의 남경 학살을 없었던 일로 하고 일본의 정체성에 대해 말할 수 있겠습니까?

유감스럽게도 학살의 진상 규명과 관련해 한국 정부가 한 일은 매우 미미합니다. 아마 학살이 있었음을 한국 정부가 공식적으로 인정한 적조차 없을 겁니다. 제주 4·3사건이 조금 예외적인 경우라 할 수 있으나 이 사건에 대한 공식 사과문에서 '학살'이라는 말은 찾아볼 수 없습니다. 학살자 명부가 만들어진 적도 없습니다. 교과서에도 학살의 역사에 대해서는 거의 쓰여 있지 않습니다. 매년 방송국들은 6·25전쟁일에 맞추어 한국전쟁 관련 특집 프로그램을 방영해왔으나 그중에 학살을 다룬 프로그램이 있었다는 기억은 없군요.

한마디로 한국에서의 학살은 없었던 일처럼 되었습니다. 책이나 논문에서 간혹 다루어지긴 하지만 그 내용은 소수 의견으로 남아 있을 뿐입니다. 제주 4·3사건의 경우에도 정부가 희생자 추념일을 지정했을 뿐 가해자인 학살자의 이름은 공식적으로 확인되지 않고 있습니다. 희생자는 있지만 가해자는 드러나지 않았습니다.

학살의 진상 규명과 관련해 한국은 별로 한 일이 없습니다. 그 일이 알려지는 것을 꺼렸기 때문이겠지요. 수치스러운 역사를 들춰내서 좋을 게 없다고 판단한 것으로 보입니다. 한국은 그렇게 진실을 외면하고서 경제 발전과 민주화에 만족했습니다. 한국은 진실과 직면하는 것에 만족스러워하는 나라가 아닙니다. 오히려 진실을 불편해하고 국민 화합을 해치는 것으로 간주해왔다 하겠습니다. 그와는 반대로 저는 문제를 정면으로 응시해 진실과 대면함으로써 제 고통에서 빠져나오고 싶었습니다. 제 병은 진실을 외면한 데서 비롯되었기 때문입니다.

제가 한국으로 돌아가 대사관 직원으로 근무한 20년 동안 한국에서는 많은 변화가 있었습니다. 산업화로 인해 경제가 발전했고 많은 희생을 치러가며 민주화 투쟁이 전개되었습니다. 저는 여전히 결정하는 라인에 속하지 않았기에 비교적 객관적으로 한국의 추이를 지켜볼 수 있었습니다.

제가 주한 미 대사관에서 일한 기간은 공교롭게도 한국에서 군인들의 전성시대였습니다. 저는 민주화 시대가 열리는 것을 보지 못하고, 군인들의 시대가 계속되는 가운데 한국 근무를 마감했습니다. 80이 다 된 나이였습니다. 귀국할 시기를 놓친 것이라고도 할 수 있겠는데, 한국 전문가로서의 유용성 때문에 너무 오래 근무한 것이었습니다. 저는 귀국하고 몇 년 후에 고향에서 세상을 떠났습니다.

한국에 있던 때나 지금이나 제 생각은, 학살이 군경에 의해 저질러졌으니 당연히 군대와 경찰에 책임을 물어야 한다는 것입니다. 하지만 군부가 20년 이상 권력을 잡고 있는 상황에서 어떻게 학살의 진상을 밝히고 처벌을 내릴 수 있었겠습니까? 처벌은 고사하고 진상 규명조차 할 수 없었을 겁니다. 진상 규명은 고사하고 학살이라는 문제를 꺼내는 것조차 할 수 없었을 겁니다. 누가 분연히 일어나 살아 있는 권력의 권위를 실추시키는 문제를 제기하겠습니까? 미국도 처지가 다르지 않았습니다. 미군이 학살의 책임에서 자유로울 수 없으니 이 문제를 피하고 싶었겠지요. 자칫하면 한국인들이 반미 정서로 치닫지 않겠습니까? 한국에서 너무 오랫동안 군인들의 시대가 계속되었고, 학살은 없었던 일이 되고 말았습니다.

12

그럼 군인들의 전성시대 이전에는 왜 학살 문제가 다루어지지 않았을까요? 학살자가 여전히 권력자로서 건재했고, 그 권력자에게 반기를 드는 사람은 빨갱이로 몰려 목숨을 잃는 시대였기 때문입니다. 대통령 후보였고 이승만 정부에서 장관까지 지낸 조봉암이 국가보안법 위반으로 사형에 처해지는 그런 시대였던 겁니다. 그 시대에 학살을 거론하는 것은 빨갱이라고 스스로를 증명하는 것과 다르지 않았습니다.

1960년 봄 이승만 정권이 물러났을 때 잠깐 학살 문제가 공론화되었습니다. 그러나 앞서 말씀드린 대로 1961년에 쿠데타가 일어나 유족회 사람들이 반국가 사범으로 체포되어 투옥되고 군인들의 전성시대가 오래 지속되면서 학살은 없었던 일이 되고 말았습니다. 저는 이 시기에 다시 한 번 무력감에 휩싸였습니다. 학살자가 아무런 처벌도 받지 않고 마치 아무 일도 없었다는 듯이 시간이 흐르고 있었지만 제가 할 수 있는 일은 없었으니까요.

제가 세상을 떠난 후 한국에 문민정부가 들어섰습니다. 민주화가 이루어진 것이지요. 저는 이제 군인의 시대가 갔으니 학살의 진상이 밝혀지지 않을까 기대하며 기뻐했습니다. 하지만 이런 기대는 물거품이 되고 말았습니다. 학살 문제는 별로 거론되지 않았습니다. 물론 앞서 말씀드린 것처럼 2005년에 진실·화해를 위한 과거사정리위원회가 발족해 활동했으나 그럼에도 학살에 대한 진상 규명이 한국 사회의 과제로 떠오르는 일은 생기지 않았습니다.

한국이 해방 후 줄곧 추구해온 일은 산업화와 민주화, 그리고 반공과 반일이었습니다. 산업화와 민주화는 줄기찬 노력으로 오늘날 성공을 거두었습니다. 반공은 남용으로 비극을 낳을 만큼 철저하게 추구되어왔고, 반일은 여전히 논란을 일으키지만 친일 인명사전이 나올 정도로 많은 진전이 있었습니다. 그런데 앞서 말씀드린 대로 학살자 명부는 아직 나오지 않았습니다. 높은 사람들이 너무 많이 연루돼 있어서 작성되지 못하는 것이 아닐까 하는 생각이 듭니다. 이런 명부가 작성되어 공개된다면 그로부터 자유로울 수 있는 당시의 지도층 인사가 과연 얼마나 될까요? 하지만 그렇다고 해서 아무 일도 없었다는 듯이 이렇게 침묵하는 것이 과연 옳은 일일까요? 아니, 한국에 도움이 되는 일일까요? 과거는 미래의 서막이라는 말이 있습니다. 과거를 직시하지 않는다면 한국인의 미래는 어떻게 될까요? 두려운 일입니다.

이제 어둠이 저편으로 사라지고 있군요. 곧 해가 뜨겠지요. 아무리 더운 여름날이라도 새벽엔 시원했다는 게 제 기억입니다만 이제는 더운 것도 시원한 것도 느끼지 못합니다. 이야기를 마무리해야겠습니다. 털어놓아도 마땅한 해결책이 없는 상황이라 마음이 무겁습니다. 그래도 이야기를 하면 조금은 홀가분해집니다. 아직은 저 자신이 문제와 정면으로 대결하고 있다는 느낌이 들어서일 겁니다. 이렇게 떠돌아다니다 혹시 학살의 희생자들과 마주치지는 않을까요?

가끔 프랑스 파리에 갑니다. 피카소 박물관에 가서 〈한국에서의 학살〉이라는 그의 작품을 봅니다. 스페인 내전을 묘사했다는 〈게르니카〉처럼 추상적이지는 않지만 무척 차가운 그림입니다. 초겨울의 철판과 같은 차가움과 무미건조함이 가득합니다. 배경도 없이 공포에 질린 민간인들과 철없는 아이들이 등장하고, 어느 나라 소속인지 알 수 없는 군인들이 그들 앞에서 그들에게 총을 겨누고 있습니다. 제목이 '한국에서의 학살'이니 학살 장면이겠지요. 피카소가 그 그림을 그린 것은 1951년이고, 그 전 해인 1950년 10월에서 12월까지 황해도 신천에서 일어난 학살 사건이 모티프가 되었다고 합니다. 이 그림을 보고 있으면 제 가슴이 깊은 곳부터 차츰차츰 얼어붙어 옵니다. 제 가슴의 얼음이 다 녹아 없어질 수 있을지 모르겠습니다.

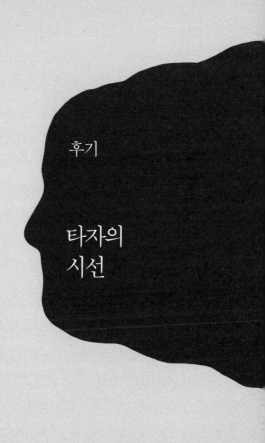

후기

타자의
시선

오사카 간사이 공항을 빠져나와 교토행 열차 하루카를 타기 위해 걷노라면 일본에 온 것을 실감합니다. 갑자기 시간이 천천히 흐르고 오감이 열리는 듯한 느낌이 듭니다. 공항이 시설에 비해 사람이 많지 않고 바다의 인공 섬에 위치한 관계로 멀리 동떨어져 있는 듯한 기분이 들기도 합니다. 교토를 향해 가면서 철로 주변의 벚꽃이 얼마나 피었는가를 가슴 두근거리며 살피곤 합니다. 아무리 개화시기를 맞춰 와도 꽃이 늘 기대를 따라주는 것은 아니기 때문입니다. 언젠가 교토를 소재로 글을 쓰고 싶었는데 별 재주가 없어 미뤄오다가 이번 기회에 교토 역을 배경으로 삼았습니다.

저는 이 책의 저자입니다. 어차피 책은 팔리지 않는다, 그러니 쓰고 싶은 대로 쓰자. 이런 마음으로 이 책은 시작되었습니다. 저술가가 제 직업이기는 한데 책을 써 생계를 유지한다는 것은 제 경우 애초부터 불가능했습니다. 그래서 결국, 베스트셀러 작가를 한없이 부러워만 하다 글쓰기를 마칠 수는 없으니 마음껏 내 스타일로 써보자는 생각을 하게 된 것입니다. 따라서 이 책은 기존의 제 책과는 형식이 조금 다릅니다. 소설 같기도 하고 역사책 같기도 한 것이 애매한 모양새입니다. 하지만 분류는 제 일이 아닙니다. 저는 제 스타일로, 제 마음대로 쓰면 그만입니다.

저는 평소 제가 좋아하던 책들에서 아이디어를 얻어 이 책을 썼습니다. 이미 보셨겠지만 이 책에는 네 개의 독립된 이야기가 등장합니다. '정체성 탐구'라는 한 가지 주제가 이 이야기들을 관통하고 있긴 하지만 말입니다. 이 이야기들을 어떻게 엮을 것인지가 고민거리였습니다. 물론 책을 단순히 단편 모음집으로 만들 수도 있었지만 뭔가 허전한 느낌이었습니다. 서로 다른 네 개의 이야기가 하나의 주제로 엮여 있음을 보다 효과적으로 드러낼 수 있는 장치가 필요했습니다. 그래서 교토 역 관광안내소의 야간 책임자라는 인물이 설정되었습니다. 그가 야간에 관광안내소를 찾아오는 혼령들의 이야기를 들어주고 그 내용을 보고하는 형식을 취하게 된 것입니다.

물론 손님들을 맞아 이야기를 들어주는 역할, 이른바 '마스터'를 등장시키는 것은 흔히 볼 수 있는 형식이지요. 이와 관련해 저에게 직접적으로 영향을 끼친 책이 있습니다. 아베 야로의 만화《심야 식당》과 기타모리 고의 추리소설 〈반딧불 언덕〉입니다. 둘 다 연작 형식으로 돼 있고 마스터가 등장합니다. 무대는 식당과 맥주바로 다르지만 마스터의 역할에는 차이가 거의 없습니다. 두 마스터 모두 손님들의 이야기를 들어주고 그들에게 음식을 만들어줍니다. 단지 맥주바 마스터의 경우 추리소설의 주인공답게 범죄 사건이나 이상한 사건에 관한 해법을 제공한다는 점이 다를 뿐입니다. 음식 솜씨로 말하자면 맥주바의 마스터가 한 수 위일 겁니다. 저는 두 작품 다 좋아합니다.

그런데 교토 역 관광안내소의 야간 책임자는 손님에게 음식을 제공하지도 않고 추리를 통해 도움을 주지도 않습니다. 손님에게 말을 거는 일도 없습니다. 그저 손님의 말을 들어준 뒤 손님에 대한 보고서를 쓸 뿐입니다. 이러한 차이는 손님의 차이에 기인합니다. 앞의 두 마스터와 달리 이 책임자가 상대하는 손님은 죽은 사람들입니다. 저는 손님들을 좀 더 진중하고 성찰적이고 회한이 많은 존재로 그리고 싶어서 이런 설정을 하게 되었습니다. 게다가 손님들을 망자로 설정할 경우 그들에게 일종의 전지적 시점을 마련해줄 수 있다는 장점도 있었습니다. 그 손님들은 시간과 공간에 갇히지 않고 이승을 떠돌아다니는 혼령인 만큼 매우 폭넓은 정보들을 접할 수 있는 존재이기 때문입니다. 생각했던 것처럼 성공적으로 그려졌는지는 모르겠지만 의도는 그랬습니다.

이 책의 손님들은 '저는 아무개입니다'라는 말로 이야기를 시작합니다. 저는 오래전부터 이렇게 시작하는 글을 쓰고 싶었습니다. 허먼 멜빌의 소설《모비 딕》은 "Call me Ishmael"이라는 문장으로 시작됩니다. 무척이나 어려운 소설이라서 저는 지금도 온전히 이해하지 못하고 있습니다만 이 문장만은 제 기억 속에 선명하게 남아 있습니다. 언젠가는 저도 이렇게 시작하는 글을 쓰고 싶었는데 이제 그 소원을 이루었습니다.

이 책의 무대는 교토입니다. 우선 제가 교토를 좋아해서 그렇게 설정했습니다. 저는 교토의 벚꽃을 특히 좋아합니다. 교토의 단풍도 좋아하지만, 단풍은 때를 맞추기가 쉽지 않아 잘 보지는 못합니다. 게다가 교토는 과거에 오랫동안 일본의 수도이자 정치·문화 중심지였던 만큼 역사적 의미가 크고 고풍스러운 곳입니다. 그래서 저는 망자들의 혼령이 출몰하는 곳으로 교토가 꽤 어울린다고 여겼습니다.

이즈미 교카의 소설 〈고야산 스님〉이 생각납니다. 환상소설이라 할 수 있는데 저는 이 소설의 분위기를 좋아합니다. 저도 이렇게 현실과 환상을 넘나드는 분위기를 이 책에 구현하고 싶었습니다. 하지만 막상 써놓고 보니 환상적이기는커녕 무미한 글이 되지 않았나 싶습니다.

1

이 책의 주제는 정체성, 또는 타자의 시선으로 본 한국의 정체성입니다. 프랑스 철학자 메를로퐁티는 《지각의 현상학》에서, 내가 생각하는 나도 내가 아니고 남이 생각하는 나도 내가 아니라고 말했습니다. 한국의 정체성과 관련해서도 같은 말을 할 수 있지 않을까요? 우리 자신이 생각하는 한국적인 것도 한국적인 것이 아니고, 타자가 생각하는 한국적인 것도 한국적인 것이 아니라고 말입니다. 그렇다면 우리 자신이 생각하는 한국적인 것은 무엇이고 타자가 생각하는 한국적인 것은 무엇일까요?

우리 자신이 생각하는 한국의 정체성에 대해서는 저는 오래전에 《한국의 정체성》이라는 책에서 이미 다룬 바 있습니다. 거기서는 우리의 관점에서 한국적인 것은 무엇인지, 한이 과연 한국적인 것인지, '한국적인 것이 세계적인 것이다'라는 구호가 과연 타당한지 등을 검토했는데, 별로 신통치 않았는지 독자들의 불만이 쏟아졌습니다. 아무리 읽어봐도 '한국적인 것은 이런 것이다'라는 딱 부러지는 말은 없고 한국적인 것을 판단하는 기준만 나온다는 것이었습니다. 게다가 정체성 고찰에 역사성이 빠져 있다는 비판도 있었습니다. 한국적인 것이 있다면 하늘에서 뚝 떨어지지 않은 한, 아니 설령 하늘에서 뚝 떨어졌다 해도 역사적 배경을 가질 수밖에 없는데 현재성에만 초점을 맞추면 한국적인 것을 제대로 찾을 수 없다는 비판이었습니다.

저는 이런 불만이나 비판이 모두 타당하다고 생각합니다. 그리고 이번 책에서는 역사성을 간과하지 않으면서 남이 생각하는 한국의 정체성에 대해 다뤄보게 되었습니다. 다시 말하면, 정체성에는 과거에 우리가 겪은 일들, 즉 역사가 녹아 있을 수밖에 없다는 점에서 과거의 역사로 눈을 돌리되, 그 역사 속에서 남들은 우리를 어떻게 보았는가를 다뤄본 것입니다. 그리고 그러한 남들의 시선이 지금도 유효한지에 대해서도 항상 주의를 기울이면서 작업을 진행했습니다. 예를 들어 과거에 중국이 조선을 번국으로 여겼다면 그런 시선이 지금도 여전히 남아 있는지 점검해보고자 했다는 것입니다. 또한 이에 더하여, 정체성이라는 것이 어떻게 만들어지는가를 다른 나라의 사례를 통해 고찰함으로써 우리의 정체성 만들기를 돌아보는 계기로 삼고자 했습니다.

이 책에는 네 개의 이야기가 나옵니다. 제1화는 노나라의 유학자

재아가 들려주는 공자에 대한 이야기, 제2화는 송나라의 문신 서긍이 들려주는 고려와 조선에 대한 이야기, 제3화는 일본의 정치가 사이온지 긴모치가 들려주는 패전 후 일본에 대한 이야기, 제4화는 한국에 파견되었던 미 군정단 소속 장교가 들려주는 한국전쟁 때의 민간인 학살에 대한 이야기입니다. 성격은 조금씩 다르지만 모두 정체성과 관련 있습니다. 제2화와 제4화가 타자가 본 한국의 정체성에 대한 이야기라면 제1화와 제3화는 정체성이 어떻게 발명되는가에 대한 이야기라 할 수 있습니다. 그럼 각 이야기를 구상하게 된 계기나 의도를 좀 설명해볼까 합니다.

제1화는 공자에 대한 이야기를 통해서, 공자가 받들어야 할 전통이라고 여긴 것, 우리가 공자의 진면목이라고 여긴 것이 착각의 소산일 수 있음을 일깨우며 절대적인 정체성이란 것이 허상일 수 있음을 보여줍니다. 저는 이노우에 야스시의《공자》라는 소설을 접하면서 갑자기 공자에 대해 흥미를 갖게 되었습니다. 그의《둔황》을 무척 재미있게 읽었던 터라《공자》도 읽어보게 되었는데 이 또한 의외로 재미가 있었습니다. 이 작품에 그려진 공자 시대의 상황이 인상적이었습니다.《논어》에 나타난 공자밖에 모르던 저에게 생생하게 살아 움직이는 공자는 너무나 흥미로워 보였습니다. 작가는 무엇을 근거로 이런 상황을 묘사했을까, 혹은 지어냈을까 하는 궁금증이 생겼습니다.《논어》를 근간으로 하고 그에 더하여 각종 역사서를 참고한 것으로 짐작되었습니다. 이 소설 속의 공자는《논어》속의 공자와 크게 다르지 않았습니다. 단지《논어》속 공자가 정지된 사진 같다면 소설 속 공자는 움직이는 영화 같다고나 할까요.

하지만 저는 공자에게 최대한 다가가려면 공자에 대한 문헌보다는 고고학에 의존하는 것이 낫지 않을까 하는 생각을 하게 되었습니다. 아무래도 문헌은 후대에 쓰인 것이고 또 그것이 쓰인 시대의 영향을 받기 때문에 공자를 있는 그대로 전해주기는 어려울 것 같았습니다. 공자가 이미 성인으로 자리매김한 상황에서 후대 사람이 공자에 대해 비판적으로 글을 쓰기는 어려웠을 테니까요. 그에 비하면 고고학은 진실을 왜곡할 가능성이 훨씬 낮은 것입니다. 그리하여 저는 공자의 시대에 대해 고고학적으로 접근한 문헌을 찾아보게 되었는데, 그러한 공부를 통해 알게 된 것은 공자의 가르침이 독창적인 것이 아니며 공자가 칭송한 주공의 면모는 공자에 의해 만들어진 것이라는 사실이었습니다.

공자는 주공의 가르침을 따른다고 말했으나 주공은 공자가 상상했던 그런 인물이 아니었습니다. 고고학이 그것을 말해줍니다. 그리고 지금 우리가 생각하는 공자의 이미지 또한 후대에 만들어진 것입니다. 물론 이런 것을 문화라고 부릅니다. 기원이 어찌 됐든 많은 사람이 역사를 통해 공유하게 된 것이 문화이니 지금 우리가 갖고 있는 공자의 이미지는 역사의 산물입니다. 이것을 왜곡이라고 말하기는 어렵습니다. 모든 것은 시대에 따라 달리 해석되고 만들어지고 덧붙여지고 삭제되기 때문입니다. 저는 그것이 바로 정체성의 정체라고 공자를 통해 말하고 싶었습니다.

제2화에서는 송나라 사람 서긍의 이야기를 통해 중국이 본 고려와 조선에 대해 말하고 싶었습니다. 새삼스러운 것은 없습니다. 고려든 조선이든 한반도에 들어선 나라들을 중국은 일관되게 번국으로 여겼습니다. 이는 중국의 정사를 통해 알 수 있는 사실입니다. 중국의 정사는 보통 왕조 교체 후에 쓰입니다. 당나라가 망하고 송나라가 들어선 후에 당나라 역사가 편찬되는 식이지요. 저는 고려나 조선에 대한 중국의 생각을 파악함에 있어서 이 중국 정사를 기초로 했습니다. 그런데 정사만 가지고는 이야기의 뼈대는 세울 수 있으나 살은 붙일 수가 없었습니다. 좀 더 구체적인 정보들이 필요했던 것이지요. 그래서 서긍이 지은 《고려도경》을 끌어들였습니다. 이 책은 꽤 알려져 있고 내용도 충실한 편이라서 소중한 자료가 되었습니다.

한편, 중국이 고려나 조선을 왜 그렇게 봤는지를 따져보기 위해서 중국과 고려·조선을 비교해보는 것을 피할 수 없었습니다. 그래서 송나라와 고려를 비교하는 내용을 넣었고, 그 결과 송나라의 선진 문화와 고려의 후진 문화가 확실하게 대비되고 말았습니다. 송나라에 비해 고려는 여러모로 초라한 나라였습니다. 선진국 옆에 서면 후진국이 한없이 작아지는 것은 예나 지금이나 마찬가지 아니겠습니까?

우리는 스스로가 찬란한 문화유산을 갖고 있다고 말하며 자랑스러워하지만 중국과 직접 비교해보면 그렇게 말할 수 없는 이유들이 끝없이 나오게 됩니다. 우리는 과거에 중국에 조공을 했지만 그것은 하나의 외교적 의례에 지나지 않았고 실은 중국과 대등한 관계에 있었다고 말하고 싶어 합니다. 그렇다면 중국은 어떻게 생각했을까요?

중국 정사로만 본다면 중국의 생각은 전혀 달랐습니다. 중국 정사에는 조선의 기원은 기자 조선이며 조선은 역사적으로 번국이었다고 기록되어 있습니다. 고구려가 있었는데 당에 복속되었고 그 후 고려가 일어나 조선에 이르기까지 번국의 예를 갖췄다, 이것이 한반도의 역사에 대해 중국이 인지하고 있었던 전부입니다. 고구려와 고려 사이에 있었던 통일신라나 발해에 대해서는 중국은 전혀 인지하고 있지 않았습니다. 고구려-고려-조선으로 이어진 단순한 흐름밖에 알지 못한 것입니다.

역사적 진실이 무엇인지는 단언할 수 없으나 적어도 중국 정사만 가지고 얘기한다면 중국이 과거에 한국을 이렇게 봤다 해도 크게 틀리지 않을 겁니다. 지금은 한국을 보는 중국의 시선에 변화가 생겼을까요? 2016년 초 한국의 사드 배치 논의가 공식화되면서 주한 중국 대사는 한국의 사드 배치가 한국과 중국의 관계를 파괴할 수도 있다고 발언해 큰 파문을 일으켰습니다. 중국이 이런 엄포성 발언을 할 수 있는 것은 무엇 때문인지 생각해보지 않을 수 없습니다. 중국은 여전히 한국을 번국으로 여기는 것일까요? 반면에 우리는 중국에는 줄곧 너그러운 것 같습니다. 우리에게 반미, 반일 구호는 익숙하지만 반중 구호는 그렇지 않은 것이 현실입니다.

제3화에서는 일본의 경우 정체성이 어떻게 발명되었는지를 구체적으로 추적해보았습니다. 그 과정에서 일본의 눈에 비친 조선에 대해서도 잠깐 이야기하게 됩니다만, 제3화의 주 관심사는 전후 일본의 정체성 수립 과정이었습니다. 그래서 여기서는 전후 일본의 헌법 개정 과정을 좇으며 일본의 정체성이 만들어져가는 과정을 살펴보았습니다. 전후에 일본은 패전국으로서 점령군인 미군의 주도하에 헌법 개정을 해야만 했는데, 그때 최대한 일본적인 것을 지키고 싶다는 바람과 점령군의 지시를 따르지 않을 수 없는 입장 사이에서 갈등을 겪었습니다. 이러한 배경에서의 일본의 헌법 개정은 정체성이란 것이 과연 무엇이며 어떤 식으로 만들어지는지를 추적해보기에 적당한 사례가 되어주었습니다. 그리하여 저는 일본의 헌법 개정 과정을 추적함으로써 메이지 유신 때부터 전후까지 일본의 정체성이 어떻게 만들어져갔는지를 이야기해보았습니다. 저의 지식과 통찰력이 부족해 만족할 만한 수준이 되지는 못했지만 말입니다.

제3화에서 유독 벚꽃 이야기를 많이 했는데, 이는 벚꽃을 좋아하는 제 취향 때문이라기보다는 벚꽃이 일본의 정체성과 깊은 관련이 있기 때문입니다. 일본 소설이나 문집을 보면 벚꽃이 아주 빈번히 등장하고, 벚꽃과 일본인을 떼어놓고 생각하기 어려울 정도로 슬픈 일, 기쁜 일, 환상적인 일들이 벚꽃 그늘에서 일어나는 경우가 많으니 말입니다.

제4화에서는 중국, 일본에 이어 미국의 눈에 비친 한국을 이야기하기 위해 미 군정 시기를 배경으로 하여 미군을 화자로 삼았습니다. 해방 후 지금까지 미국은 한국을 어떤 시각으로 바라보았고 어떤 자세로 대했는가를 다루고자 한 것입니다. 이야기는 당시 한국에서 한국과 미국에 의해 자행된 민간인 학살을 중심으로 진행됩니다. 민간인 학살은 한국의 현대사를 논할 때 빼놓을 수 없는 문제입니다. 한국전쟁 중에 북한군에 의해 많은 학살이 저질러졌습니다. 하지만 이 책에서 저는 주로 미군과 한국군에 의한 학살을 다루었습니다. 학살이 기억하고 싶지 않은 수치스러운 역사라 할지라도 한국이 어떤 나라인지 알고 싶다면 이를 외면해서는 안 된다고 생각합니다.

제가 한국에서 민간인 학살이 있었다는 이야기를 처음 들은 것은 고등학교 진학 후였습니다. 그 이전에 본 많은 전쟁 영화에서 국군은 항상 승리를 거두었고 인민군은 잔악하기 그지없었습니다. 그런데 고등학교에 올라가 사귀게 된 지방 출신의 친구들로부터 한국 군경과 미군에 의한 학살이 있었다는 얘기를 듣게 된 것입니다. 저는 몹시 충격을 받았지요. 그러나 그 충격을 그대로 삼켜버려야 했습니다. 독재 정권 하에서 그런 문제를 입에 올리고 토론하는 것이 매우 어려운 일이기도 했고, 무엇보다 당장은 제게 대학 진학이 가장 시급한 문제였기 때문입니다.

이후 오랫동안 이 문제를 들여다볼 여유와 시간이 없었습니다. 그런데 한 10년 전쯤의 어느 날, 우리가 일본에게 과거사 반성을 촉구하는 뉴스를 보던 중에 이 문제가 아주 또렷하게 떠올랐습니다. 우리에게도 반성해야 할 과거사가 있지 않은가? 민간인 학살에 대해 정부가 사과한 적이 있는가? 진상 조사라도 철저히 한 적이 있는가? 생각이 많아졌습니다.

민간인 학살이라는 과거사가 화제가 된 적이 전혀 없었던 것은 아니지만 그 일이 그것의 중차대함만큼 충분히 다루어지고 있는지는 여전히 의문이었습니다. 이런 중대한 문제를 도외시한 채 한국의 정체성을 논하는 것은 아무래도 무리라는 생각이 들었습니다. 그래서 저는 좀 더 자료를 찾아보았고, 그 과정에서 미국이 한국을 어떻게 여겨왔는지도 알게 되었습니다.

2

책에 대한 재미있는 견해를 본 적이 있습니다. 교고쿠 나쓰히코는 소설 《서루조당 파효》에서 책을 무덤에 비유했습니다. 우리는 아버지나 할아버지의 무덤을 찾았을 때는 생전의 그분들의 모습을 떠올리며 감회를 느낄 수 있으나, 실제로 만나본 적이 없는 그보다 먼 조상의 무덤 앞에서는 보통 무덤덤합니다. 고인에 대해 아무것도 떠올릴 수 없기 때문입니다. 이와 마찬가지로 책도 자신에게 의미가 있는 것일 때에만 가치가 있다는 겁니다.

저는 많은 책에 기대어 이 책을 썼습니다. 과거의 역사를 가지고 이야기를 이끌어나간 만큼 다른 책들의 도움이 특히 더 컸습니다. 교고쿠 나쓰히코 식으로 말하자면, 저는 이 책을 쓰면서 많은 무덤을 헤맨 셈입니다. 다른 책들에 의지한 세밀한 학술적 고증에 더해 이야기를 재미있게 이끌어가는 능력과 재주까지 있었다면 레자 아슬란의 《젤롯》처럼 쓸 수도 있었을 테지만, 제게는 역부족이었습니다. 다만 저는 제가 참고한 책들의 내용이 이 책의 이야기 형식 속에 잘 녹아들 수 있도록 최대한 딱딱하지 않게 쓰려고 노력했습니다.

예스러운 문어체로 된 번역문을 조금씩 변형하거나 어려운 한자어를 되도록 쉬운 말로 풀어 쓰거나 인용한 내용에 대해 일일이 주를 달아 출처를 표시하는 대신 참고문헌 목록을 따로 둔 것도 그러한 의도에 따른 것이었습니다.

메뉴를 정하고 필요한 식재료들을 고르고 내가 선택한 조리법에 따라 음식을 만들면 그 결과물로서 요리 하나가 탄생합니다. 식재료들이 고만고만해도 결과물은 다 다르지요. 저도 요리하는 사람이 되어 메뉴를 정하고 재료를 구하고 제가 택한 순서대로, 그리고 제가 원하는 정도만큼 요리를 했습니다. 그 결과물이 조금이라도 창의적이라면 좋겠습니다.

그럼 제가 이 책을 쓰면서 사용한 재료를 소개하겠습니다.

3

제1화를 쓰는 데는 두 권의 책이 큰 도움이 되었습니다. 하나는 로타 본 팔켄하우젠의《고고학 증거로 본 공자시대 중국사회》이고, 다른 하나는 미야자키 이치사다가 번역한《논어》입니다.

제1화에서 고고학적 증거가 중요한 역할을 하는 만큼 고고학 책에 의존한 것은 당연하다 할 것입니다.《고고학 증거로 본 공자시대 중국사회》는 제가 필요로 하는 것을 두루 갖추고 있었습니다. 이 책의 저자는 공자에 대해 매우 잘 아는 것처럼 보였습니다. 더 정확히 말하면 공자에 대한 기존의 해석을 잘 알고 있는 것 같았습니다. 이 책은 고고학적 증거를 기반으로 기존의 해석에 도전하고 있었고, 저는 그 도전이 충분히 성공적이라고 생각했습니다. 이 책으로 제 작업은 한결 수월했습니다.

미야자키 이치사다가 해석한 《논어》는 수많은 《논어》 번역서 중 하나입니다. 이 번역서를 택한 가장 큰 이유는 자연스러운 구어체를 사용했다는 데 있습니다. 저는 공자가 제자에게 근엄하게 말했으리라고 생각지 않습니다. 그냥 일상적인 언어, 일상적인 태도로 말했으리라 짐작합니다. 그러나 《논어》 번역문들은 지나치게 문어체로 돼 있어 부자연스럽게 느껴집니다. 그리고 후대 사람들은 공자의 말에 지나치게 많은 의미를 부여합니다. 이와 달리 미야자키 이치사다의 《논어》는 당시의 분위기와 의미에 충실해 보였고 공자를 보다 사실적으로 보여주는 것 같았습니다.

인신공양 이야기와 관련해서는 황전악의 《중국의 사람을 죽여 바친 제사와 순장》의 도움을 받았습니다. 이 책을 보면 공자가 인신공양을 철저히 반대하지 않았다는 것을 확인힐 수 있습니다. 이는 공자 역시 역사 속 인물이라는 것을 말해줍니다. 다시 말해서 공자 역시 시대의 조류를 따르고 있었다는 것입니다. 위대한 성인은 처음부터 보편적 가치를 주창했을 것 같지만 성인으로 추앙되는 공자도 반인륜적인 당대의 풍습을 그대로 따랐던 것이지요. 이 책은 딱딱해 보이지만 은근히 재미있습니다. 이런 점은 허굉의 《중국 고대 성시의 발생과 전개》라는 책도 마찬가지입니다. 이 책은 중국 고대의 전반적인 분위기를 파악하는 데 꽤 쓸모가 있었습니다. 두 책 다 중국인 저자가 쓴 것입니다.

또한 공자 시대의 의식주나 제사와 관련해서는 장광직의《중국 청동기 시대(하)》와 허진웅의《중국 고대 사회》를 참고했습니다. 이 역시 중국인 저자들이 쓴 책입니다. 앞의 책에서는 고대 중국의 음식과 식기에 대해, 그리고 뒤의 책에서는 고대 중국의 음식, 의복, 거주, 제사, 미신에 대해 정보를 얻었습니다. 그리고 춘추전국시대를 개괄적으로 이해하는 데는 리우웨이·허홍의《패권의 시대》도 유용했습니다. 이 책은 특히 그림과 사진, 표가 좋습니다.

한편《주술의 사상》이라는 책은 일본의 갑골금문학자인 시라카와 시즈카와 불교 연구가인 우메하라 다케시의 대담집으로, 양호(양화)라는《논어》속 인물과 공자 시대에 대한 고정관념을 조금 흔들어주었습니다. 여기에 실린〈양호, 공자의 스승? 가깝고도 먼 사람〉이라는 대담에서 시라카와는 양호가 공자보다 20~30년 연상이었고 처음부터 두 사람이 서로 적대적이었으며 양호가 학자였다고 말하고 있습니다. 게다가 시라카와는 다른 책에서 '양호의 말은 시처럼 아름답다'는 말까지 했다고 합니다. 또한 그는 양호는 현실 속에서 행동하는 사람이고 공자는 먼저 이상형을 그린 뒤 현실을 거기까지 끌어올리는 사람이라서 두 사람 사이에 거리가 있을 수밖에 없다고 말합니다.

저는 양호를 인과 예를 모르는 인물이라고만 알고 있었습니다. 그런데 양호에 대한 이런 좋은 평가를 접하면서 공자와 그의 제자를

선한 편으로, 양호와 같은 사람을 악한 편으로 가르는 구조에 균열
이 생기기 시작했습니다. 저는《논어》에 등장하는 인물 하나하나를
다시 보기 시작했습니다. 또 한편으로는 주술이 심대한 영향을 끼치
던 시대에 공자가 살았다는 데 생각이 미치면서《논어》를 다시 보게
되었습니다. 제가《논어》를 너무 현대적인 시각으로 봐오지 않았나
하는 반성이 들었습니다. 합리적 관점에 치중해서 본 탓에 당대의
분위기를 제대로 짐작하지 못했음을 깨닫게 된 것이지요. 이러한 반
성을 거치니 공자의 시대는 주술과 이성이 혼재하는 시대가 아니었
을까 하는 생각을 갖게 되었습니다.

H. G. 크릴의《공자―인간과 신화》도 빼놓을 수 없습니다. 이 책
은 공자에 관한 기록들이 그리 믿을 만하지 못하다는 것과《논어》
라는 책에 위조가 의심되는 구절이 꽤 있다는 것을 알려줍니다. 저
자는 "확실히 공자가 죽은 뒤 약 200년 동안은 공자의 생애에 대해
거의 알려진 것이 없었으며, 이 공백을 메우기 위해 쏟아져 나온 후
세의 설화도 아직 초보 단계에 불과했다"라고 말합니다. 이러한 공
백을 메우기 위해 노력한 사람들 중 하나가 맹자였는데 크릴은 그
에 대해 이렇게 말합니다. "맹자는 공자가 그토록 오랫동안 전혀 관
직도 없었을 뿐 아니라 정말 권력 있는 자리에는 결코 오른 일이 없
었다는 사실을 인정하기 어려웠을 것이다. 때문에 그는 공자에 관한
설화 가운데 일부는 단순한 허구로 배제했을지라도, 공자가 생애의
대부분을 관직 생활로 보냈으며, 여행 중에도 관직을 가졌다는 설화
는 믿은 것 같다. 그래서 그는 공자가 노의 사구를 지냈다고 말한 것

같은데,《맹자》의 이 구절은 공자가 그처럼 높은 관직을 지냈다고 주장한 최초의 기사 같다." 요컨대 맹자도 공자 만들기에 일조했다는 것이지요.

또한 크릴은《논어》가운데 위조됐음이 의심되는 내용이나 위조됐음이 명백한 내용 등을 여러 군데 지적해 보여줍니다. 이러한《논어》의 위작 논란은 저에게 큰 자극이 되었고, 고대의 실상에 최대한 가까이 접근하는 데는 문헌보다는 고고학적 증거가 훨씬 더 믿을 만하다는 생각을 갖게 해주었습니다. 많은 사람들이 지금도《논어》의 구절들을 금과옥조로 여기며 자구의 번역과 해석에 몰두하고 있습니다. 물론 훌륭한 작업입니다. 하지만 고고학적 증거를 참고하면 다른 시각이 확보될지도 모릅니다.《논어》위작 논란은 저로 하여금《논어》를 보다 비판적으로 보게 했고 고고학에 눈을 돌리게 했습니다. 이런 과정을 통해《논어》는 저에게 더욱 풍요로운 텍스트가 되었습니다. 그리고 제1화에서 다른 어떤 책보다《논어》자체가 큰 도움이 되었습니다.

《논어》는 아주 흥미로운 텍스트입니다. 우선은 무질서한 게 마음에 듭니다. 체계적인 구성을 갖추고 있지 않기 때문입니다. 질서가 없으니 읽는 이의 입장에서는 마음이 편하고 상상력이 자동적으로 발동합니다. 게다가 에피소드의 길이도 짧습니다. 뒤쪽의 편들로 가면 에피소드가 길어지고 사변적으로 변하는데 위작일 가능성이 높아 보입니다. 짧다고 해서 깊이가 없는 것도 아닙니다. 폐부를 찌르는 말, 나중에 '아, 그런 뜻이었구나!' 하며 무릎을 치게 하는 통찰력 있는 말을 담고 있기 때문입니다. 그리고 생생한 인물들이 등장해 당시의 생활상을 엿보게 해줍니다. 특히 공자의 방랑 생활은 인상적이었습니다.《논어》를 통해 많은 생각을 하게 된 것은 즐거움이었습니다.

4

제2화의 주제는 중국이 본 고려와 조선인데, 여기서는 중국의 역사서와 서긍의 저서가 큰 도움이 되었습니다. 먼저 서긍과 관련된 책부터 말씀드리겠습니다. 서긍의《고려도경》은 그가 본 고려에 대해 상당히 상세하게 기술하고 있어서 당시를 재구성하는 데 큰 도움이 되었습니다. 제가 서긍의 시선을 택한 것은 그가 중국 사신 중 제가 아는 유일한 인물이기 때문이기도 했지만, 무엇보다 조선이 아니라 고려와 관련된 인물이기 때문이었습니다. 심적으로 조선은 어쩐지 가까워 보이고 고려는 어쩐지 멀게 느껴져 옛날이야기에는 고려를 등장시키는 것이 적합하다는 생각이 들었던 겁니다.

제가 보기에 우리나라에서《고려도경》은 송나라 사신 서긍조차 고려의 문화에 감탄했다든가《고려도경》을 통해 당시 고려의 모습을 짐작할 수 있다든가 하는 문맥으로 주로 언급되는 것 같습니다. 하지만 저는《고려도경》에서 저자가 전반적으로 고려를 낮추어 본다는 인상을 받았습니다. 송나라에 비하면 고려는 보잘것없다, 그래도 봐줄 만한 것이 있다면 이러저러한 것 정도가 아닐까 하는 시각이 기조를 이루고 있다고 생각되었습니다. 보다 객관적인 고려의 모습을 알려면 또 다른 중국인이나 서양인의 견문록이 필요한데 그런 것을 발견하지 못했습니다. 서긍의 고려 체류 기간이 워낙 짧아 그의 기록에는 미비점이 많을 겁니다. 그가 적어도 2년 이상 고려를 여행하거나 고려에 거주했다면 기록의 신빙성이 높아졌겠지요.

제가 참고한《고려도경》번역본은 두 가지입니다. 하나는《고려도경》(조동원 옮김, 황소자리, 2005)이고 다른 하나는《사조선록 역주 1—송사의 고려 사행록》(김한규 옮김, 소명출판, 2012)입니다. 어느 쪽이 더 좋은 번역인지 판단할 능력이 제게는 전혀 없습니다. 다만 저는《고려도경》을 직간접적으로 인용할 때 두 가지 번역본을 대조해 더 자연스러운 것을 골랐고 그 번역문을 좀 더 쉬운 말로 풀어 썼습니다.

또한《고려도경》에 나타난 서긍의 고려에 대한 생각이 중국에서 일반적인 것이었는지를 확인하기 위해 저는 중국 역사서를 참고했습니다. 다시 말해서 고려든 조선이든 당시의 한국에 대한 중국 정사의 시선을 보고 싶었던 것입니다. 그래서 국사편찬위원회에서 펴낸《중국정사조선전 역주》1~4권의 도움을 받았습니다. 이 책은 제목 그대로 중국 정사에 기록된 '조선전朝鮮傳'을 모아 번역하고 주를 단 것입니다. 여기에는 과연 중국은 한국을 어떻게 보았는가에 대한 답이 삼국시대 이전부터 구한말까지에 걸쳐 나타나 있습니다. 이것은 아주 적절하고 고마운 자료였고 읽는 재미도 쏠쏠했습니다. 역사서인 만큼 수많은 사건과 인물이 등장하니까요. 역사서에 등장할 정도면 꽤 중요한 사건이나 인물인데 그에 대해 중국이 우리와는 다르게 본다는 점이 특히 흥미로웠습니다.

중국 정사에 드러난바, 중국은 고려나 조선을 시종일관 번국으로 보았습니다. 제 입장에서는 이런 시선이 기분 좋을 리 없습니다. 하지만 그럼에도 저는 중국의 시선을 충실히 파악하려 했습니다. 주제가 타자의 눈으로 본 한국의 정체성이기 때문입니다. 저는 '중국은 한국을 어떻게 보아왔는가'라는 논점을 벗어나지 않았습니다.

한편, 고려나 조선에 대한 중국의 시각이 타당했는지를 가늠해보려면 중국과 고려·조선을 비교해볼 필요가 있었습니다. 예를 들어 송나라와 고려의 문명을 비교해보고 송나라가 월등히 앞서 있었음을 알게 된다면 송나라가 고려를 후진적으로 본 것을 수긍할 수 있기 때문입니다. 이러한 필요에 부응해 우선 중국에 대한 풍부한 자료를 제공해준 책은《하버드 중국사 송—유교 원칙의 시대》,《하버드 중국사 원·명—곤경에 빠진 제국》,《하버드 중국사 청—중국 최후의 제국》입니다. 쉽게 읽히면서도 많은 연구 성과의 축적으로 인한 힘이 느껴지는 재미있는 책들입니다. 시대별로 중국에 대해 아주 세세한 부분까지 알려주는 이 책들 덕분에 중국 사정에 대해서는 자료의 부족을 별로 느끼지 못했습니다. 또한 고려에 대해서는 개성의 구조, 시장, 연등회, 팔관회 등과 관련해《고려의 황도 개경》을, 황제국, 뱃길, 돈, 술 등과 관련해《고려시대 사람들은 어떻게 살았을까》1~2권을 참고했습니다. 그리고《고려 시대의 일상생활》도 참고했습니다.

이상과 같은 책들에 더해, 포르투갈 출신의 예수회 선교사로서 약 30년간 일본에서 살았던 루이스 프로이스의 《임진란의 기록》을 참고했습니다. 한국인도 중국인도 일본인도 아닌 서양인이 임진왜란에 대해 어떻게 생각했는지를 알 수 있었습니다. 이 책은 살림출판사의 '그들이 본 우리' 총서 중 한 권으로 출간되었는데, 이 총서를 기획하고 지원한 한국번역원장의 발간사에는 이렇게 적혀 있습니다. "우리와 타자 사이의 경계가 희미해지고 정체성의 위기도 더 절박한 느낌으로 다가오고 있습니다. 이럴 때일수록 세계 속에서 우리가 누구인지, 타자의 시선에 비친 우리의 모습은 무엇인지 되물어보는 것이 중요해진다 하겠습니다. 이번에 발간하는 '그들이 본 우리 총서Korean Heritage Books'는 이 시대에 꼭 필요한 일 중의 하나가 이 되물음이라는 인식에서 기획되었습니다." 저와 같은 문제의식을 갖고 있군요.

그 밖에, 장대의 이야기는 조너선 D. 스펜스의 《룽산으로의 귀환》에서, 담성현의 이야기는 같은 저자의 《왕 여인의 죽음》에서 따왔으며 지도에 대한 자료는 개리 레드야드의 《한국 고지도의 역사》와 류강의 《고지도의 비밀》에서 얻었습니다.

5

전후 일본의 헌법 개정 과정을 줄거리로 하는 제3화의 뼈대가 된 책은 코세키 쇼오이치의《일본국 헌법의 탄생》입니다. 헌법 개정에 대한 이야기는 전적으로 이 책에 의존했습니다. 따라서 만약 코세키의 책에 오류가 있다면 저로서는 곤란한 일이겠지요. 하지만 설령 그렇더라도 이 이야기에 대한 책임은 전적으로 제게 있습니다. 그런 일이 없기를 바랄 뿐입니다.

《일본국 헌법의 탄생》은 상당히 상세하게 개헌 과정을 추적했습니다. 이 책을 읽기 전에는 저는 일본의 헌법이 그렇게 복잡한 과정을 거쳐 개정됐음을 전혀 몰랐습니다. 그저 미국이 개정을 주도했고 일본은 패전국으로서 따랐을 뿐이라고 여겼지요. 하지만 이 책을 보면, 큰 틀에서는 그랬지만 자세히 들어가면 미국과 일본의 치열한 싸움이 있었다는 것을 알 수 있습니다. 과정을 상세히 밝히는 것은 전체 그림에는 변화를 주지 않아도 내용에는 엄청난 변화를 가져올 수 있습니다.

그런가 하면 그보다 앞서 읽은 하세가와 마사야스의《일본의 헌법》은 다른 면에서 훌륭한 자료가 되어주었습니다. 저는《일본의 헌법》을 통해 국체라는 개념을 알게 되었고 헌법과 황실전범의 관계에 대해서도 알게 되었습니다. 이 책에는 이런 구절이 나옵니다. "《헌법해의》에 따르면, 천황은 헌법이 만든 것이 아니라 '고유의 고쿠타이國體'이므로 헌법은 이 점을 확인하고 있을 뿐이라고 지적하였다." 또 이런 구절도 있습니다. "대일본제국헌법은 국정의 기본법이고 황실전범은 황실가의 법이므로 대상이 서로 다른 이 두 가지 기본에는 상하 관계가 없다. 병존하는 이 두 가지 기본법을 연결할 수 있는 것은 천황밖에는 없다." 왜 천황과 헌법과 일본의 국체가 불가분의 관계이고, 왜 이것들을 이해하지 않고는 일본의 정체성을 알 수 없는지를 이런 구절들이 설명해줍니다.

고노에의 에피소드는 에드워드 베르의 《히로히토》에서 따왔습니다. 저는 히로히토 천황보다는 그의 주변 인물에 대한 생생한 정보를 얻는 데 이 책을 활용했습니다. 천황 주변 인물들의 사생활이나 그들에 대한 흥미를 끄는 대목에 주목한 것이지요. 천황의 주변 인물들 중 한 사람인 사이온지 긴모치를 화자로 내세운 만큼 그에 대한 정보가 필요했기 때문입니다. 저널리스트가 쓴 이 책은 재미는 있었으나 뭔가 묵직한 느낌은 없었습니다.

저는 보다 학술적인 책을 찾았는데 허버트 빅스의 《히로히토 평전―근대 일본의 형성》이 답이 되어주었습니다. 이 책은 꽤 신뢰할 만했습니다. 앞뒤가 맞는다고나 할까, 차분하면서도 잘 짜인 느낌이라고나 할까. 여기에는 패전일인 1945년 8월 15일에 황태자 아키히토가 쓴 일기가 인용돼 있습니다. 제목도 붙어 있는데 '새 일본 건설'입니다. 그 긴 글에서 아키히토는 패전의 요인을 국가 지도자와 정치 제도에서 찾지 않고 일본 인민에게 책임을 돌립니다. "일본인들이 다이쇼 시대부터 쇼와 시대 초기까지 국익보다는 자신을 우선하여 제멋대로 행동했기 때문에 이번과 같은 국가 총력전에서 이기지 못했다." 이 글을 쓸 때 아키히토는 열한 살이었습니다. 그 어린 나이에 이런 글을 썼다니 정말 그가 쓴 것인지 조금 의심이 됩니다. 하지만 진짜라고 하네요. 이 글에는 맥아더에 대한 평도 들어 있습니다.

좋지 않은 평입니다. "맥아더는 지극히 이기적이고 때로는 건방지고 거만했지만, 자기가 달성한 모든 것을 능가하는 집안의 명성에 쫓기고 있었다. 그러나 그의 주변 인물이 그를 객관적으로 사리사욕 없고 존경할 만한 최고사령관으로 평가한 기록은 어디에도 없다."

당시의 일본 상황에 대해서는 마리우스 B. 잰슨의 《현대일본을 찾아서》 1~2권의 도움을 받았습니다. 잰슨의 책은 재미도 있고 신뢰도도 높은 편이어서 안심하고 참고했습니다. 이 책 2권에는 일본 국가인 '기미가요'의 유래가 다음과 같이 설명돼 있습니다. "1863년 가고시마를 포격하고 불태운 자국 함대의 성공을 축하하던 영국 군악대는 부두에서 그들의 연주를 들었던 사람들에게 함포만큼이나 깊은 인상을 남긴 듯하다. 사쓰마에서는 관리들이 군사 제도를 근대화하면서 요코하마에 있던 영국 군악대장에게 사쓰마의 군인들을 교육시켜달라고 부탁했다. 사쓰마가 왕정복고 전투에서 승리한 후인 1871년에 그들은 일본 군악대의 핵심 구성원이 되었다. 영국인 군악대장은 《고금화가집(고콘와카슈)古今和歌集》에 수록된 충성의 시가에 곡을 붙여 기미가요를 만들어냈다. 천황의 지배에 대한 엄숙한 송가인 이 노래는 훗날 일본의 국가가 된다." 요컨대 기미가요를 작곡한 사람이 영국인이라는 겁니다. 제3화에서 이야기했듯이 메이지 헌법 초안이 독일어로 작성되고 패전 후 신헌법 초안이 영어로 쓰인데다가 국가는 영국인에 의해 만들어졌으니, 일본의 정체성도 만만치 않은 문제임에 틀림없어 보입니다.

이 책에는 한국 병합 무렵에 미국의 정치가 겸 언론인 조지 케넌

이 밝힌 한국에 대한 소견도 드러나 있습니다. "각 부의 대신들이 1~2주 만에 사임하는 것을 용인함으로써……책임을 회피하고 아무런 행동도 취하지 않으려고 하는 정부와 무엇을 도모할 수 있겠는가? 대한제국 황제는 카드 패에 비유할 수 있는 20~30명의 인물군을 거느리고 있다……그 카드를 뒤섞어 다시 돌려봐야 보직만 바뀔 뿐 등장인물은 그 밥에 그 나물이다." 요즘 말로 하면 고종이 회전문 인사를 했다는 것이겠지요. 조지 케넌은 고종의 무능, 책임 회피, 회전문 인사를 거론하며 한국을 낮추어 보았고, 이런 한국에 와 있던 일본인 고문을 동정했습니다. 당시 미국에는 이런 시각이 존재했습니다.

한편, 천황이 우에노 공원에 간 이야기 등은 E. 사이덴스티커의 《도쿄 이야기》에서 따왔습니다. 이 책에는 이런 이야기도 나옵니다. "실제로 옛날부터 일본 고유의 것이었으리라고 생각되는 풍습 중에는, 사실은 메이지 시대에 문명개화의 영향으로 시작된 것이 드물지 않다. 예컨대 '만세'라는 말이 있는데, 말 자체는 오래된 것이지만 이것을 무엇인가 반가운 때에 여러 사람이 외치게 된 것은 1889년 헌법 공포 때에 시작된 듯하다."

만화책 《도련님의 시대》도 많이 활용했습니다. 메이지 시대를 그린 다섯 권짜리 만화책인데 그 시대에 대한 상당히 많은 정보를 담고 있습니다. 안중근과 나쓰메 소세키와 도조 히데키가 도쿄의 한 역에서 서로 알지 못한 채 조우한 적이 있다는 얘기도 여기 나오는데, 진위는 알 수 없지만 차용했습니다. 그리고 〈공산당 선언〉 번역이나 사회주의자들과 관련된 이야기도 이 만화에서 가져왔습니다.

안중근의 재판에 관해서는 김삼웅의 《안중근 평전》을, 그리고 당시 한국의 분위기에 관해서는 이성환의 《한국과 이토 히로부미》를 참고했습니다. 1613년의 일본의 유럽 사절단 파견 이야기는 다자이 오사무의 소설 〈석별〉에서 따왔고, 고노에가 천황을 스님으로 만들 것을 고려했다는 이야기는 브라이언 다이젠 빅토리아의 《불교 파시즘》에서 차용했습니다. 《불교 파시즘》은 제4화에서도 제법 중요한 역할을 했습니다.

6

제4화는 김기진의 《미국 기밀문서의 최초 증언—한국전쟁과 집단학살》을 기반으로 했습니다. 이 책은 제목이 말해주는 대로 한국전쟁과 집단 학살에 대한 미국 측 자료들의 모음입니다. 저는 미국 측 자료라는 점에 주목했습니다. 한국에서 학살을 다루는 것은 쉬운 일이 아닙니다. 당시의 증언과 기록인 1차 자료가 취약한데다 가해자 측의 기록은 신빙성이 떨어지기 때문입니다. 미국 측 기록에 대해서는 저는 1차 자료로서 충분히 참고할 만하다고 판단했습니다. 게다가 기밀문서로 분류됐었다고 하니 더 읽어볼 만하다는 생각이 들었습니다. 미국은 한국의 집단 학살에서 가해자이기도 하고 제3자이기도 했기에 미국 측 자료에서는 타자의 시선을 읽을 수 있으리라고 생각되었습니다. 하지만 이 책의 자료들이 사실과 다를 가능성은 얼마든지 있습니다. 미국이 당시에 기록한 것이라고 해서 모두 사실인 것은 아니니까요.

제4화의 화자는 미국인입니다. 이름은 나오지 않는데 실존 인물 중에 적당한 사람이 없어 익명으로 처리했습니다. 그렇다고 아무 근거도 없는 것은 아닙니다. 앞에서 언급한 책《일본국 헌법의 탄생》에 앨프리드 허시라는 미 육군 중령이 등장합니다. 일본의 헌법 개정 작업에 참여했던 운영위원 세 명 중 한 명이었습니다. 화자의 학력, 경력, 군정 교육 과정 등은 이 사람을 모델로 해 설정했습니다.

또한 서중석의《조봉암과 1950년대(하)―피해대중과 학살의 정치학》이 많은 도움이 되었습니다. 이 책을 읽은 지는 꽤 되었습니다. 조봉암에 대해 찾아 읽다 보니 이 책까지 읽게 되었습니다. 이 책의 상권은《조봉암과 1950년대(상)―조봉암과 사회민주주의와 평화통일론》인데 부제로도 알 수 있듯이 1950년대의 정치적 문제를 다루고 있습니다. 그리고 하권은 주로 학살을 다루지요. 저는 하권을 읽고 큰 충격을 받았습니다. 거기엔 고등학교 때 파편적으로 들었던 학살 이야기들이 비교적 잘 정리되어 있었는데, 그 일을 체계적으로 접하니 충격의 강도가 더 세졌다고나 할까요. 그래서 저는 학살 문제에 본격적으로 관심을 갖게 되었습니다. 이후 저는 상당히 많은 자료가 지방 신문들의 발굴 덕분에 얻어진 것임을 알게 되었고, 사실에 다가가려고 묵묵히 애쓰고 있는 그 모습에 새삼 경의를 표하게 되었습니다.

《다시 쓰는 여순사건보고서》는 여수·순천 사건에 대한 보다 구체적인 정보를 제공했습니다. 그리고《불교 파시즘》은 일본 군대와 선불교를 꽤 설득력 있게 연결해 보여주었습니다.《불교 파시즘》의 표지에는 이런 문구가 있습니다. "칼을 휘두르는 것이 깨달음이 되고, 사람을 죽이는 것이 보살행이 되었다." 이 책을 읽고서 한국 군대-일본 군대-선불교로 이어지는 고리를 발견한 느낌이었습니다.

이 책에 야스타니 하쿠운이라는 선사가 나옵니다. 그는 1960년대에 서양에 선禪을 전파하는 데 주도적인 인물이었다고 하는데 1943년에 출간한 책《도겐 선사와 수증의》에서 이런 말을 했습니다. "예컨대 여러 가지 해악을 제거하여 사회에 이익을 주기 위해 새나 곤충, 물고기 등의 생명을 빼앗을 필요가 있는 경우나, 혹은 좀 더 규모가 큰 경우, 즉 극도로 사악하고 잔인한 자들을 사형에 처하거나 국가를 위해 총력전에 참여할 경우에 어떻게 해야 할까? 대승불교 계율의 정신을 이해하는 사람들은 이 물음에 즉시 답할 수 있어야 한다. 즉 물론 죽여야 한다. 가능한 한 많이 죽여야 한다. 열심히 싸워 적군을 모두 죽여야 한다. (불교에서 말하는) 자비심과 효행을 완벽하게 수행하려면 선을 돕고 악을 벌할 필요가 있기 때문이다. 다만 적군을 죽일 때에는 이 살인이 지금으로서는 살인이 아니라는 진리를 명심하고 눈물을 삼켜야 한다." 그렇다면 학살은 살인이 아니라 눈물을 삼키며 행하는 진리인 셈입니다.

이 책은 멸사봉공과 팔굉일우에 대해서도 말합니다. "멸사봉공이라는 기본적인 의무로 이루어진 무아의 대도大道, 군주를 위해 삼가 자신을 희생하며 생사를 초월하려는 결심, 조국에 빚진 은혜를 갚기 위해 일곱 번에 걸쳐 죽겠다는 맹세에 드러나는 무한한 삶에 대한 믿음, 팔굉일우의 성스러운 대사업을 돕는 것, 이 지구상에 정토를 건설하는 데 필요한 용맹하고 헌신적인 힘이 그것이다." 이런 주장을 한 선사가 패전 후에는 서양에서 선을 전파하는 인물로 유명해졌다니 믿을 수 없는 일입니다. 이런 식의 학살 정당화가 한국 군경에게 영향을 미쳤다고 봐야 하지 않을까요?

한국전쟁의 전개에 대해서는 정병준의 《한국전쟁》을 참고했습니다. 새로운 자료와 학술적 세심함이 결합된 책으로, 저에게 많은 보탬이 되었습니다. '38선 충돌과 전쟁의 형성'이라는 부제가 말해주듯이 이 책은 전쟁 전의 상황과 전쟁의 전개를 다루고 있습니다. 한국전쟁 전에 어떤 일들이 벌어지고 있었는지를 알아야 한국전쟁을 제대로 이해할 수 있습니다. 이 책의 장점 중 하나는 미국립문서기록관리청NARA에서 찾은 자료를 참고했다는 데 있습니다. 그 자료들에는 노획한 북한 문서도 포함되어 있으며 저자는 그 문서를 가리켜 비밀의 보고라 말합니다. 그는 "백범 김구 암살범 안두희가 미군 CIC 요원이라는 문서를 발굴하고 함께 흥분했던 일, 암살 문서의 작성자 실리 소령에 관한 자료를 찾아 펜실베이니아 주 칼라일배럭스에 위치한 미육군군사연구소로 달려갔던 일" 등이 더없이 기쁜 일이자 행운이라고 말합니다.

이 책과 더불어 한국전쟁에 대해 도움을 준 책은 김태우의 《폭격—미공군의 공중폭격 기록으로 읽는 한국전쟁》입니다. 이 책 역시 자료의 힘을 보여줍니다. 저자는 이렇게 말합니다. "이를 위해 저자는 2000년 즈음부터 미국의 국립문서보관소NARA와 미공군역사연구실AFHRA을 통해 공개되기 시작한 한국전쟁기의 미 공군 문서 약 10만 장을 수집·분석했다. 더불어 당대의 러시아, 중국, 남북한 문서와의 교차 분석을 통해 전쟁기 유엔 측과 공산 측 주장의 신빙성을 검증했다." 위에 나온 '미국립문서기록관리청'과 '미국의 국립문서보관소'는 아마도 같은 기관인 것 같습니다. 약어가 똑같이 NARAThe National Archives and Records Administration입니다. 저는 이 책을 통해서 한국전쟁 당시 미군의 폭격이 정밀하지 못했던 이유, 폭격의 규모, 전쟁 초기에 김일성이 허둥댔다는 사실 등을 알게 되었습니다. 아마 한국전쟁에 관한 이 두 책이 없었다면 저는 전시 상황을 파악하는 데 많은 시간을 들일 수밖에 없었을 겁니다.

다른 책도 소개하겠습니다. 일본이 패전 후 미군 진주 직전에 특수위안시설협회를 만들고 여성을 모집했다는 것은 허버트 빅스의 《히로히토 평전―근대 일본의 형성》에 근거한 이야기이고, 독일의 유대인 학살과 관련된 이야기는 크리스토퍼 R. 브라우닝의 《아주 평범한 사람들》에 따른 것입니다. 또한 저는 맥아더의 부관이었던 에드워드 L. 로우니의 회고록 《운명의 1도》도 참고했습니다. 그리고 베트남에서의 학살과 관련한 한국과 미국의 문제는 《오마이뉴스》에서 옮겼습니다.

끝으로 저는 다카노 가즈아키가 쓴 《제노사이드》라는 추리소설에 대해 이야기해보려 합니다. 작가는 이 소설에서 '왜 역사 이래 집단 학살은 멈추지 않는가'라는 질문을 던지고 이렇게 말합니다. 인간은 지성에 의해 살아남은 것이 아니라 잔학성 때문에 살아남았다고, 뇌의 용적은 우리 호모 사피엔스보다 네안데르탈인이 컸지만 잔학성 때문에 호모 사피엔스가 살아남았다고 말입니다. 그 증거도 있다고 합니다. 4만 년 전 유럽에서 먹이를 조리해서 먹을 수 있는 지능의 소유자는 네안데르탈인과 현생 인류밖에 없었고 이들이 공존하고 있었는데, 유적에서 발견된 네안데르탈인의 뼈들을 보면 대부분 폭력을 당했거나 조리된 흔적이 발견된다는 겁니다. 호모 사피엔스가 네안데르탈인을 잡아먹었을지도 모른다는 말이지요. 어디까지 믿어야 할지 모르겠으나, 대량 학살이 계속돼온 것을 설명하는 가설 중 하나는 될지 모릅니다.

이어서 작가는 이렇게 말합니다. "과거 20만 년에 걸쳐 서로 죽이는 것을 되풀이해온 인류는 항상 다른 집단의 침략에 떨었고 그 공포심이 더 큰 공포심을 초래하여 피해망상 직전의 상태를 유지하다가 국가라는 방위 체제를 만들어 현재에 이르렀다. 이 이상한 심리 상태는 인류 전체가 보편적으로 공유하고 있기 때문에 이상이 아니라 정상이라고 여겨지고 있었다. 이것이 '인간이라는 상태'였다. 그리고 완전한 평화가 이루어지지 않은 이유는, 다른 사람이 위험하다는 확고한 증거를 서로가 이미 자신의 내면에서 보았기 때문이었다. 인간은 모두 다른 사람을 상처 입혀서라도 식량이나 자원, 영토를 빼앗고 싶어 했다. 이 본성을 적에게 투영하여 공포를 느끼고 공격하려고 했다. 그리고 죽음을 초래하는 폭력의 행사에는 국가나 종교라는 세력이 면죄부가 되었다. 그 궤도 바깥에 있는 것은 에일리언, 즉 적이기 때문이었다."

이 주장이 옳다면 한국전쟁 전후의 학살도 어느 정도 설명될 수 있지 않을까요? 가해자가 피해자를 에일리언, 즉 적으로 여겼고 에일리언을 죽이는 것에 대한 면죄부는 국가가 주었다고 말입니다. 그리고 일본의 선불교는 일본군이 학살을 자행하는 것에 면죄부를 준 것이고요. 집단 학살은 인간의 정체성에 대해 무거운 질문을 던지는군요.

7

이 책에서는 그림이 몇 점 언급됩니다. 각 이야기에 그에 어울리는 그림을 등장시켜 서정성을 더해보려 했는데 워낙 그림에 대해 아는 것이 없어 고전했습니다. 이런 소양은 하루아침에 배양되는 것이 아니니까요. 특히 공자와 관련해서는 적당한 그림을 찾지 못했습니다. 후대에 그려진 것들은 있었지만 저는 당대의 작품을 고르고 싶었기에 그림을 포기하고 당대의 고고학적 증거로 눈을 돌렸습니다. 그리하여 끌어들이게 된 것이 왕손고용종입니다. 저는 하남성의 하남 박물관에 있다는 이 타악기 세트를 이번에 새롭게 알게 되었고 실제로 본 적은 없습니다. 화려하고 장대하다는 이 청동기 시대 작품을 직접 볼 기회가 있었으면 좋겠습니다.

〈청명상하도〉도 대단한 작품이라는 이야기는 익히 들었으나 실제로 본 적은 없고《청명상하도Qingming Shang He Tu : Scenes along the River during the Qingming Festival》이라는 책에서 보았습니다. 저는 이 그림을 좋아합니다. 옛날 사람들의 일상으로 빠져드는 듯한 느낌이 좋습니다. 정치적 해석이 배제된 일상을 그대로 보여주는 것이 이 그림의 장점이라고 생각합니다. 물론 솜씨도 훌륭합니다. 현실에 지치고 힘들 때 저는 이 그림을 보곤 합니다. 그러면 머릿속이 시원해집니다. 〈오하시 다리에 내리는 소나기〉는 우키요에浮世繪의 하나입니다. 도쿄의 오타기념관에 소장돼 있다고 합니다. 저는 이 작품 역시 책으로 보았습니다.《히로시게─에도 명소 100경Hiroshige : One Hundred Famous Views of Edol》이라는 목판화집에 수록돼 있었습니다. 차가운 감이 없지 않지만 순간 포착의 생생함이 마음에 드는 그림입니다. 마지막 그림은 피카소의 〈한국에서의 학살〉입니다. 유명한 그림이니 더 이상의 설명이 필요 없을 겁니다.

끝으로 사진 작품 하나를 소개하려 합니다. 얀 아르튀스 베르트랑이라는 사진작가의 '하늘에서 본 한국' 시리즈 중 〈전 세계의 원료를 화가처럼 섞고 있는 크레인들, 전라남도 광양시〉라는 사진입니다. 저는 이 사진을 좋아합니다. 우리는 땅에 붙어 서서 바라본 우리의 모습만 전부인 양 알아온 것이 아닌지 반성하게 됩니다. 하늘에서 내려다본 풍경은 저의 상상과는 전혀 달랐습니다. 한마디로 아름다웠습니다. 같은 풍경을 땅에 붙어 서서 보았다면 전혀 새로울 게 없었을 겁니다. 하지만 다른 곳에서 다른 시각으로 보니 전혀 다른 풍경이 펼쳐졌습니다.

8

감사의 글로 마무리하려 합니다. 먼저 이 책에 등장한 많은 책들의 저자와 번역자에게 감사합니다. 대부분 돈이 될 리 없는 주제의 책들인데, 그런 책을 쓰고 번역한 이들에게 새삼 고개 숙여 경의를 표합니다. 묵묵히 필요한 책들을 내고 있는 출판사들에게도 감사합니다. 그 책들이 없었다면 이 책은 없었을 겁니다. 감사의 글에 등장하기 마련인 상투적인 말 같지만 절대로 빈말이 아닙니다.

다음은 직접적인 도움을 준 사람입니다. 과연 사회에 도움이 되는지 의심스러운 글을 쓰는 저를 후원해주는 김호택에게 감사합니다. 그는 금산의 시골 의사이자 삼남제약의 경영자입니다. 운 나쁘게도 같은 고등학교를 다니는 바람에 저와 엮이고 말았습니다. 40년도 더 된 친구입니다. 그러고 보니 올해 환갑이군요. 그는 정신적으로나 물질적으로나 줄곧 제게 후원을 아끼지 않고 있습니다. 이 후원자가 없었다면 제 글쓰기는 아마 벌써 멈췄을 겁니다. 커서 뭐가 되려고 그러느냐며 어린 시절 그는 저를 항상 걱정했습니다. 그때 저의 대답은 나도 모르겠다는 것이었지요. 실제로 저는 글을 쓰게 되리라고는 전혀 생각하지 못했습니다. 그런데 어쩌다 이 길로 들어섰고, 이 친구의 도움으로 지금까지 버티고 있습니다. 아마 전생에 제가 이 친구의 집안을 구한 적이 있을 겁니다.

　끝으로 가까운 사람들의 감내를 언급하지 않을 수 없습니다. 누군가가 희생하고 인내했기에 제가 지금까지 계속 일을 할 수 있었다고 생각합니다. 그들은 '언젠가는 사람 구실 하겠지'라는 믿음 하나로 저를 감싸주었을 겁니다. 새삼 감사합니다.

참고문헌

개리 레드야드,《한국 고지도의 역사》, 장상훈 옮김(소나무, 2011)

교고쿠 나쓰히코,《서루조당 파효》, 김소연 옮김(손안의책, 2015)

국사편찬위원회 편집부,《중국정사조선전 역주(1~4)》(국사편찬위원회, 2004)

기노시타 모쿠타로,〈조선풍물기〉, 이한정·미즈노 다쓰로 엮고 옮김,《일본작가들이 본 근대조선》(소명출판, 2009)

김기진,《미국 기밀문서의 최초 증언─한국전쟁과 집단학살》(푸른역사, 2006)

김기진,《한국전쟁과 집단학살》(푸른역사, 2005)

김삼웅,《안중근 평전》(시대의창, 2009)

김영미 외,《고려 시대의 일상 문화》(이화여자대학교출판부, 2009)

김태우,《폭격─미공군의 공중폭격 기록으로 읽는 한국전쟁》(창비, 2013)

나쓰메 소세키,《마음·그 후》, 서석연 옮김(범우사, 2000)

다자이 오사무,〈석별〉,《쓰가루·석별·옛날이야기》, 서재곤 옮김(문학동네, 2011)

다카노 가즈아키,《제노사이드》, 김수영 옮김(황금가지, 2012)

디터 쿤,《하버드 중국사 송─유교 원칙의 시대》, 육정임 옮김(너머북스, 2015)

로타 본 팔켄하우젠,《고고학 증거로 본 공자시대 중국사회》, 심재훈 옮김(세창출판사, 2011)

루이스 프로이스,《임진난의 기록》, 정성화·양윤선 옮김(살림, 2008)

류강,《고지도의 비밀》, 이재훈 옮김(글항아리, 2011)

리우웨이·허홍,《패권의 시대》, 조영현 옮김(시공사, 2004)

마리우스 B. 잰슨,《현대일본을 찾아서(1·2)》, 김우영·강인황·허형주·이정 옮김(이산, 2006)

마쓰모토 세이초,〈그들의 이상한 전쟁〉,《일본의 검은 안개(하)》, 김경남 옮김(모비딕, 2012)

메도루마 슌, 〈물방울〉,《물방울》, 유은경 옮김(문학동네, 2012)

메도루마 슌, 〈오키나와 북 리뷰〉,《물방울》, 유은경 옮김(문학동네, 2012)

모리스 메를로퐁티,《지각의 현상학》, 류의근 옮김(문학과지성사, 2002)

미야자키 이치사다 해석,《논어》, 박영철 옮김(이산, 2001)

박태균,《우방과 제국, 한미관계의 두 신화》(창비, 2006)

브라이언 다이젠 빅토리아,《불교 파시즘》, 박광순 옮김(교양인, 2013)

사카구치 안고,《백치·타락론 외》, 최정아 옮김(책세상, 2007)

서긍,《고려도경》, 조동원 외 옮김(황소자리, 2005)

서긍,《사조선록 역주 1─송사의 고려 사행록》, 김한규 옮김(소명출판, 2012)

서중석,《조봉암과 1950년대(상)─조봉암과 사회민주주의와 평화통일론》(역사비평
　　사, 1999)

서중석,《조봉암과 1950년대(하)─피해대중과 학살의 정치학》(역사비평사, 1999)

성백효,《현토신역 부 안설 논어집주》(한국인문고전연구소, 2013)

세키카와 나쓰오,《도련님의 시대(1~5)》, 오주원 옮김(세미콜론, 2015)

시라카와 시즈카·우메하라 다케시,《주술의 사상》, 이경덕 옮김(사계절, 2008)

시미다 소지,《기발한 발상, 하늘을 움직이다》, 한희선 옮김(시공사, 2011)

아쿠타가와 류노스케, 〈김 장군〉,《아쿠타가와 류노스케 전집 5》, 김정희 외 옮김(제이
　　앤씨, 2014)

아쿠타가와 류노스케, 〈덤불 속〉,《아쿠타가와 류노스케 전집 4》, 김상원 외 옮김(제이
　　앤씨, 2013)

앵거스 그레이엄 편역,《장자》, 김경희 옮김(이학사, 2015)

에드워드 베르,《히로히토》, 유경찬 옮김(을유문화사, 2002)

에드워드 L. 로우니,《운명의 1도》, 정수영 옮김(후아이엠, 2014)

H. G. 크릴,《공자─인간과 신화》, 이성규 옮김(지식산업사, 1983)

여수지역사회연구소,《다시 쓰는 여순사건보고서》(한국학술정보, 2012)

오규 소라이,《논어징》, 이기동·임옥균·임태홍·함현찬 옮김(소명출판, 2010)

윌리엄 로,《하버드 중국사 청─중국 최후의 제국》, 기세찬 옮김(너머북스, 2014)

이노우에 야스시,《공자》, 양억관 옮김(학고재, 2013)

E. 사이덴스티커,《도쿄이야기》, 허호 옮김(이산, 1997)

이성환,《한국과 이토 히로부미》(선인, 2009)

이즈미 교카,〈고야산 스님〉,《고야산 스님·초롱불 노래》(문학동네, 2010)

장광직,《중국 청동기 시대(하)》, 하영삼 옮김(학고방, 2013)

정병준,《한국전쟁》(돌베개, 2006)

조너선 D. 스펜스,《룽산으로의 귀환》, 이준갑 옮김(이산, 2010)

조너선 D. 스펜스,《왕 여인의 죽음》, 이재정 옮김(이산, 2002)

캉유웨이,《공자개제고(1~5)》, 김동민 옮김(세창출판사, 2013)

코세키 쇼오이치,《일본국 헌법의 탄생》, 김창록 옮김(뿌리와이파리, 2010)

크리스토퍼 R. 브라우닝,《아주 평범한 사람들》, 이진모 옮김(책과함께, 2010)

티모시 브룩,《하버드 중국사 원·명—곤경에 빠진 제국》, 조영헌 옮김(너머북스, 2014)

하세가와 마사야스,《일본의 헌법》, 최은봉 옮김(소화, 2000)

〈한국군에 당하느니 차라리…〉,《오마이뉴스》(2015년 9월 28일)

한국역사연구회,《고려시대 사람들은 어떻게 살았을까(1·2)》(청년사, 2013)

한국역사연구회,《고려의 황도 개경》(창비, 2002)

허굉,《중국 고대 성시의 발생과 전개》, 김용성 옮김(진인진, 2014)

허버트 빅스,《히로히토 평전—근대 일본의 형성》, 오현숙 옮김(삼인, 2010)

허진웅,《중국 고대 사회》, 홍희 옮김(동문선, 1991)

황전악,《중국의 사람을 숙여 바친 제사와 순장》, 김용성 옮김(학연문화사, 2011)

발췌록 출처

부필, 〈하북수어십이책〉(1044) : 최소자교수정년기념논총간행위원회, 《동아시아 역사 속의 중국과 한국》(서해문집, 2005)

명 태조, 《명태조실록》 권52 : 《동아시아 역사 속의 중국과 한국》

《명사》〈조선전〉 : 국사편찬위원회 편집부, 《중국정사 조선전 역주 4》(국사편찬위원회, 2004))

주지번, 《봉사조선고》(1606) : 《동아시아 역사 속의 중국과 한국》

마건충, 《행삼록》(1897) : 《동아시아 역사 속의 중국과 한국》

혼마 규스케, 《조선잡기》(1894) : 《조선잡기》, 최혜주 옮김(김영사, 2008)

《일본서기》(647) : 김현구, 《백제는 일본의 기원인가》(창비, 2002)

야마가 소코(1622~1685), 《무가사기》 : 금병동, 《일본인의 조선관》, 최혜주 옮김(논형, 2008)

아라이 하쿠세키(1657~1725), 《국서복호기사》 : 《일본인의 조선관》

이사벨라 버드 비숍, 《한국과 그 이웃나라들》(1897) : 《한국과 그 이웃나라들》, 이인화 옮김(살림, 1994)

플랑시(1853~1922, 프랑스 공사)의 글 : 현광호, 《새로운 시각으로 보는 개항기 조선》(유니스토리, 2015)

파블로프(서울 주재 러시아 대리공사)의 한국 상황에 관한 단신(1899) : 김종헌, 《러시아문서 번역집 II》(선인, 2011)

탁석산의 한국의 정체성 2

펴낸날 초판 1쇄 2016년 4월 5일
　　　　초판 3쇄 2019년 1월 7일

지은이 탁석산
펴낸이 김현태

펴낸곳 책세상
주소 서울시 마포구 잔다리로 62-1, 3층(우편번호 04031)
전화 02-704-1251(영업부), 02-3273-1333(편집부)
팩스 02-719-1258
이메일 bkworld11@gmail.com
광고 · 제휴문의 bkworldpub@naver.com

홈페이지 chaeksesang.com
페이스북 /chaeksesang
트위터 @chacksesang
인스타그램 @chaeksesang
네이버포스트 bkworldpub

등록 1975. 5. 21. 제1-517호

ISBN 979-11-5931-056-0 03100

* 잘못되거나 파손된 책은 구입하신 서점에서 교환해드립니다.
* 책값은 뒤표지에 있습니다.

이 도서의 국립중앙도서관 출판시도서목록(CIP)은 서지정보유통지원시스템 홈페이지
(http://seoji.nl.go.kr)와 국가자료공동목록시스템(http://www.nl.go.kr/kolisnet)에서
이용하실 수 있습니다.(CIP제어번호 : CIP2016007742)